www.ingramcontent.com/pod-product-compliance
Lightning Source LLC
Chambersburg PA
CBHW071858090426
42811CB00004B/659
* 9 7 8 1 0 8 8 1 8 1 6 8 3 *

ספר
מערכת האלהות

מקבלת הראשונים

לגאון המקובל
רבינו פרץ
מבעלי התוספות

ידוע כי אין בר בלי תבן, כך אין ספר בלי טעויות, ועוד יודע אני כי דל ועני אני, **ואין עני אלא בדעה**. לכן מבקש אני בכל לשון של בקשה אם יש לכל אחד שאלות, הערות, הארות, תיקונים, נא לשלוח ל - simchatchaim@yahoo.com והשתדל לענות, ולתקן את הצריך תיקון.

simchatchaim@yahoo.com

בס"ד

ירפא **ה**מאציל **ו**יושיע **ה**בורא את כל חולי בני ישראל, וישלח להם רפואה שלימה, רפואת הנפש ורפואת הגוף, בכל אבריהם ובכל גידיהם לעבודתו יתברך.
בי"ב במנחם אב תשס"ה, הובהלתי לבית החולים, הרופאים לא נתנו לי סיכוי לחיות יותר מכמה שעות בגלל מספר תסבוכות. עם כל זאת בזכות התפילות של בני ישראל הקדושים, ברחמיו הרבים, ריחם עלי הקדוש ברוך הוא, ונשארתי בחיים.
עם כל זאת, הובחנה אצלי מחלה קשה בכליות, ונאמר לי שהצטרך למכונת דיאליזה. בשבילי זה היה שוק!!! אף פעם לא הייתי אצל רופא, או בבית חולים.
כך בעל כרחי התחברתי למכונת דיאליזה, ומכונה זאת הייתה קשורה בי ככלב במשך שמונים חודשים בדיוק, כמניין יסוד, במשך 10-12 שעות ביום.
בשבת פרשת ויחי יעקב י"ב טבת תשע"ב, בזכות בני ישראל, שכולם אהובים כולם ברורים כולם גיבורים כולם קדושים... וכולם פותחים את פיהם באהבה שלוש פעמים ביום, ואומרים - ברוך אתה... רופא חולי עמו ישראל, וכללותם כל האברכים, תלמידי הישיבות, רבנים וחכמים, חסידים, מקובלים עם תינוקות של בית רבן, זקנים עם נערים, בחורים וגם בתולות, בארץ הקודש ובעולם.
ומצד שני בנות ישראל היקרות מפז, שהתפללו וקבלו עליהם כל מיני קבלות, מהפרשת חלה עד צניעות וכיסוי הראש, עם הרבנים, המנהלים, המורים, המורות והתלמידות של בית יעקב דטורונטו שכל יום התפללו, וכללו בתפילתם שבקעה את כל הרקיעים אותי, ונושעתי אני הקטן. הושתלה בי כליה. והתנתקתי ממכונת הדיאליזה.
אמר המלך דוד - לולי תורתך שעשעי אז אבדתי בעניי. מה שנתן לי חיות היא התורה הקדושה, בשעות הרבות שהיתי מחובר למכונת הדיאליזה (כ12 שעות ביום), ערכתי סדרתי, וכתבתי, פצחתי את ראשי התיבות וניקדתי [חלק מהספרים] במחשב את קונטרסים שלמדתי במשך שנים. וקונטרסים אלו הפכו לחיבורים, כך שעד יום זה אני ממשיך בעבודה זו. ואחרי התלבטויות ובקשות מבני גילי, החלטתי בעזרתו יתברך להדפיס קונטרסים אלו.

בברכה והצלחה בלימוד התורה הקדושה.
ובעיקר בפנימיות התורה, ותורת הקבלה
סודות רבותינו הראשונים

ורפואה שלימה לכל חולי ישראל.
היב"ש

תוכן הספר

הגאון רבינו פרץ הכהן
מבעלי התוספות

רבי פרץ בן יצחק הכהן, הנקרא רבנו פרץ, או הרפ"כ. נולד בשנת ה'ס"ה 1304 - והסתלק ה'ק"ל, 1370. היה מגדולי חכמי ספרד במאה ה-14, רבו של הר"ן ושל הריב"ש, כתב פירוש על התלמוד וספר דרשות בקבלה.
רבי פרץ נולד בפרובאנס בתחילת המאה ה-14. את תורתו למד מאביו רבי יצחק בן יהודה הכהן.
אביו רבי יצחק היה ניכר בדורו כתלמיד חכם ועניו, ונהג לחתום את איגרותיו "יצחק העלוב בן הרב יהודה הכהן".
רבי פרץ הכהן התחיל לכתוב את פירושיו על התלמוד בגיל 22. גם עסק בתורת הסוד, וחיבר את ספר מערכות האלהו"ת הכולל עניינים רבים בתורת הסוד על פי פרשיות התורה, לפי קבלת הראשונים והרמב"ן.

התנצלות מהלומד:
ספר זה הועתק מדפוס פיראראה שנת ה'שי"ח 1558.
בעזרת השם יתברך פיצחנו את כל ראשי התיבות, גם הוספנו מראי מקומות לכל הפסוקים בתנ"ך, ולכל מאמרי חז"ל בגמרא, במדרשים, בספר יצירה, בספר הבהיר, ובזוהר הקדוש.
וכן הוספתי הגהות לפי קוצר ידיעתי, בצורה זאת [**היב"ש** - אבגד וכו'].

ספר מערכת האלהות
מהגאון ר' פרץ ע"ה בעל התוספות
עם פירוש לא נודע שם מחברו נמצאו בו מרגליות
דברים מועילים נפלאות לחכמה ועליו פי' הגאון ר' יהודה
חייט ולזה קראו מנחת יהודה ראיותיו מהזוהר והרבה
ממאמריו באו מבוארים בו אזן וחקר ותקן דרך נקל
להבין הקבלה והשגלת האצילות באופן קרוב
למופת השכלי נוסף על הכל הגהות
ישנות על הספר והכל מוגה
בהשתדלו עצו מפי ספרי
הרבה ומפי סופרים
בקיאי בהם :
וקוי י"י יחליפו כח
יעלו אבר כנשרים ירוצו
ולא ייגעו ילכו ולא ייעפו :

נדפס פה פירארא העיר הגדולה והמפוארה אשר תחת ממשלת האדון
הדוכוס דון אירקולי דאישטי רביעי יר"ה בבית כ"ר אברהם ן'
אושקי יצ"ו בחדש מרחשון שנת בצדקה תכונני רחקי
מעושק כי לא תיראי :

שער הספר דפוס פיראראה שנת ה'שי"ח 1558

פרק ראשון

מערכת האלהו"ת:

הוא קיום אמונת האלהו"ת כאשר נאות לשלמותו יתברך וכאשר נאות להאמין בשלמות האמונה, והוא שצריך לכל בעל דתנו להאמין אמונה שלמה אמונה מוחלטת קבוע בלב שיש קדמון, מחדש ויודע, ומשגיח, ויכול, וקיום אמונה זו הוא הוא באמונת התורה כולה, רוצה לומר תורה שבכתב ותורה שבעל פה, וכאשר יתבאר עקר זה בעבודת ההריסה, כי התורה מבטלת כל הדעות הזרות ומבטלת האמונות הרעות שנזכיר:

כי יש כתות באמונה מהם כופרים בעקר ואומרים שהעולם קדמון, כחשו[1] בהוי"ה ויאמרו לא הוא, ויש מאמינים בחידושו, אך מכחישים ידיעת מחדשו בשפלים, אמרו[2] איכה ידע אל ויש דעה בעליון, ויש מודים בידיעה ומסירים ההשגחה לרוממות הא"ל נגד פחיתות הנבראים, ויגזרו בזה כי אין מעשה וחשבון במעללי האיש, ויעשו אדם כדגי הים, והכלל לדעתם - עזב[3] השם את הארץ, למקרים. ויש מאמינים בחידוש ובידיעה ובהשגחה, אך גוזרים היות נמנע דבר שלא יורה עליו שכל או טבע כי עולם כמנהגו נוהג, ויכחשו הנפלאות שהם בשינוי הטבע, הנקראים נסים נגלים, ומבקשים לנפלאות למצוא להם סבה וטבע, ולכתות אלו שזכרנו יש עוד דעות שונות זו מזו זו אומרת בכה וזו אומרת בכה, אין צריך להזכירם, אך הכלל היוצא מהם הוא הריסת התורה כולה או מקצתה, או להוציא דברים נעלמים למשלים ולהבלים:

אבל אמונתנו כי התורה בכל ענייניה וספוריה מתחילתה ועד סופה, הם עניינים לא יורה עליהם לא שכל ולא טבע כלל כי כן הגיע עדינו בקבלה איש מפי איש עד משה רבינו ע"ה בסיני, והמצוות המתנהגות בעדת ישראל הם עדים נאמנים על כל האמונה ומתנהגות איש מפי איש והוא עדות גדול על כל האמונות שזכרנו:

---

[1] ירמיהו ה יב
[2] תהלים עג יא
[3] יחזקאל ח יב

ויתבונן זה בדברי הרמב"ן ז"ל בפרשת בא אל פרעה, בטעמי המצוות אמר וכאשר ירצה האלהי"ם בעדה או ביחיד, ויעשה עמהם מופת בשנוי מנהגו של עולם וטבעו, יתברר לכל בטול הדעות האלה כולם, כי המופת הנפלא מורה שיש לעולם מחדש, ויודע ומשגיח ויכול. וכאשר יהיה המופת ההוא נגזר מפי נביא, יתברר ממנו עוד אמיתת הנבואה, כי ידבר אלהי"ם את האדם ולכן אמר הכתוב במופתים - למען[4] תדעו כי אני הוי"ה בקרב הארץ, להורות על ההשגחה כי לא עזב את הארץ למקרים כדעתם, ואמר - למען[5] תדע כי להוי"ה הארץ, להורות על החידוש שהוא שלו שבראה מאין, ואמר - בעבור תדע כי אין כמוני בכל הארץ, להורות על היכולת כי הוא שליט בכל, ואין מעכב בידו, ואם כן האותות והמופתים הם עדים נאמנים באמונת הבורא יתברך ובתורה כולה, עד כאן לשונו. הרי לך כי באמונת התורה הבאה בקבלת איש מפי איש, עד משה רבינו בסיני תתקיים אמונת האלהו"ת על השלמות:

וקביעות האמונה הוא בעשותנו זכר לנסים ולנפלאות הכתובות בתורה, בגופנו ובבתנו ובפינו ובכפינו, בכל יום ובכל שעה. ובזה יתאמת לנו כאלו ראינו בעינינו הכל כי בהתמדת האבות אשר ראום ואשר ילמדום ויספרום לבנים זכרם[6] לא יסוף מזרעם, להתאמת העניין כי אין הדור ראוי והגון לעשות לו נסים נגלים בכל עת, וכאשר נקבע בלבבנו העניין הזה יתאמת לנו הגמול והענש, בעניין המצוות כי הם עקרי הדת והאמונה, וכאשר האריך הרב ז"ל על העניין הזה בפירושו:

---

[4] שמות ח יח

[5] שמות ח יח

[6] אסתר ט כח

פרק שני

מערכת האחדות:

הם השליליות הנאותות לשלול מן האלוהו"ת לשלימות אחדותו, ואיך יתנהג השולל בהם, והוא שצריך כל בעל דתנו להאמין בעניין האלהו"ת, שהוא אחד ומיוחד ביחוד גמור כאשר יתבאר. ומאמר הראשונים בעניין היחוד הוא מאמר אחדות שלמה:

ומאמרם זה יחייב לכל שלם באמונת היחוד, לשלול ממנו שלוש שלילות מודעות לכל משכיל בעניין היחוד והם, גשמות, ופרוד ושנוי. ושלילת הגשמות, הוא שהאלוה אינו מוגבל, ואינו גוף, ולא כח בגוף, וכלל השלילה שאינו מוגבל לא במקום ולא בזמן, אבל היה הוה ויהיה, וזהו שאמר הכתוב - וכל[1] צבא השמים עמדים על ימינו ושמאלו, וכי יש ימין או שמאל להקדוש ברוך הוא, אלא אלו מימיניים לזכות, ואלו משמאילים לחובה, והכל לפי מעשה התחתונים כאשר יתבאר למטה, ויתבונן עקרו בעבודת הטעם:

ושלילת הפרוד הוא כאשר ראוי להאמין שהוא שכל גמור, וכן ראוי להאמין שהשכל גמור, אינו שכל נפרד כמו שכל המלאכי, אף על פי שהמלאכים נפרדים מחומר אינם נפרדים מרצון. אבל נאמין כי הוא שכל שלם מיוחד ביחוד גמור עד אין קץ ותכלית לשלמות אחדותו:

ושלילת השנוי היא כוללת שתי עניינים, שנוי מחשבה ושנוי פעולה. עניין שנוי מחשבה הוא מה שיורו מקצת הפסוקים לפי פשטם בשם יתברך מחשבה בעניין הבריאה, ונמצא כזה עוד לרז"ל באגדות ובמדרשים הנאמרים על הבריאה, כמו האגדה שאמרו - ירח[2] לפני הקדוש ברוך הוא וכו', וכמו - שאמרה[3] שבת לכולם נתת וכו', וכמו - דין[4] הניין לי ודין לאו הניין לי, וכמו שתף מדת רחמים עם מדת הדין וכיוצא בהם אשר עבודת באורם ביתר הלשכות: ועניין שנוי פעולה נחלק לשתי עניינים, האחד הנהגה, והשני שמות.

ועניין ההנהגה הוא שיורום הכתובים בהנהגת השם יתברך בעולם

---

[1] דברי הימים-ב יח יח

[2] גמרא חולין ס ב

[3] בראשית רבה יא ח

[4] בראשית רבה ט ב

השפל, כי לעתיד דן ולעתיד מרחם, או בכללים או בפרטים, וכאלו מתנחם מהרע אל הטוב, או הפכו, או במקום אחד, או בעניין הרבים, או בעניין היחיד. ועניין שנוי השמות, הוא מה שנמצא שמותיו מהם יורו על הרחמים, ומהם על דין, וכאלו נחלק ומשתנה משמותיו:

ושלש השליליות האלו כולם נכללות במאמר אחדות שלמה. וכלל אמונת האחדות בשלמות הוא שאיננו גוף ולא כח בגוף, ר"ל שהגופים כחם פעמים בכח, ופעמים בפועל, אבל השם יתברך כחו בפועל ולא שכל נפרד ולא ישתנה ממחשבה אל מחשבה, ולא מפעולה לפעולה, ולא מהנהגה להנהגה, ושהוא שכל שלם ופשוט מיוחד בכל חלקי שמותיו, וכל חלקי מידותיו. ושנוי פעולה אשר מצד ההנהגה אינה כי אם מצד המקבלים, כי ההולך בתומו וביושרו שומר בית קבולו הטוב הנגזר מאת הא"ל יתברך:

והמסלף דרכו ומפקיר עצמו להתרחק מן הטוב הנגזר מאת האלהי"ם, מקבל ההיפך הנגזר גם מאתו יתברך. אך מצד הא"ל יתברך אין[5] דבר רע וטמא יורד מן השמים, כי הוא פשוט והנהגותיו פשוטות, דומה למה שאמרו רז"ל - לעתיד[6] לבא הקדוש ברוך הוא מוציא חמה מנרתיקה, והצדיקים מהפכים מידת הדין למידת הרחמים, והרשעים מהפכים מידת דין למידת הרחמים, כי צדקת הצדיק חסד וברכה אליו, ולשכניו, ולדורו. ורשעת הרשע משפט ודין קללה אליו, ולשכניו, ולדורו, וגמול ידם יעשה להם. ועל הדרך הזה הוא עניין שנוי השמות. אף על פי שאמר בכל מקום שנאמר אלהי"ם זו מידת הדין, ובכל מקום שנאמר הוי"ה זו מידת רחמים, איננו עניין היותו יתברך נחלק בשמותיו, אך השמות האלה מורים במקומם על ההשגחה הטובה הייתה מאתו אם רעה, רוצה לומר אם נגזר מאתו על ברואיו, לקבל הטוב בזכותם או ההפך ברשעים:

ועל הצד השווה שבהם, ר"ל במידות הוי"ה אמר הכתוב - הצור[7] תמים פעלו כי כל דרכיו משפט א"ל אמונה ואין עול צדיק וישר הוא. יאמר כי פעולת צור עולמים תמימה, והוא בעצמו צדיק וישר בכל דרכיו, כלומר תמימה ופשוט בכל מידותיו. ואחר שהוא פשוט בכל דרכיו

---

[5] גמרא סנהדרין נט ב

[6] גמרא נדרים ח ב

[7] דברים לב ד

תורה מילת **אין עול** על התגמול שהוא מצד השכל. וכן על הצד השווה שבכל השמות תמצא פעמים בפסוק הרחמים שם אלהי"ם המורה על הדין, או שם של אדנ"י ואף כי ענינה מורה על הדין, כמו שזכרנו כל מקום, שנאמר הוי"ה אלהי"ם זו מדת הדין. ואמרו עוד - אין[8] אלהי"ם אלא דיין. וכן של אדנ"י הוא לשון אדנות, המורה על דין, כאשר ידוע לבעלי העבודה בהיות דן בין אחד ואחד:

וכן פעמים תמצא בפסוקי הזעם, שם בן ד' המורה באותיותיו על הרחמים, וכמו שאמרו - כל[9] מקום שנאמר הוי"ה זו מידת רחמים, ויתבונן זה בעבודת הריסה ובאנשי סדום, ואין צרך עומק גדול למשכיל בעניין, כי בהיות אדם צדיק, נותן הדין היות טוב לו, ולמה יצא משפט מעוקל משפטו. ובהיות רשע רחמים, וראוי לכלותו ולדונו, אמנם עמקי הדברים לבעלי העבודה, הם מסורים ויתבונן זה בעבודת הטעם, ובעבודה ההריסה:

ועל הדרך הזה שבארנו כל המדברם בענייני הוי"ה יתברך, אין ראוי לקבוע לו, לא בשמותיו, ולא במידותיו, לא שם קבוע ולא מידה קבועה, ר"ל שיאמר שם הא"ל מורה על רחמים ולא על דין. וזה על דין ולא על רחמים. וכן במידה זו רחמים ולא דין או ההפך, כי הצד השווה שבהם בכולם בין בשמותיו, בין במידותיו, כי המה ההשגחות וההנהגות המיוחדות והכלולות בשם יתברך, פשוטות הם וההפכים הנראים מצד המקבלים הם:

הנה נתבאר שנוי פעולה הכולל הנהגה ושמות ואיך יתנהג בהם המדבר. אך שנוי מחשבה אשר בשליליות השנוי יתבאר ביתר הדגלים, עם מה שיתבאר עוד שנוי פעולה. והכתובים המורים בעניין הגשמות כמו ראש, ועין, ופה, ויד, ורגל, ואזן, וכן עניין התנועת כמו הלוך והעברה ונציבה, וכן עניין החושים כמו ריח, ושמע, וראיה, ודבור, וכל כיוצא בזה כל אלה יתבונן למשכיל בדגל מחנה בניין ובעבודת האדם, ועניין העלייה והירידה יתבונן במערכת המרכבה, ובזה נשלמה לשכת האמונה:

---

[8] מכילתא שמות כ א

[9] ספרי דברים פיסקא כו

פרק שלישי

לערכת השמות:
וערכנו בה שלוש מערכות. מערכת שמות המידות. ומערכת שמות השווים. ומערכת שמות נגדיות הפועלים. וטרם פתחי בעבודה הזאת, אקדים כאן ברייתא אחת שנויה בספר יצירה, בעניין היותה כוללת ראשי פרקים, אשר עבדו בהם בעלי העבודה הזאת. ותורה דרך כל מסילות הדגלים החונים לפנינו:
שנוי שם עשר[1] ספירות **בלי מה.** עשר ולא תשע. עשר ספירות ולא אחת עשרה. קבלו בעלי העבודה בביאורם, כי האלהו"ת הם אצילות עשר ספירות, אשר הם מידות והנהגות בעולם השפל. ולמטה אדבר בעניין האצילות עם מה שיתבאר עוד אלהות"ו, בדגל מחנה בניין בעבודת האדם. וקראם בעל ספר יצירה ספירו מלשון מספר בעבור היות שרש כל נגדר בגדר מספר עשר. כי המאות והאלפים והרבבות וכל המספרים כולם נגדירם בגדר עשר, כאשר ידוע לבעלי החשבון. ויתכן כי לשון ספירה, מלשון לבנת הספיר. ואמר **בלי בה** לרמוז על עניין המעולה אשר נאצלו ממנו. או שקראן כן מצד עצמן, בעבור כי הן האלהו"ת כאשר זכרנו וכאשר אזכיר עוד:
וכבר השכלת מעבודת האחדות כי, האלהו"ת בלי מהות. ואמר עשר ולא תשע, שלא להפריד הראשונות באצילות מהתשעה לגדל מעלתה. ולא האחרונה באצילות מאותה שלפניה למעוט מעלתה, כי צד היחוד שווה בכולם, וכמו שאמרו בספר יצירה - נעוץ[2] סופן בתחילתן. כי מסוף דבר נמצא ראשו ומראשו נמצא סופו. ואין סוף בלתי ראש ולא ראש זולתי סוף. כיוצא בזה כי ראש דבר וסופו שווים במציאותו ובאחדותו, כי לא ימצא זה זולתי, זה דומה למה שאמרו רז"ל - תחילת המחשבה הוא סוף המעשה, למי שמשכיל בעניינו ובעקרו כאשר יתבאר בדגל מחנה בניין:
ואמר עשר ולא אחד עשר, שלא למנות העניין המעולה אשר זכרנו לספירה אחת והיות אחד עשר, בעבור כי לגדל מעלתה אין שם המספר

---

[1] ספר יצירה א ב-ג
[2] ספר יצירה א ו

נתפש בו. ובדגל מחנה בניין יתבונן טעם העניין לבעלי העבודה, עם מה שיתבאר עוד שם מנהגם וטעמם במעלת הספירות עצמן, בעלותן מעלה אחת על אחת. ויש לך לדעת כי בזכרי בעניין הספירות ראש וסוף אין הכונה חלילה היות לאלהו"ת גבול ראש וסוף, כי כבר בארנו בעבודת האחדות אשר נתבאר ממנו כי אין האלהו"ת נגדר בגבול, אבל הכוונה היא על עניין האצילות אשר לו ראש וסוף, וסדר לתקון הנבראים בו ובעניין אשר יתבאר בו בעבודת הסדר:

עוד יש לך לדעת, כי עניין האצילות אשר זכרנו ואשר אזכיר עוד למטה בעבודת הסדר, איננו עניין שנשתנה או שנתחדש במאציל או בנאצל דבר אשר לא היה טרם האצילות חלילה, כי כבר זכרנו כי אצילות הספירות הוא האלוהו"ת יתברך. ואמרנו בדגל מחנה אמונה כי האלהו"ת לא ישתנה מדבר לדבר:

אבל עניין האצילות הוא שנתגלה הכח הכמוס והחתום מהכח אל הפועל. והמשל מזה מהדלקת הנר מהגחלת, ומעלה להבה, כי לא נודע להבה בגחלת עד יציאתה לפועל לאור העיניים, וידוע כי הלהבה בגחלת בכח, ובצאתה מהכח לאור בפועל אין חידוש בלהבה. אך הפועל שהוא האור שנתגלה הוא חידוש לרואה בה עתה ולא טרם. גם בצאת הלהבה מהגחלת אין חסרון בגחלת. אמנם יש בגחלת על השלהבת מעלה לעיני הרואה אותה עתה, ולא טרם הראותה טרם השלהבת, והנה קדמה במעלה, כן הוא הנמשל באצילות. כי הספירות שהם הכחות הם במאצילים עד עלות הרצון מאתו יתברך להתגלות לצאת מהכח אל הפועל. ר"ל היות כל כח וכח יסוד לפעולה העתידה לצאת ממנו בעולם השפל בשלמות תחילת המחשבה, ולא יערב דברו בדברו עד עלות הרצון מאתו, כאשר יתבאר הטעם ויזכור מזה בדגל מחנה בניין:

קצרו של דבר אין חסרון במאציל, ולא חידוש בנאצל, אך מעלת המאציל על הנאצל בהקדמה, כמעלת הגחלת על השלהבת, עם מה שיתבאר עוד טעם מעלתה עם משפטי טעם העבודה בהם. והבן העיקר הזה כי הוא עיקר העיקרים ויסוד כל הבניין, עם מה שנזכיר תמיד בעבודה הזאת כי עשר ספירות האלה הן הם האלהו"ת יתברך, כאשר זכרנו ושהאלהו"ת יתברך מיוחד בהם בלי פירוד ושנוי, והוא יסוד כל העניין:

פרק רביעי

<u>מערכת שמות המידות:</u>

הן רוב השמות אשר לעשר הספירות המורגלים בפי בעלי העבודה. מהם אשר הבינו הם בעצמם מצד הפעולות ההוות בעולם השפל. ומהם אשר קבלו בסתרי התורה ונביאים וכתובים. ומהם בסתרי האגדות והמדרשים, ואם רבו שמותם זולתי מאשר נזכיר. אמנם אלה אשר אזכור הם אשר ימצאו בעלי העבודה, בהם והם הדגלים החונים על המשכן:

עתה נתחיל שמות הספירה הראשונה. נקראת כתר עליון אין מן הכתוב - מאין[1] יבא עזרי, ונקראת כן לגדל מעלתה. מחשבה עליה אמרו רז"ל - כך[2] עלה במחשבה, תחילת המחשבה הוא סוף המעשה. יראת הוי"ה בפסוק - ויאמר[3] לאדם הן יראת אדנ"י היא חכמה, היא עיקר הכל והיא הידיעה. היודע והידוע מכלל השנייה והשלישית, ובה גזרת כל עניין אשר נגזר בשנייה ובשלישית, עליה אין להרהר כי מידותיה ישרות - לא[4] ידע אנוש ערכה. ועד כאן מגעת המחשבה באדם, ואולי כי אמרו עליה - במכוסה[5] ממך אל תחקור, ונזכור זה בלשכת הבניין במערכת הסדר, והיא רמוזה ב**א'** בפסוק - הוא[6] עשאנו ול**א** אנחנו, שהוא קרוי ב**ו'** ונכתב ב**א'**, כלומר ולא אנחנו, וא**'** שבשם אהי"ה רומזת אליה, כאשר יתבאר בדגל מחנה בניין בסדר עבודת השם רום מעלה רום השמות. רום בחולם, כמו - רום[7] ידיהו, אויר קדמון. קוצא של יו"ד שבשם של ארבעה אותיות:

---

[1] תהלים קכא א

[2] גמרא מנחות כט ב

[3] איוב כח כח

[4] איוב כח יג

[5] גמרא חגיגה יג א

[6] תהלים ק ג

[7] חבקוק ג י

השנייה חכמה. ועליה נאמר - והחכמה[8] מאין תמצא, מאין[9] תבא, יראת[10] הוי"ה היא חכמה, היא הנקראת יראת ובזו עם השלישית. וזהו פנימיות סוד גלגול הנפשות, אשר יתבאר כללו בעבודת ההריסה וכאשר יתבאר עוד למטה בשלישית. ונקראת פלא הוא לשון כיסוי מלשון יפלא. ואולי שעליה אמרו - במופלא[11] ממך אל תדרוש. חכמת אלהי"ם בעבור שהשלישית בכח השנייה הנקראת אלהי"ם כאשר יתבאר עוד למטה בעבודת שמות השווים נקראים זאת חכמת אלהי"ם. תרומה גדולה, תורה קדומה, ל"ב נתיבות שהזכיר בספר יצירה. רוח אלהי"ם, כלומר רוח השלישית הנקראת אלהי"ם. טלית כמו שאמרו רז"ל - נתעטף[12] הקדוש ברוך הוא בטליתו, לבושו של הקדוש ברוך הוא כמו שאמרו - שמים[13] מהיכן נבראו מאור לבושו ויתבאר זה למטה. דין מלחמה גבורה:

השלישית בינה. ועליה נאמר - ואיזה[14] מקום בינה, וראיתי מקובל שפירש כי **הא'** והיו"ד הרומזים לראשונה ושניה, הם מקום בינה, ועליה נאמר - וסור[15] מרע בינה, ל"ב נתיבות חכמה חקוקות בה. ספר רוח מרוח שאמרו בספר יצירה, כלומר זאת היא הרוח הבאה מהשנייה הנקראת מים, באותיות **אמ"ש**. אויר, מים, אש, אם הבנים. אם העולם מלך העולם, מלך המשפט, כלומר מלך שהוא המשפט רחמים גמורים הקדוש ברוך הוא, כמו נתעטף הקדוש ברוך הוא, ועליו נאמר - הביט[16] בתורה וברא העולם, כלומר בתורה קדומה, והיא השנייה, אלהי"ם שבפרשת בראשית רומז אליה. ובמקום שנאמר אלהי"ם חיים רומז אליה גם כן, עליון, מלך עליון, א"ל עליון, אור הלבוש, שמים תבונה אלה"י קדם. אלה"י האבות, מלכות שמים, ויתבונן זה למטה, וכן רוכב שמים, יושב הכרובים, יוצר בראשית, אדון הכל, תהו, והוא הנקרא בלשון יון היולי, ובאורו כח ממציא, קו ירוק, תחתונים, שלש

---

[8] איוב כח יב
[9] איוב כח כ
[10] איוב כח כח
[11] גמרא חגיגה יג א
[12] גמרא ראש השנה יז ב
[13] פרקי דרבי אליעזר ג
[14] איוב כח יב
[15] איוב כח כח
[16] זוהר קרח קעח א (בארמית)

עשרה מידות, חיים, נפש השם, חי השם, סוד הנדר, מזל, סוד הנפשות, תשובה, יובל, פרשת כי יביאך שבתפלה רומזת אליה, כי היא מספר בעניין יציאת מצרים, ובה מתכוונים ענינו כאשר ייתבאר בעבודת האדם. יו"ד ה"א וא"ו ה"א, **ה'** הראשונה רומזת אליה:

הרבעית חסד. אהבה, מידת אברהם, גדולה, כהן, ימין, רחמים גדולים, חלב וכל דבר לבן רומז לה, מזרח, מים עליונים, כסף, אחת מרגלי המרכבה והוא פני אריה מהימין, והוא יום שלישי לסדר מספר הימים, פרשת שמע שבתפילין שכתוב בה ואהבת רומזת אליה, כאשר יתבאר בעבודת האדם:

החמישית פחד. גבורה, מידת הדין קשה, מידת הדין של מעלה. מידת יצחק. מידת היראה. מידת הקדושה שמאל. פני שור שבמרכבה, מערב, לוי, שור הבר, והוא הזכר מבהמות בהררי אלף, ובאגדה רמזו בו אל היראה וסימניך יאור, דין זהב, כי משם העשר נמשך, אש ממים שאמרו בספר יצירה, נחש הקדמוני. כח סמא"ל, ויש מבעלי העבודה שקראה מזבח, ומראה בפסוק - ויאמר[17] אלהי"ם לישראל במראת הלילה, וזו אחת מהם, משפט אלהי"ם, יום רבעי למספר סדר הימים, ופרשת והיה אם שמוע שכתוב בה - וחרה אף רומזת אליה, כאשר יתבאר בעבודת האדם:

הששית תפארת. רום בשורק, מכריע ראשון, קו האמצעי, זכר, קו השווה, פני אדם שבמרכבה שהוא רגל שלישי, מידת יעקב, אביר יעקב, אביר ישראל ישראל סבא. שדים אב איש, חתן, אמת, שמים, רקיע, אור, אור הראשון, מאור הגדול, חמה שמש, יום ראשון למספר הימים, יום בקר, עדן, צרור החיים, כלומר צרור השלישית הנקראת חיים כאשר זכרנו, אור של הנצחים הנקראים אלהי"ם חיים כאשר אזכור עוד, או שמצד עצמו נקראת כן כי הם חיים הגמורים, וכן עץ החיים בעניין הזה, דעת כי היא הידיעה וכמו וידע אלהי"ם עולם ויורדים בו רמז לזה, דרום, ימין שם ועליו אמרו בבהיר - ושם[18] חביון עוזו, כלומר שם הוא חביון העוז:

17 בראשית מו ב

18 חבקוק ג ד

ובבהיר רמז זה בכובע בפסוק - וכובע[19] ישועה בראשו, ובעבודת הסדר יתבונן זה למשכיל היודע שהכתוב הזה על האחרונים נאמר תורה שבכתב. אש לבנה, מצות עשה ראש, כמו שאמרו בבהיר כאדם שיגן בשתי זרעותיו על ראשו, לשון, עין, מראה, אספקלריא המאירה, כח גדול קדוש, נורא בהיותו סמוך לגדול ולגבור מידת רחמים, כסא רחמים, כסא לשלישית הוא יושב עליו, וכן רוכב כרוב ראשון, שופר תקיעה, זיכרון מים ראשונים, לוויתן זכר, נסים נגלים כלומר בשנוי טבע, הוי"ה צבאות, כי הוא אות בצבא שלו, שכל, הקדוש ברוך הוא, תפלה והוא המניח תפילין, כאשר יתבאר בעבודת האדם:

הכבוד הגדול, השם הגדול, השם המיוחד, יו"ד ה"א וא"ו ה"א, דבש, ואנחנו קראנוהו בעבודתנו חוט של חסד מפני שרבו חסד, **ו'** שבשם של ארבעה אותיות רומזת אליה:

השביעית נצח. שוק הימין, עמוד הימין, יום חמישי למספר הימים:

השמינית הוד. שוק השמאל, יום השישי למספר הימים:

התשיעית יסוד. יסוד עולם, צדיק עמוד, כמו שאמרו העולם עומד תחת עמוד אחד, שנאמר - וצדיק[20] יסוד עולם, מידת שמינית שבי"ג מידות שהיא האמת, והיא מידת יעקב, שנאמר - תתן[21] אמת ליעקב, אביר יעקב, אביר ישראל, זה שלום מכריע שני, עץ הדעת, כלומר עץ של השישית הנקראת דעת, והוא סוכת שלום, והוא עורו של לוויתן כי לעתיד לבא יהיה פרוש על חומות ירושלם וכן בשר של לוויתן אשר יסחרו בה בשוקי ירושלם, ולכן נקראת סוחרת כאשר אזכיר למטה מן הבהיר, והכתוב אומר - כי[22] טוב סחרה מסחר כסף, והמידה הזאת היא התורה, ובעבודת הטעם יתבונן עניין הסחורה אשר יסחרו בה בשוקי ירושלם בת זוגו של לוויתן:

ובבהיר קראה יראת הוי"ה בפסוק - יראת[23] הוי"ה היא אוצרו, ואמרו שהיא אוצרו של התורה, וכן אמרו שם בבהיר שנקראת צדק בפסוק - צדק[24] צדק תרדוף, דבר, שד"י:

---

[19] ישעיהו נט יז

[20] משלי י כה

[21] מיכה ז כ

[22] משלי ג יד

[23] ישעיהו לג ו

[24] דברים טז כ

והרמב"ן ז"ל קרא לזאת הספירה הקדוש ברוך הוא, השם הגדול יו"ד ה"א וא"ו ה"א, קיום הנשמות כי משם פורחות וחוזרות לעולם הבא, אור הצפון, מידת יום, כבוד יום, מידת זכור שבת, יום שבעי למספר סדר הימים, אות, דומה לששית כחותם הו' כי הוא כל רמזיו כרמזי הששית בעניין הרחמים, קדש, כל, חי העולמים, הוא הנהר היוצא מעדן להשקות את הגן, ראש, כמו שנאמר - ראש[25] דברך אמת והוא הראש שהכובע עליו:

והרשב"א אמר שקבל מהרמב"ן ז"ל שנקראת זאת המידה ציון, ונתן בה סימן - ציון[26] הלז. אמנם לא נראה כן בפירושו, אמנם לא יקשה לבנו כל כך, כאשר השם שוכן בציון של מטה, אז גדול בקרבה קדוש ישראל, והמלך יושב על כסא מלכותו בבית המלכותו, ונקרא כן על שם כסאו, ועל שם העיר, ועוד יתבונן רמז מזה במקום אחר. או אולי כי עיקר ציון הוא המלכות, וכאשר הכסא שלם תבנה חומת ירושלים וחומת ציון, כי שתי מעלות הם. ובהדבק ירושלים אל ציון[27] תבנה חומת ירושלים, ויתבונן עוד בעבודת המרכבה ובעבודת התפילות, ובבהיר קראוה סוחרה. וכן ידברו במידה הזאת לשון נקבה, באגדה אמרה שבת, כאשר יתבאר בעבודת השביעיות:

העשירית מלכות ישראל. כנסת ישראל, שכינה, גבורה, מידת דוד, תהילה, תהילה לדוד שהיא מידתו, מלכות בית דוד, קרן המשיח, דוד כמו שאמרו רז"ל עתיד הקדוש ברוך הוא להעמיד לישראל דוד אחר שנאמר - ובקשו[28] את הוי"ה אלהיה"ם ואת דוד מלכם, ודוד יהיה נשיא, והעלו שם קיסר ופלגא. רגל רבעית שבמרכבה והוא פני נשר: מידת הדין של מטה, מידת הדין רפה, צפון, שמאל, שור לפי שיונקת מן החמישית, וכאשר יתבאר בעבודת הטעם. וכן נקראת ים על שם המערב, כמו שנאמר - כל[29] הנחלים הולכים אל הים, או נקרא ים על שם שהשכינה במערב, כדרך שהירדן גבול ארץ ישראל, ימין בהייות חוט של חסד משוך עליה, אמונה, ברית מלח עולם היא, כמו והיא לא תצלח, והיא שעמדה והיא מתהלכת, תורה שבבעל פה, מצות לא תעשה,

25 תהלים קיט קס
26 מלכים-ב כג יז
27 תהלים נא כ
28 הושע ג ה
29 קהלת א ז

אש שחורה, האש הגדולה, האש האוכלת בראש ההר, קשת חרב, חרב המתהפכת, חרב[30] נוקמת, מלחמה, פגיעה, יראה שבת, שמור:
כבוד לילה, מידת לילה, כלה, מלכה, את, כמו - את[31] כרוב ממשח, כי היא הכרוב השני, ערב לילה, דמדומי חמה, לבנה ירח, מאור קטן, יום שני למספר סדר הימים, נגה, כמו שנאמר - ונגה[32] כאור תהיה, ובדגל מחנה בניין יתבונן כתוב זה. נסים נסתרים, כלומר שהם בטבעו של עולם והם נסים נסתרים, חדש, שנה, מים תחתונים, מים אחרונים, אספקלריא שאינה מאירה, פנים, פנים שאינם מאירים, אחוריים, תמונת הוי"ה, מראה ממראות לילה, עין לשון מראה, קשר של תפילין, חכמה, חכמת שלמה, בתו של אברהם אבינו, מגן, מגן אברהם, מגן דוד, כה, כל הנביאים נתנבאו בכה, מקום אתי, צור, שם, כבוד, שם ובעלי העבודה מכנין ורומזים אותה למילת עטרה:
אני, קול, פי הוי"ה, יד הוי"ה, כבוד הוי"ה, רוח הוי"ה, רוח קדשו, נבואה, אצבע, יד הגדולה, יד החזקה, ישראל, פלא לשון כסוי, נורא מלשון יראה. נורא מלשון אש. אדנ"י, י"ה, א"ל אלהי"ם, שומר כל לשון שמירה רומז לה, שומר ישראל:
מטטרו"ן והוא הנער השומר על השער, ועיקרו הוא מטטרו"ן מטרו"ן והוא לשון שמירה, כי תרגום משמרת מטרת, והוא שר העולם, שאמר - נער[33] הייתי וגם זקנתי, שליח, מלאך, המלאך הגואל, גאלה, ויש מי שקורא אותה תפלה, תחנה, רופא, מוחץ, אומנת, מניקה, מגדלת, סרסור, אדריכל, לב בית טוב, א"ל שד"י, כסא, כסא דין, צדק משפט עוז, אחות לשון איחוי וחבור, הוא המניח תפילין, כי מקבל מן הכל, דלת סעודה קטנה, עצרת, תרומה, ראשית חלה, בכורים, מעשר, ארץ חפץ, ארץ החיים, ארץ ישראל, ירושלם כי היא רשות היחיד ולא רשות הרבים, כמו שיתבאר בו טעם הוצאת שבת ויתבונן הכל לפנים. והכלל ממנו כי יעשו מרשות היחיד רשות הרבים. ציון עיר הקדש, עיר הצדק, משכן, מקדש, ארון, קדש, פיו של לויתן, והוא הנקבה מבהמות בהררי אלף, אילו של יצחק, בת זוג לשבת, אלוה יעקב, אדון, אדון כל הארץ, אלה"י ישראל, אלה"י הארץ, אלה"י ירושלם, אלה"י

[30] ויקרא כו כה
[31] יחזקאל כח יד
[32] חבקוק ג ד
[33] תהלים לז כה

האלהי"ם, אדני האדנים אבן הראשה, לבינה, אבן שתיה, זאת, אישה, אשה, קרבן, חטאת, שעיר, מזבח הנחושת, ונרמזת לשלחן, כנה, שנאמר - וכנה[34] אשר נטעה ימינך, והוא כמו כסא, גנה, גן עדן, כלומר גן של הששית הנקראת עדן, ונאמר - דודי[35] ירד לגנו, ועד דור, עולם הנפשות אחרית, תכלית, כי הוא תכלית הכל, דוגמת צבא תכלת שהוא תכלית כל המראות, וכבר אמרו רז"ל על פתיל תכלת - שבציצית[36] תכלת דומה לים וים לרקיע ורקיע לכסא הכבוד:

אמנם גם היא נרמזת בבגד תולעת שני ובצבע ארגמן, אמנם צבע תכלת הוא רומז שהיא כלולה בכל כלומר שחוט של חסד משוך עליה והיא עם הכל, וצבע תולעת שני הוא רמז שהיא מידת הדין רפה, וצבע ארגמן שהוא אדום יותר רומז על פגיעתו הגדולה מזוהמת הנחש, ויתבונן זה ברמזי כסוי כלי המשכן בנסוע המחנה, כסוי השלחן עם לחם שעליו בבגד תכלת, כי השלחן רמז **למ"ה** והלחם **למ"ר**, וכאשר הלחם על השלחן הוא רמז כי השלום בארץ, ולכך כסהו בצבא תכלת לרמוז שהיא כלולה בכל:

אמנם על הבגד הזה היו נותנים כלים, ועל הכל כסו בבגד תולעת שני לרמוז כי השלחן רמז **למ"ה**, או אולי הוצרכו זה מן הטעם כי ירמזו שהיא בכל והיא לעצמה כאשר יתבאר:

וכסו את הארון ואת מזבח הזהב הרומזי' גם כן אל המידה הזאת בבגד תכלת מפני כי בארון הלוחות הרומזים לתפארת היו מונחים או מפני הכרובים אשר היו עליו כי כל אלה רומזי' כי השלום בארץ. וגם מזבח הזהב. בעבור כי אין משפטו רק להקטיר הקטרת. ועניין ההקטרה הוא רמז לקשור ולכלול מידת הדין עם מידת הרחמים. אבל מזבח העולה היו מכסין בבגד ארגמן שהוא אדום הרבה לרמוז על הפגיעה כי שם היו זורקין את הדם לכפר על נפשם. ונקרא כל בעבור בכל וכוללת הכל:

אתרוג, פרי עץ הדעת שאכל אדם הראשון, ועניין השם הזה שהיא פרי של היסוד שהוא עץ של התפארת הנקראת דעת, תאנה, חטה, יין המשומר בענביו משש ימי בראשית, נוכל לומר משומר מלשון

---

[34] תהלים פ טז

[35] שיר השירים ו ב

[36] גמרא מנחות מג ב

משמרת, כלומר כי הוא משוך מהששת ימים הראשונים שהם האשכול והענבים, ויתבונן ממנו לפנים מה שאמרו - שחטאה[37] חוה שסחטה ענבים. או נוכל לומר כמשמעו לשון שמירה ממש ויורה על ההשגה הגדולה אשר לעתיד לבא, ונקראת חוה והיא הייתה אם כל חי, יום שמיני לסדר מספר שמונת הימים, וכל השמיניות רומזים אליה, **ה'** אחרונה שבשם של ארבעה אותיות:

והרמב"ן ז"ל קרא לזאת הספירה השם הנכבד, בעבור כי משנה תורה נאמר במידה הזאת, ואמר משה במשנה תורה - ליראה[38] את השם הנכבד, וכנגד המידה הזאת היא תפלה של יד שהיא בית אחד, ובעלי העבודה קוראים שבעה ספירות והמשכת השפע אשר מזו לזו, הזמנה ומפני שהם מידות השלישית, מוסיפים ואומרים הזמנת השלישית. וקוראים אותה גם כן ירקרוקת על שם השלישית הנקרא קו ירוק. ועל זה הסמך אמרו חז"ל - אסתר[39] ירקרקת הייתה וחוט של חסד משוך עליה, והכתוב אומר - ותלבש[40] אסתר מלכות, סתם, וכן חביון בעבור היותן מתחברות זו בזו ביחוד שלם ודוד ע"ה הזכירו בעניין אחר - והמתנשא[41] לכל לראש, כי האחרונה מתנשאת עד למעלה ראש דרך הצינורות:

---

37 ילקוט שמעוני בראשית ג ו

38 דברים כח נח

39 מגילה יג א

40 אסתר ה א

41 דברי הימים-א כט יא

פרק חמישי

מערכת שמות השווים:
הם הספירות אשר עבדו בהם בעלי העבודה לקוראן בשם אחד. ואבאר בקצר פסוק אחד כאשר בארו אלי הרב רבי יצחק ז"ל. וכן מצאתי לאחד מבעלי העבודה הראשונים, אמר הכתוב - וארשתיך[1] לי לעולם וארשתיך לי בצדק ובמשפט בחסד וברחמים, וארשתיך לי באמונה. לא יתכן לבאר בפסוק הזה צדק לעולם, ומשפט לתפארת מפני שכבר הזכיר לעולם הרומז לתפארת, מפני שהוא עיקר העולם. וכן הזכיר בסוף האמונה הרומזת לעטרה. גם לא יהיה סדר המידות על הנכון:
אבל באור הכתוב הוא מה שאמר הנביא לישראל בלשון הנבואה הבאה מהתפארת אל העולם שהיא כנסת ישראל, ושרו של ישראל ולכן כנה בלשון נקבה, אמר שיארשנה לתפארת שהוא עולם העליון ועיקרו. ובמה יארשנה אליו בשנייה הנקראת צדק, ובשלישית הנקראת משפט, ואחר כך אמר שיארשנה אליו עוד בחסד הרביעית, וברחמים הששית, כלומר שיתגלגל רחמיו על מידותיו, ואחר כך אומר שיארשנה אליו, אם כל אלו שהם השושבינים לעשירית הנקראת אמונה:
והנה דבר הכתוב בסדר משפט ההמשכה אשר עקרה להמשיך חוט של חסד באמונה והוא סוד הארוסין והקדושין והברכות הנזכרות בכל מקום, ויעיד הכתוב הזה כי יש במידות הנקראות בשם אחד, כמו השנייה והאחרונה, וכן השלישית והששית, וכן כלן:
וכאשר תדרוש ותחקור היטב תמצא כי לשנייה ולאחרונה מעמד אחדי אם תנעוץ[2] סופן בתחילתן. וכן לשלישית ולששית, ולכן נאמר כי השני,ה והאחרונה שווים בכל השמות, אם תנעוץ סופו בתחילתו זו חכמה וזו חכמה:
זו נקראת חכמת אלהי"ם, וזו חכמת שלמה. ואומר בבהיר - כי שלמה ירשה מדוד אביו, ולכן נכתבה שמו **בה'** הרומזת לעטרה, כי שמו הוא השלום. **וה"ה'** היא בת השלום כמו שדרשו שם. אמר הקדוש ברוך הוא

[1] הושע ב כא-כב
[2] על פי ספר יצירה פרק א ו

הואיל ושמך כשמי אתן לך את בתי, שנאמר - והוי"ה[3] נתן חכמה לשלמה. ואמרו רז"ל - כל[4] שלמה האמור בשיר השירים קדש, חוץ מאחד, כלומר מלך שהשלום שלו. וכבר ידעת כי היסוד הוא השלום. והכלל בעניין שלמה כי בימיו היה השלום בארץ ושתיהן נרמזות בשם **י' ה'** השנייה **בי' ה'** שבשם של ארבעה אותיות, והאחרונה **בי' ה'** של אהי"ה, כאשר יתבאר ושתיהן נרמזות בדין, כאשר יתבאר זו צדק, וזו צדק, לפי הכתוב שהבאתי למעלה:

ודרשו בבהיר בפסוק - צדק[5] צדק תרדוף, שהצדק השני רומז לעולם הבא, שהוא היסוד. ונקראת כן בעבור שאיננו רחמים גמורים, כמו התפארת. הנה כי השנייה והעטרה, והתשיעית נקראות צדק תרומה השנייה. תרומה גדולה שאין לה שעור מן התורה כמו שאמרו חטה אחת פוטרת הכרי. והטעם שאין לו שעור, מפני שרומזים לחכמה העליונה, אשר לו תושג ולא תשוער לגדל מעלתה:

והשיעור שנתנו חכמים ירמזו בה לעטרה, שהיא חכמה האחרונה המתבוננים בה החכמים והנביאים. ומה שאמרו בעניין המידה - עין[6] יפה אחת מארבעים. עין רעה אחת מששים. בינונית אחת מחמישים, יתבונן לפנים. ראשית השנייה היא ראשית הראשים. והעטרה היא ראשית למה שנמשך ממנה ולמטהי מקבלת מלמעלה ומשפעה למטה להעמיד התחתונים. ומפני שהעליונה ראשית הכל, לכן תרומה גדולה ראשית למעשרות, ומפני שנקראו ראשית יש לומר כי הכתוב שאמר - ראשית[7] חכמה יראת הוי"ה, יש בו שתי כוונות אפשר לומר כי ירמוז לראשונה הנקראת יראת הוי"ה, והיא ראשית לשנייה הנקראת חכמה. ואפשר כי תרמוז מלת חכמה לעטרה, כלומר כי ראשית מן חכמה שהיא העטרה, היא יראת הוי"ה הראשונה או השנייה:

או יאמר יראת הוי"ה על העטרה, כלומר תחילת השגת השנייה שהיא החכמה, היא העולם הנקראת יראת הוי"ה, וכל זה מפני כי השנייה והראשונה, והעטרה נקראות יראת הוי"ה. וגם היסוד נקרא כן, ויתבאר הכתוב כן כמו שאמרנו. חכמה של מטה היא גובלת מחכמה

---

[3] מלכים-א ה כו

[4] גמרא שבועות לה ב

[5] דברים טז כ

[6] משנה תרומות ד ג

[7] תהלים קיא י

של מעלה, וכל המסתכל מסתכל בנובלת הזאת, כי היא כלולה מלבד נתיבות אשר נרשמו בשנייה איש איש כפי מעלתו:

ונקראות ארץ. והיא המחלוקת אם השמים נבראו תחלה או הארץ, מי שאמר הארץ נבראת תחלה כוונתו על השנייה, ואומר כי תחילת המחשבה עיקר ואמר הכתוב - הוי"ה[8] בחכמה יסד ארץ, כלומר תחילת ארץ מארץ ואחר כך כונן שמים בתבונה:

והאומר שמים נבראו תחילה כוונתו כי סוף המעשה עיקר, כי התפארת שקדם במעלה על העטרה, הנקראת ארץ עיקר. מכל מקום הארץ מן הארץ והשמים מן השמים, כי השלישית והתפארת נקראות שמים. ונקראות בכור, השנייה בכור לאצילות, והעטרה בכור לכל מה שתחתיה. או שנקראת כן בהיותה כלולה מל"ב נתיבות חכמה הנקרא בכור. או בעבור שנתנה בראש השם של ארבעה אותיות, ר"ל **י' ה'** ואפשר לומר כי הכתוב - וגם[9] אני בכור אתנהו, ירמוז לזה כי מלת אני רומזת לעולם, ואמר שיתננה בראש השם של ארבעה אותיות, כלומר להעלות למעלה ראש. או יש לומר שייתן לאני השנייה הנקראת בכור, כלומר שישפיע על העטרה הנקראת אני, את השנייה הנקרא בכור, ובזה תהיה גם היא בכור. ותמצא בכור בכח עליון, כי ידרשנה - מראשית[10] השנה ועד אחרית השנה, ותהיה כלולה בכל כדי להוציא הכל מן הכח אל הפועל, בכח עליון ושלוחו של אדם כמותו:

וממה שיתבאר עניני העטרה, במערכת הטעם שהייתה דו פרצופין באצילות. נוכל להתבונן למה הבכור נוטל פי שנים, ומה שיקראו את השנייה בכור, ולא הראשונה, יתבונן זה בעבודת העשיריות. עדי עד וענינו נצחי וקיים, ושתיהן נקראות פלא, מלשון כסוי, ויתבונן זה לפנים. אמונה מלשון אמונה אומן, ובעבור זה אמרו גדול העונה אמן יותר מן המברך, כי המברך לא ירמוז לאמונה אחרונה, אך מזכיר העולם והיא בכללו. אבל העונה אמן, ממשיך הברכה מאומן לאומן, כי אמן מלשון אמונה, ויתבונן זה בעבודת התפלות בעניין הברכות:

ואמרו רז"ל משל בזה, שהרי הגוליירין מתגרים במלחמה והגיבורים מנצחים, המשילו המברך לגוליאר, המתחיל ומתגרה במלחמה, ואינו

---

8 משלי ג יט

9 תהלים פט כח

10 דברים יא יב

משלים המלחמה מפני חולשתו, כך המברך מתחיל בברכה הנמשכת מהשנייה הנקראת מלחמה, בעבור היותה דין ואינו משלים, כי אינו מזכיר האחרונה שהיא דוגמתה:

והמשילו את העונים אמן לגיבורים המנצחים במלחמה, כי ימשכו הברכה מראשית השנה עד אחרית השנה שהיא העטרה, ובעבור כי שתיהן דין ושתיהן מלחמה, ושתיהן גבורה המשילו העונים לגיבורים כי המה הגבירים אשר מעולם אנשי השם, וכיון שהגיעו לגבורות כיון דפלג פלג ומתגברים ומנצחים. גם הפחד נקראת גבורה והכל עניין אחד:

אבל מה שאמרו - גדול[11] העונה אמן מן המברך, כשהוא חטף וברך. אבל המברך והמכווין וחושב בהזכרת המלות יותר גדול כי הוא ממשיך מאומן לאומן, ואין כן בעונה אמן. או אולי נקרא המברך לוחם כי כל המברך ועובד את השם בתפלתו, כאלו הוא לוחם ונוצח את מלאך המות:

והשנייה, והתפארת והעטרה נקראות תורה. השנייה תורה קדומה, והתפארת תורה שבכתב, והעטרה תורה שבעל פה. ואולי מפני כי העולם נרמזת בענ,יינה לפעמים אל השנייה הנקרא רשימו, אמרו דברים שבעל פה, אי אתה רשאי לכותבן:

והשלישית, והתפארת נקראות משפט, כאשר יורו על הרחמים כעניין - השופט[12] כל הארץ לא יעשה משפט, ועל השלישית אנו אומרים בעשרה ימי תשובה **המלך המשפט**. ופירש הרמב"ן ז"ל - המלך שהוא המשפט. והתפארת נקרא משפט, כמו שנאמר - צדק[13] ומשפט מכון כסאך. הצדק העטרה ומשפט התפארת שהם כסא לשלישית, אמנם גם העטרה והתפארת נקרא משפט, כי[14] המשפט לאלהי"ם הוא. ושתיהן ברחמים גם החסד, אך השלישית רחמים גמורים, וחסד רחמים גדולים. ועליהם אמר הכתוב - וברחמים[15] גדולים אקבצך, והתפארת רחמים מזוגים, כי הוא המכריע בין החסד והפחד. ושתיהן נקראות א"ל הרומז אל הרחמים:

---

[11] גמרא ברכות נג ב
[12] בראשית יח כה
[13] תהלים פט טו
[14] דברים א יז
[15] ישעיהו נד ז

אמנם גם העטרה נקראת א"ל, כמו - אנכי[16] הא"ל בית אל, וכלול מן הרחמים שהוא היסוד. וכן החסד נקרא א"ל, מן הפסוק - א"ל[17] אלהי"ם הוי"ה דבר, וכן שתיהן נקראות מלך. השלישית מלך עולם. והתפארת מלך של מלכה, להנהיג עולם השפל:

ועל זה אמרו בספרי - מה[18] בין נדרים לשבועות. נדרים כנשבע בחיי המלך וכו'. וגם העטרה נקראת מלך, כי הוא מלכו של עולם התחתון, או בעבור שהוא מלכו של עולם העליון, כי הכל בשליחות עולם העליון. ויקרא מלכו כדרך - ואני[19] מסכתי מלכי, כי בעבור שנוסך למלך מאתו יתברך, קראו מלכו ושתיהן, נרמזות בשם של ארבעה אותיות. וכן היסוד, ולפעמים העטרה. והשלישית והעטרה נקראות אלהי"ם ובאור המלה אל הם כלומר הכח שלהם. השלישית כח העולם העליון, והעטרה כח למה שתחתיה. גם המילה מורה על המנהיג הדין השלישית פועלת ומשגחת בעולם העליון בכח השניה. והעטרה בעולם השפל בכח התפארת. ונקראות גאולה, וגם היסוד ושתיהן נרמזות באות **ה'**, השלישית ב**ה'** ראשונה, שבשם והעולם ב**ה'** אחרונה. ואמרו בבהיר **ה'** עליונה ו**ה'** תחתונה:

ועוד אמרו שם כשם ששכינה למעלה כך שכינה למטה. ועל זה הדרך יתבאר כי השלישית יושב הכרובים העליונים, והעטרה יושב הכרובים, שעשה שלמה שהם אותות שראה יחזקאל ע"ה, השלישית יושב שמים שהיא התפארת, והעטרה יושב שמים שהם ארבע מחנות שכינה, וכן נקראת מלכות שמים על דרך זה. או שהעטרה נקראת מלך של התפארת, הנקרא שמים, וכדרך - ואני[20] נסכתי מלכי, וכן נקראים נפש ולפנים יתבאר:

ועוד יתבאר כי ברמז השלישית נרמזת העולם, ודרשו ז"ל במילת **בהבראם בה' בראם**. ואולי כי יכלול זה הדרוש שתי כוונות, אחת שנאמר כי ב**ה'** ראשונה, שבשם הרומז לשלישית נברא העולם העליון הרמוז ב[21] שבשם שכוללים שבעה מידות שעיקרם התפארת והעטרה,

---

[16] בראשית לא יג

[17] תהלים נ א

[18] ספרי במדבר אות קנ"ג

[19] תהלים ב ו

[20] תהלים ב ו

[21] תהלים ב ו

וירמוז הוי"ה אלה"י שבכתוב לשלישית ולשנייה או להפך. והשנייה **שבה'** אחרונה שבשם נברא העולם השפל, שעיקרו השמים והארץ וכל צבאם. וירמוז הוי"ה אלהי"ם לתפארת ולעטרה, כי העטרה ברא עולם השפל בכח התפארת, ושתי הכוונות אמת:

והתבונן מזה כי העולם הבא נברא **בי' ה'** והעולם הזה **בו' ה'**, וכבר זכרנו כי התפארת או היסוד, הם עולם הבא וצרור החיים, ונתבאר לך עוד מה שאמרו בבהיר מאי עולם הבא שכבר בא, כי העולם הבא נברא קדם העולם הזה, כי העולם הבא ברא העולם, הזה ויתבונן עוד למה לא הוזכר שם מלא בכל פרשת בראשית עד אלה השמיא כי כל הפרשה יספר בפועל העליון שהוא השלישית, אשר ממנו העולם העליון ואלהי"ם שבפרשה רמז לה:

ואלה תולדות השמים יספר בפעולת העטרה בעולם השפל, בכח התפארת והנה השם שלם על עולם מלא לכן הזכיר בה הוי"ה אלהי"ם כאשר רמזנו. ומפני כי עיקר הפרשה יספר בפועלת העטרה הרמוזה **בה'** דרשו **בה'** בראם. ואולי כי על זה היא קטנה לרמוז עליה כי היא המאור הקטן:

אמנם מה שבראתי בה כי העולם העליון נברא **בה'** גם הוא אמת, והחסד והפחד נקראים כתרים, כנפים קדושת עולם, ידי אביר יעקב, ובדי הארון רמזו להם, והם השדים שנאמר בשיר השירים - שני[22] שדיך כשני עפרים תאמי צביה, ולפנים יתבאר תאומות, וכבר אמרו רז"ל - בהארכת[23] הבדים שהיו בולטים כשני דדי אשה, כי מהם ינקת הכל וראוי שלא יסורו מן הטבעות. ושתיהן נקראים שיש כמו שאמרו - כשתגיעו[24] לאבני שיש אל תאמרו מים מים וגו'. ושמעתי כי כפל מלת מים בא להזהיר שלא יאמרו שתי רשויות הם, ואיננו רחוק כי הרשויות אשר הם הפועלים משם הם וגם הם האבנים:

ונקראים הרים כמו - אשא[25] עיני אל ההרים, והאחד מהן מבהמות בהררי אלף, אמנם כל השבע נקראים הרים היסוד והתפארת נקראים מים, וגם העטרה, התפארת מים עליונים, והיסוד מים סתם וכן מים ראשונים. אבל העטרה הם מים אחרונים, ומים תחתונים. אמנם

---

[22] שיר השירים ד ה

[23] גמרא יומא נד א

[24] גמרא חגיגה יד ב

[25] תהילים קכא א

הראשונים מצוה והאחרונים חובה:
וגם שלשתן נקראים ימין. ועניין זה בהיות חוט של חסד משוך על העטרה, והפחד והעטרה נקראו שמאל, ולפנים יתבונן עניין הימין והשמאל ויתבונן ממנו מה שנאמר - ימינך[26] הוי"ה נאדרי בכח ימינך הוי"ה תרעץ אויב, הכח רומז לתפארת שהוא כח העטרה, ובהיות העטרה נאדרת בכח היא עוזרת את ישראל, ורוצעת את האויב. כמו שאמרו במצרים - ידו[27] אחת משקעת וידו אחת מצלת את ישראל. העטרה משקעת את מצרים ומצלת את ישראל בכח התפארת:
והפחד והעטרה נקראו אש, הפחד אש של מעלה, והעטרה נקראו אש של מטה ושתיהן דין זו קשה וזו רפה, ונקראו בהמות בהררי אלף וזהו שור הבר והם זכר ונקבה, ונקרא הפחד הזכר והעטרה הנקבה, ושתיהן מראות שנאמר - ויאמר[28] אלהים לישראל במראות הלילה, כלומר הקשה והרפה. גם התפארת נקראת מראה, הנצח וההוד נקראים נצחים נצחי עולם, עמודי עולם, למודי שמים, עמודי שמים למודי הוי"ה:
והרמב"ן ז"ל קראם בפירושו ספר יצירה שלו, אלהי"ם חיים, שוקים, הנצח ימין, **הו'** שמאל היסוד והתפארת רחמים מכרעיים, השם הגדול יו"ד ה"א וא"ו ה"א אלה"י יעקב, אביר יעקב, אביר ישראל, אמת, תור.. יעקב, צ"ו, אדם חתן, איש, מלך, א"ל, התנינים הגדולים, לויתן ובת זוגו, התפארת זכר היסוד נקבה. ויתבאר זה באגדה אמרה שבת וכו'. כי יקראו היסוד בלשון נקב, ונקראו דגים היסוד והעטרה, שד"י, שבת, במילת שבתותי, כל, ובבהיר קורא לשתיהן - צדק ועוז. והזכרנו למעלה עניין הצדק וגם השנייה נקרא כן. התפארת והעטרה דו פרצופין, שני[29] מלכים שהיו משתמשין בכתר אחד, גבעות, כבוד, שם, בבהיר רמזו בפסוק - ושם[30] חביון עוזו, לתפארת כלומר שם הוא **חביון העוז:**

ובעלי העבודה קוראים לעטרה **שם**. בפסוק - ויתיצב[31] עמו שם,

[26] שמות טו ו
[27] שמות רבה כד א
[28] בראשית מו ב
[29] גמרא חולין ס ב
[30] חבקוק ג ד
[31] שמות לד ה

ובבהיר רמזו אותם בקרנים, כמו שנאמר - קרנים[32] מידו לו, והוא לשון ובעלי העבודה קוראים לעטרה שם. בפסוק - ויתיצב[33] עמו שם, ובבהיר רמזו אותם בקרנים, כמו שנאמר - קרנים[34] מידו לו, והוא לשון אורה. ונקרא התפארת שם כדרך - כי[35] שמי בקרבו, וגם העטרה נקרא שם, שנאמר - ונעשה[36] לנו שם, אור לבן דרשו בפסוק - יהי[37] אור ויהי אור, מלמד ששני אורות היו מאורות הגדולים, אבני בהו, ולדעתנו נקראים אבני שיש, כלומר אבני הכתרים הנקראים שיש, וכבר זכרנו הנקראים מים, ונקראים רשויות:

מכל אלה נתבונן מאמרם שזכרנו כשתגיעו וכו', שחוזר לדו פרצופין. ואולי כי מנין רשויות הוא שולטנות וממשלה ומלכות, כדרך - אל[38] תתודע לרשות, או הוא מלשון רשות היחיד ורשות הרבים, כמו שיתבאר בו טעם הוצאת שבת. ויתבונן הכל לפנים, והכלל ממנו כי יעשו מרשות היחיד רשות הרבים:

ונקראת התפארת והעטרה הכרובים, ולפעמים בשם אהי"ה, ובשם **יו"ד ה"א וא"ו ה"א**, ולעתים בשם אדנ"י, עין, מראה, אספקלריא, פנים, כסא, שמיא, משפט שדה, קול, גבעות כי הם גבעות עולם:

איקונין כמו שאמר איוב רגז את האיקונין וכל אחת מהם נקראים קול, מאמר, שמים, כסא, אלף עולם, ומהמה נתבונן מדוע נקראו בהמות בהררי אלף, ולפנים יתבונן האלפים והעולמות והכיסאות, הקדוש ברוך הוא, אש, נטיעות, והשבעה אחרונות נקראו סתם עמודים, הרים בהו אבנים מפולמות, דעת, חדרים, ספור, נחלים, מים, רקיעים, ימים, עולמים, בנים, בתים, חציצה, סדר זמנים, החסד והפחד והתפארת אבות. והארבעה שאחריהן בני אבות. וחמשה אחרונות נקראות גבעות, אורים, ועל זה דרשו חמשה חומשי תורה כנגד חמשה אורים שבפרשת בראשית, והתפארת והנצח וההוד והיסוד רומזים לארבעה טבעות הארון. ולפנים יתבאר עוד, ועוד יתבאר לפנים למה נאמר

32 חבקוק ג ד
33 שמות לד ה
34 חבקוק ג ד
35 שמות כג כא
36 בראשית יא ד
37 בראשית א ג
38 משנה פרקי אבות א י

בטבעות הארון ויצקת לו ולא בשלחן. וכאשר ישכיל בעניין הטבעות
יתבונן עוד בעניין ארבע קרנות המזבח. וארבע מתנות. ושתי מתנות
שהם ארבעה, ומתנה אחת:

פרק ששי

<u>מערכת שמות נגדיות:</u>
הפועלים הם השמות המתנגדים בפועלים כעניין שנאמר - גם[1] את זה
לעמת זה עשה האלהי"ם, ודע כי עיקר הפועלים הם הדו פרצופין
ובשאר השמות אעבור לפי מקומם ולפי עניינם:
ואלה הם צז וצנ, שדים ורחם, אב ואם, איש ואשה, אדם וחוה, חתן
וכלה, מלך ומלכה, היא ושמו, הוא ובית דינו, הוא והיא, זה וזאת.
השם הגדול השם הנכבד, הוי"ה אדנ"י, הוי"ה אלהי"ם, כסא רחמים
כסא דין, נסים נגלים נסים נסתרים, תפלה וגאולה, עולם ועד, תורה
שבכתב תורה שבעל פה, מצות עשה ומצות לא תעשה, אש לבנה ואש
שחורה, אספקלריאה המאירה ושאינה מאירה, פנים ואחור, בתי גוואי
ובתי בראי, שמים וארץ, אור וחושך, בקר וערב, יום ולילה, חמה
ולבנה, שמש וירח, מאור הגדול ומאור הקטן, מים ואש, מים
הראשונים ומים האחרונים, ימין ושמאל, דרום וצפון, עדן גן, חיים
ומות, טוב ורע, צדקה ומשפט, משפט וצדק, אמת ואמונה, דגן ותירוש,
חלב ויין, כסף וזהב, ברזל ונחשת, דבש שאור, מצה וחמץ, היסוד
והעטרה, זכור ושמור, כבוד יום וכבוד לילה, עולם הבא וגן עדן, עץ
הדעת ופרי עץ הדעת:
וכבר ביארתי למעלה במערכת השמות, כי התפארת הוא הדעת.
והיסוד הוא העץ, והעטרה הוא הפרי. וזכרתי עוד כי השלישית הוא
החיים. והתפארת הוא עץ של חיים. נמצא כי תפארת הוא עץ של
חיים, וגם הוא העץ שהוא הדעת, והיסוד הוא עץ של הדעת, והעטרה
הוא פרי העץ של הדעת, ואף הוא פרי העץ של הדעת:

---
[1] קהלת ז יד

פרק שביעי

מערכת הסדר:

שמות הספירות על דרך אצילותם הוא - כתר חכמה בינה חסד גבורה תפארת נצח הוד יסוד מלכות, וכבר זכרנו למעלה בפירוש הברייתא של ספר יצירה, כי האלהו"ת הם עשר ספירות נאצלו מאין סוף, ובארנו שם מהו עניין האצילות, ולכן נאמר עתה בסדורן כי מאין סוף נאצל הראשונה שהיא הכתר, כלול בתשעה כחות חתומות, בכח ולא בפעל, ומכח האין סוף נאצל מהכתר כח שני, שהיא החכמה כלול בשמונה כחות, בכח ולא בפועל. ואין צריך לומר היות כח המאציל בנאצל:

ומהראשונה והשנייה נאצל בכח אין סוף כח שלישי הנקרא בינה, כלול בשבעה כחות מאצילה. והכח הזה הוא אשר האציל בכח מאציליו את השבעה, ומהחסד נאצל הששה, על הסדר אשר זכרתי - אחת[1] לאחת למצוא חשבון, ולא שהיה בעניין זמן או המתנא או טרח ועמל חלילה: אבל כאשר עלה הרצון במחשבה מיד היה סוף המעשה, כעניין שנאמר - קורא[2] אני אליהם יעמדו יחדו, ואמרו רז"ל תחילת המחשבה הוא סוף המעשה. ואמרו משל **לגץ** כאשר אזכור עוד. ודע כי האין סוף אשר זכרנו, איננו רמוז לא בתורה, ולא בנביאים, ולא בכתובים, ולא בדברי רז"ל, אך קבלו בו בעלי העבודה קצת רמז. וכבר זכרנו בפירוש הברייתא עשר ולא אחת עשרה, לרמוז שלא יגדר בגדר, בגדר מספר, כי אין שם מספר נתפס בו. ולכן אמרו דרך כלל - אין[3] לך עסק בנסתרות:

ואמרו עוד - המסתכל[4] בארבעה דברים.... מה למעלה מה למטה מה לפנים מה לאחור. בשלמא למעלה וכו'. אלא לפנים מאי דהוי הוי. ואמרו עוד דרך - משל[5] לאדם שבנה פלטריא באשפה. המשילו העניין לאשפה מפני שאם בא אדם להסתכל בו ישתומם וייסוג ממנו אחור

---

[1] קהלת ז כז

[2] ישעיהו מח יג

[3] גמרא חגיגה יג א

[4] גמרא חגיגה יב ב

[5] גמרא חגיגה טז א

כמו האשפה, כי כל עניין שאין המחשבה גודרת וסובלת כלל חוזר להיות מאוס כאשפה. וכעניין הזה אולי תשיבהו מחשבתו למצוא ולחקור בו כדרך שאמר שלמה המלך ע"ה - דבש[6] מצאת אכול דייך פן תשבענו והקאתו, ובעבור היות העניין מופלא ומכוסה ונסתר ודק מאד, לכן לא רמז בו משה רבינו ע"ה, והורנו בזה שלא תיגע בו יד המחשבה כלל:

ומתוך מה שקבלנו מענינו אמרנו, כי האצילות הראשון שהוא הראשונה כי ממנו היה. אבל על דרך אחרת אין רשות להעלותו אף על המחשבה מגדל תעלומיו, ומהעלמת האין סוף אשר בארנו נשכיל ונתבונן מעלת אצילות הראשון הקרוב אליו כשלהבת בגחלת, והוא הראשונה. ולגדל מעלתו ודקותו רמזוהו במילת **אין** ובמילת **מחשבה**, כי בשם אחר זולתם וכיוצא בהם לא ייתפס. גם משה ע"ה לא רמז בו ולא בעניינו דבר שיורה עליו בשום עניין המובן:

אלא שקבלו בעלי העבודה כי רמזו משה במילת בראשית, כי ה**ב'** רמז לו, כי אמרו כי ראשית, רומז לשנייה וה**ב'** שימוש, כלומר על ידי - **ראשית ברא אלהי"ם** את הבריאה, ומשמעו שיש שברא על ידי ראשית אלהי"ם, כי מילת אלהי"ם רומז לשלישית. ומילת ברא כמו האציל. **ואין** מילה בלשון הקודש דקה, לעניין הזה כמוה. והנה ה**ב'** תרמוז על הראשונה, וראשית לשנייה, ואולי כי בעבור המילה תרמוז לשתי ספירות, נרמוז העניין בשני תגין, על **ה'** וה**ב'** גדולה להכתיר המילה. ויהיה עניין הכתוב, כי על ידי ראשית ברא הראשונה את השלישיה הנקרא אלה"י:

או נאמר כי תחזור מילת **ברא** על הראשית, כי למעלת הראשונה לא יאמר עליו ברא. גם כי לא הוזכר במילה שיאמר עליו כי הוא אשר ברא, ועל דרך הזה נאמר כי הראשית ברא אלהי"ם:

אמנם הכתר המילה בראשית ברא, כאשר וכאשר זכרנו למעלה, כי מהראשונה ומהשנייה נאצל עוד כח שלישי הנקרא בינה. ומה שזכרנו למעלה כי הכח השלישי היה נכלל בשבע הוא מה שהוסיף הכתוב - את השמים ואת הארץ. שמים וארץ הפועלים אשר הם עיקרי השבע. ומלת את הראשון רומז לכתרים. ואת אחרון רומז לנצחים, עם מה שנמשך מהם:

---

[6] משלי כה טז

ומפני שבכח השלישי נכלל הכל דרשו בפסוק - והארץ[7] הייתה תהו ובהו, שכבר **הייתה** כלומר הייתה בתהו, שהיא השלישית, ומה שזכרה עוד כי השלישית האצילה את השבע, הוא עניין כל פרשת בראשית שנאמר בו - ויאמר[8] אלה"ים יהי כן ויהי כן. כי כל אלהי"ם שבפרשת בראשית שנאמר בו - **ויאמר**, רומז לשלישית, כמו שזכרנו כי השלישית האצילה את השבע. והימים רומזים לשבע הנאצלות ממנה. ואלה השבעה הם מידות, השלישית להנהיג את הנעלם בהם. ומפני שהם מידותיה וכוחותיה נקרא אלהי"ם, כמו מנהיג, כי הוא מנהיג במידותיו, והמילה מורכבת אם הם כלומר כח שלהם:

ומפני שכל מעשה בראשית על ידיה, והיא אשר האצילתו וסדרתו נקראת יוצר בראשית, כלומר שיצר את אשר ברא בראשית. עד הנה ראינו לדבר בסדר האצילות, עד דרך כלל מפני כי בסדר האצילות שלוש הראשונות לא יצא טעות למחשבת האדם כלל כי לגדל חשיבותו ודקותו הוזכר בהם הבריאה בלבד, ולא מהות פרטיה, ר"ל כי שלל מהם המשא ומתן במהות בריאתם, ולא כדרך שאר המאמרות, כמו יהי כן ויהי כן. ויקרא אלהי"ם. וכן ויבדל אלהי"ם. ויעש. ויברא. ולכן אין לנו בהן רק הכלל אשר קבלנו שרמז בו משה רבנו ע"ה, בסדר הכתובים ורמז לנו בזה שאין כח באדם להתבונן בעניינו, בעבור כי הן חוץ מבנינו ועולמו ולא יתבונן האדם, כי אם בבנינו ובעולמו. ואף במשה אמרו נ' שערי בינה וכו' וכולם נמסרו למשה חוץ משער החמישים, ויתבאר בשביעיות:

וזהו מה שאמרו - עוד[9] במופלא ממך אל תדרוש ובמכוסה ממך אל תחקור אין לך עסק בנסתרות. לה היה צריך לומר ממך, ממך, ואין לך. אלא יאמר - במופלא[10] ממך אל תדרוש ומכוסה אל תחקור ואין עסק בנסתרות. או יאמר על דרך כלל אל תעסוק בנסתרות אבל מפני שרמזו על דברים שאינן מכלל חלק האדם, והם מופלאים ומכוסים מדעתו אמרו כך ממך ממך ואין לך. ואחר שהעניין כך אף אם ירצה האדם לישא וליתן בסדר אצילות השלוש ראשונות, לא ימצא מקום לטעות כי לא יתבונן בו יותר ממה שהוא כתוב ורמזו בו:

---

[7] בראשית א ב

[8] לפי בראשית א ג

[9] גמרא חגיגה יג א

[10] גמרא חגיגה יג א

אבל ממאמרים אלהי"ם יהי אור והלאה, יספר בפרטי השבעה הנאצלות מהשלישית, איך היותן יסוד לפעולות הנמשכות והמשתלשלות מהם מפי עליון. אלה הם סוד מעשה בראשית, והם מבניין האדם ומעולמו, ונותן לו רשות להתבונן בעולמו, ולכן גלה משה ע"ה את הכל בפרט למבינים, ולנביאים, ולחכמים, בקבלה איש מפי איש, ומשה רבינו ע"ה הוא אשר התבונן בכל אלה, כמו שאמר וכולם נמסרו למשה רבינו וכו'. ואולי בעבור כי הרשות נתנה להתבונן בהם נקראים הפועלים, אשר הם עיקר השבעה רשויות:

או בעבור שהם הפועלים המושלים נקראו כן. או שנקראו כן מהטעם אשר נתבונן בשביעיות לעניין הוצאת שבת כי הם רשות היחיד ולא רשות הרבים ומפני שהפרטים אשר כתב בו משה רבינו ע"ה הם עמוקים ורחבים מני ים ואין הקבלה מספקת אפי' לחכמים הראשונים וכדרך שאמר בפסוק ויעש אלהים את הרקיע כאן הרעיש בן זומא את העולם לכל אדם לבא במתכונתו במשאו ובמתנו לטעות ולהיות דובר שקרים בעניין אל תאמרו מים מים. וכעניין עדיין בן זומא מבחוץ וכיוצא באלה. לכן נמנע גם אנחנו לעבור בהם הרבה כי אין לנו בדור אשר אתו קבלה מספק' לעבו' בהם מרוב עמקם:

ולמדנו ממשה רבינו ע"ה על הדרך אשר העלים את הראשונה, כי אין ראוי להרבות בו גם את המחשבה. וכעניין שאמרו - במכוסה ממך אל תחקור, כי החקירה היא מחשבת הלב תמיד על הדבר. ומפני כי לא יגדרנה רק המחשבה, קראוה מחשבה. אמנם גם אין המחשבה גודרתו כי אם ברצוא ושוב, לא בהתמדה כי בהתמדה להסתכל בענייניה, ואין ראוי להסתכל בה מטעם שהיא יראת הוי"ה, ואמרו המסתכל בארבעה דברים וכו', מה למעלה מה למטה, כי צד התחתון וצד העליון שווים בעניינה למעוט התבוננות בה, אין צריך אליה ואין לה בן זוג ויתבונן זה בשמות השווים ולמטה בציור למשכיל:

אמנם בשנייה שרמז בו משה רבינו ע"ה במילת ראשית נלמוד ממנו כי בה תשלוט יד המחשבה, אבל לא המשא ומתן בדבור כדרך אשר הוא לא ספר בה דבר וכעניין שאמרו - במופלא[11] ממך אל תדרוש. והדרישה הוא הדבור והמשא ומתן בכל מקום וטעם התרחק ממנה שגם היא מעולה מאד לא יבין אנוש דרכה ולא ידע את מקומה. ומפני

[11] חגיגה יג א

היותה דקה מאד לא נזכר אצילותה ממאציל כדרך השלישית אלא כדרך הראשונה. ומפני היותה שווה לראשונה בעניין זה נרמזה עם הראשונה במלה אחת:

אמנם יותר העלים את הראשונה מהשנייה, בעבור כי השנייה היא ראשית, הראשית ר"ל היא ראשית היות נאצל מנאצל, מה שאין כן בראשונה. והמשכיל עוד מה שזכרנו בשמות השווים בעניין השלישית והאחרונה, ימנע מלהרבות ממנה לספר כי שמה פלא כמו העטרה:

ומהנה נתבונן עם מה שנתבונן בטעם מאמר ז"ל - במופלא[12] ממך אל תדרוש ובמכוסה ממך אל תחקור אין לך עסק בנסתרות, כי מדרגות הם ממטה למעלה ויתבונן למטה בציורים. ונתבאר עוד למה הזכיר במופלא דרישה, ובמכוסה חקירה, ובנסתרות, העסק כי הדרישה בדבור וחקירה במחשבת הלב:

והעסק כולל את הכל, שלא יתעסק בנסתר כלל, ואפילו במחשבה, כי אין רשות לדבר אלא בשלוש תחתונות, וכדרך הפרשה - ויאמר אלהי"ם יהי אור וכו', המספר מהשלישית איך סדר מעשה בראשית שהוא עולם העליון. אמנם אף על פי שהרשות נתנה לדבר רק הדבור לבד, הנמנע מן הראשונות נתן רשות לדבר בשלישית כאשר אמרנו. אבל להתבונן בו ממש אינו יכול, כי הוא שער החמישים אשר לא השיג גם משה רבנו ע"ה:

אבל הרשות שהיא נתונה להתבונן הוא התבוננות בעולם העליון כאשר זכרנו למעלה, ואין צריך לומר להתבונן ממנו איך הוציא הוא את הכל המכח אל הפועל, בכח השלישית והיא פרשת - אלה תולדות השמים והארץ וכו'. שהזכיר בה השם מלא שהוא עיקר עולם העליון. וכן נתבונן בו בעניין התורה והמצווה והמעשים וההנהגות המתנהגות בעולם, כי הוא אשר פעל ועשה את הכל יפה בעתו. כי כל אלה מכלל בניין האדם ומעולמו:

ומהנה נשכיל כי הבריאה שהיא דקה הייתה בשנייה אל השלישית, כמו שנאמר - בראשית ברא אלהי"ם, והיצירה בשלישית אל העולם ולכן נקרא יוצר בראשית, והעשיה בעולם התחתונים, שהיא סוף הכל. ונתבונן מהנה עם מה שנתבאר על הכתוב שיאמר - כל[13] הנקרא בשמי

12 חגיגה יג א

13 ישעיהו מג ז

ולכבודי בראתיו יצרתיו אף עשיתיו, כי מעולם ועד עולם הוא. כ"ל העולם בשמי הוא, השם הגדול ולכבודו נברא, ונזדמן בשמו היותו לראש פינה:

וסדר ציור מקום הספירות הוא שמשימין שלש הראשונות זו על גב זו ממש. ולמטה מהם לצד ימין חסד. ולצד שמאל פחד לעומתו. ולמטה מהן בין החסד והפחד התפנות נוטה כלפי חסד. ולמטה מהתפארת אל הימין נצח למטה מהחסד. ולצד שמאל לעמת הנצח תחת הפחד ההוד. ולמטה מהן בין נצח והוד תחת תפארת יסוד, נוטה קצת אל התפארת. והמלכות תחת יסוד נוטה אל השמאל, יותר על דרך זאת הצורה:

כתר

חכמה בינה

דעת

חסד גבורה

תפארת

נצח הוד

יסוד

מלכות

פרק שמיני

מערכת הטעם:

שמשימין שלוש הראשונות זו על גב זו, טעם אשר רשמו בעלי העבודה שלוש ראשונות זו על גב זו ולא רשמו בהם ימין ושמאל, הוא מפני אשר זכרנו כי מגדל מעלת השלוש והעלמתן, אין כח בדעת האדם להתבונן בעניינן, עד שיתכן לומר בהן ימין ושמאל כלל, כי הימין ושמאל הוא רמז לכח ההנהגה הטובה והפכה בתחתונים. ובהיות שאין השלוש האלה מכלל התבוננות האדם לא יתכן לומר באחת מהן לא ימין ולא שמאל, אלא ראוי לייחדן ביחוד שלם ושווה, ופשוט בכל צד הרחמים הגמורים וכדי לרמוז על ייחודן הפשוט והשווה, והשלול מכל דעשר עשו משלשתן ראש אחד:

אמנם בעבור כי לא נשאר הדבור כי אם בשלישית כאשר זכרנו במערכת הסדר, לא יזכירו מהראש ההוא רק השלישית כלולה מהראשונה, והיא להם תמיד לראש עליון והוא הנקרא להם מלך עליון, ומלך העולם ומלך המשפט, כי לא יצא משפטו מעוקל כי הוא היודע והוא הבורא והיוצר והאומר והעושה והגוזר והמקיים ובדרך הפרשה - ויאמר[1] אלהי"ם יהי אור ויהי אור, וכן כל השבחות וההודאות והזמירות הכוונה כולה לשלישית:

אמנם יש לך לדעת כי שלילות כח הדין מהשלושה איננו כי אם על דרך שבארנו, אבל על דרך האמת והישר הם הכוללות כל כח, כי המה יסוד ועיקר הכל. וכבר זכרנו כי הראשונה אויר, והשנייה אש, והשלישית מים, והיא העפר:

גם משם נתבונן עיקר דעת בעלי העבודה בעניין השלישית בעניין הבריאה כי היא עיקר הכל וכעניין שאמר הכתוב - הכל[2] היה מן העפר והכל שב אל העפר, כאשר יתבאר בשער העולם ובשמיניות. אבל השבע אשר האצילה הם כחותיה ומידותיה היושבים ראשונה במלכות ומסודרים מפי עליון להתנהג בהן העולם התחתון, כפי הכח הנמשך מכל אחת מהן והן סדר הזמנים ולא יתערב דברו בדברו, ולא יתערב

---

[1] בראשית א ג

[2] קהלת ג כ

כח בכח להתנהג בכח זולתו, עד יבוא הרצון מעליון לשנות עתים ולהחליף זמנים. וכדרך שאמרו בברכת הלבנה חוק וזמן נתן להם שלא ישנו את תפקידם, וזה טעם אסור כלאים. וכדרך אשר זכרנו בביאור הברייתא:

נמצא כי כל אלו השבעה הם העולם העליון, אשר עיקרו הפועלים הכוללים כל הכחות. ומפני שהם מכלל בניין האדם הרשות נתונה להתבונן ולהסתכל בהם. כי האדם השלם יוכל להסתכל בבבואה שלו, בבנינו ובעולמו אשר הוא יסודו ודוגמתו, אבל למעלה מיסודו אין לו רשות להסתכל:

ובעבור היות השבע בעניין הזה, ר"ל כחות והנהגות יתכן לומר בהן ימין ושמאל, כפי ההנהגה הנמשכת מהן לתחתונים מכח העליון אשר סדרן להנהיג בהן עולם השפל. ובעבור היות כי התחילת עולם העליון בחסד, כאשר רשמנו ונתפשט ממנו הכל, אמר הכתוב - אמרתי[3] עולם חסד יבנה, וכבר זכרנו כי הם מים עליונים, ואמרו ז"ל - כי[4] בתחילה היה העולם מים במים, ומפני שהם הרחמים הגדולים אמרו להרשימו בימין ולמשכו הרבה אל הצד ההוא ואמרו להרשים את הפחד כנגדו בשמאל, ולמשכו הרבה לצד ההוא, לרמוז כי היא מדה קשה ולא שיהיה לשם יתברך ימין ושמאל חלילה, רק בדרך אשר הזכרנו באחדות:

הנה כי הכתרים האלה כוללים את כל הכחות, כי יסוד הכל טוב ורע כעניין שנאמר - גם[5] את זה לעמת זה עשה האלהי"ם, ובספר[6] יצירה נקרא הפחד עמק רע. ואמרו לצייר את התפארת באמצע הכתרים ולמטה מהם, מפני שהיא מידה מזוגה משתיהן. אבל רשמוה היות נוטה כלפי חסד לרמוז כי רובו חסד, ולרמוז כי יש יתרון מעלת הימין על השמאל, כי גדול כח המאציל מן הנאצל, ומפני כי רבו חסד נקרא הוא גם כן ימין:

ועל הדרך הזה אמרו - אלו[7] מימינים לזכות ואלו משמאילים לחובה

---

[3] תהלים פט ג

[4] תלמוד ירושלמי חגיגה ב א

[5] קהלת ז יד

[6] ספר יצירה א ד

[7] רבינו בחיי בראשית יז א

ואני קראתיו חוט של חסד, על הדרך הזה ובלשון רז"ל - חוט[8] של חסד היה נמשך על אסתר, ומפני כי הוא מזוג מן הפחד אין מעלתו כמעלת החסד, ולכן נקרא החסד רחמים גמורים, והתפארת רחמים סתם. ושם חסד ושם רחמים יורו למשכיל:

אמנם נתבונן על התפארת, כי הוא עיקר הכל ויסוד הכל, שהרי הוא כולל את כל הכחות שהם **רחמים ודין**, ובו היה ראוי בריאת העולם השפל והנהגתו והשגחתו ועליו נאמר בעיקר היצירה - שיתף[9] מידת רחמים עם מידת הדין וברא העולם. וכאשר יתבאר למטה כי תחילת המחשבה הוא סוף המעשה:

ונתבונן עוד כי שיתוף כח החסד וכח הפחד אשר היא התפארת, הם הד"ו פרצופין. התפארת מן החסד, והעטרה מן הפחד, ולכן נקראת התפארת שמים, ודרשו[10] במילה אש ומים:

והנה עלה בדעתנו להאריך קצת בעניין הבריאה להסיר מכשול הלבבות במקצת האגדות ובמדרשים אשר נאמרו עליהם. ומביאוריהם יתבאר ויתבונן למשכיל בשאריתן להעמיד שרשי העניינים על מתכונתם ויציצו פרחי הענפים ופריהם בעתם:

והוא שנדבר תחלה בשלוש מידות האלה, אשר זכרנו בעבור כי הם הראשונות מבניין האדם, ומבניין העולם והם שרשו ועיקרו. ואם באלה לא נשלם, מכל מקום הן הן העיקר והשורש ממנו, ושאריתן הן הן השלמתו בהשתלשלות התחלתן. ומפני כי השלוש הן הראשונות, והן העיקר נקראו אבות העולם ואת הרשומות תחתיהם שהם הנצחיות והיסוד קראום בני אבות:

ולכן נאמר תחלה על אצילות השלוש הראשונות האלה ועל עניינן, כי בעלות המחשבה הטהורה היות בריאת העולם והנהגתו בכחות העליונות, עלה בשלימות כל כך כאלו היה המלכה ועצה, היותו בעניין הזה אשר נעשה, ועל שלימות המחשבה הזאת נאצלו הכחות העליונות אשר הם יסודי הבריאה ובדרך אשר יתבאר בסתרי פרשת בראשית לזוכה אליהם:

8 גמרא מגילה יג א
9 בראשית רבה יב טו
10 בראשית רבה ד ט

ואמרו ז"ל - מלמד[11] שהיו סדרי זמני קודם לכן, וכבר זכרנו כי השבעה נקראים סדר זמנים. ועל הדרך הזה התעוררו ז"ל במדרשים על הכתובים בהרבה מקומות, להודיע עניין השלמות ההוא. ולכן כאשר התבוננו ז"ל בפרשת - אלה[12] תולדות השמים והארץ, שהיא מספרת בנגלה פרטי בריאת עולם התחתון שנזכר בה השם מלא, כמו שאמר - הוי"ה[13] אלהי"ם, מה שלא נזכר כן בפרשה שלפניה המספרת בכללי סדר עולם העליון, אשר הוא יסד התחתון, אמרו - שיתף[14] מידת רחמים עם מידת הדין וברא העולם, ומזה נתבונן אנחנו בעיקר היסודות ונדבר מהם כדי לברא שרשי העניינים:

ונאמר כי שתופם הראשון אשר זכרנו הוא אשר היה ראוי לשלימות הבריאה. וכבר זכרנו כי יסוד הכל ועיקר הכל טוב ורע, ולכן נאמר תחילה כי עלה העניין בשלמות כל כך בתחילת המחשבה, כאלו אמר הפועל אם אברא העולם במידת רחמים כלומר בחסד לבד, שהם הרחמים הגדולים, לא יוכל להתקיים, כי מחשיבות המידה ההיא לא יתאוו הנבראים תאוה באותה מידה כי התאווה אינה נמשכת כי אם מצד שמאל, ואם כן יתבטל קיום המין וקיום העולם - ולא[15] תהו בראה לשבת יצרה. ואם אברא במידת הדין שהוא הפחד, לא יוכל להתקיים העולם, כי משם נמשך היצר הרע המטעה אחריו את העולם, וממנו יתרבו הרשעים, ויהיה הדין נותן להחריב העולם כולו, כי היא - חרב[16] נוקמת:

ונוסיף אנחנו בעניין, ואם אברא בשתיהן בלא שיתוף זו בכחה וזו בכחה, גם לא יוכל העולם להתקיים, כי כאשר ימשכו אחרי היצר הרע תינתן מידת הדין להחריב את הכל ואפילו הטובים, והיה כצדיק כרשע. מה עשה שתפם יחד והוא התפארת, המכריע הראשון הנוטה כלפי חסד וזהו שרש התחלת השיתוף אשר עלה בשלמות תחילת המחשבה לקיום העולם, עם מה שיתבאר עוד עיקרו בהשתלשלות העניין כי תחילת המחשבה הוא לשלמות לצורך סוף המעשה. והיה תחילת

11 בראשית רבה ג ז
12 בראשית ב ד
13 בראשית ג ט
14 בראשית רבה יב טו
15 ישעיהו מה יח
16 ויקרא כו כה

המחשבה הזאת היות בשיתוף זה ביחוד הרחמים, ר"ל היות מידת הדין כלולה ברחמים בכח ולא בפעל. ותהיה סיבה שהאיש יהיה שורר בביתו וכל כבודה בת מלך פנימה:

ומהנה יתעורר המשכיל עם מה שיתבונן עוד למטה מה שאמרו בבריאת האדם ואשתו - בתחילה[17] עלה במחשבה להיבראות שנים ובסוף לא נברא אלא אחד, כי בהשתלשלות זה נברא אדם וחוה למטה ד"ו פרצופין, פירוש אף כי עלה במחשבה היות שנים ממש, שאם נבראו בתחילה שנים יהיה זה פונה הנה וזה פונה הנה כדרך הבהמות, ולא יוכל האיש להפיק רצונו מן האישה ולהיעזר ממנה בקיום המין ולא לעבודת בוראו. אבל כאשר היו תחלה ד"ו פרצופין היא הסיבה כי אף בהיפרדם יהיו לבשר אחד, ויהיו נגררים זה אחר זה באהבת נעורים. וכבר המשילו את האיש שמתה אשתו למי שאבד אבדה, ואולי כי על אצילות חסד ופחד גם על אצילות התפארת, כאשר הוא אמרו - מלמד[18] שהיה בונה עולמות ומחריבן, כי כל אחת מהמידות נקראות עולם. וכאשר עלה במחשבה שאין הקיום ראוי לא בחסד לבד, ולא בפחד לבד, ולא בתפארת כמו שהוא, כאשר יתבאר למטה, הרי בנה עולמות והחריבן, וכעניין שאמרו דין יהניין לי ודין לא יהניין לי, כלומר דין יהניין לקיום העולם ודין לא יהניין לקיום העולם:

ואולי כי מדרש בונה עולמות ומחריבן נאמר על דרך שהוספנו למעלה באצילות חסד ופחד. ונאמר כי באצילות חסד בונה עולמות העתידים להיות בו, ובאצילות הפחד בנה המחריב שלהם כעניין - גם[19] את זה לעמת זה עשה האלהי"ם, ואשר הביאנו לבאר כן הוא מה שנאמר - כי[20] שת לי אלהי"ם זרע אחר תחת הבל כי הרגו קין, כי למה יאריך לומר כי הרגו קין כבר הגיד שהרגו, ודי שיאמר תחת הבל. ויתבונן דברינו בהריסה, ואמנם הפירוש הראשון בעניין בונה עולמות ומחריבן נכון יותר לפי עניין המדרש. אמנם מה שהוספנו אנחנו נראה שגם הוא אמת מדקדוק הכתוב, ויתכן כי בעלות המחשבה אצילות חסד ופחד שהם העולמות שהיה בונה ומחריבן, עלו עמהן גם הדורות שהיו עתידין להיות ולהיבראות בהן, וכמו שאין ראוי קיום לעולם במידות

[17] אגרא דכלה בראשית א
[18] בראשית רבה ג ז
[19] קהלת ז יד
[20] בראשית ד כה

אלה באשר הם, ר"ל חסד ופחד כן לא היו מאותן העולמות, ועל כן לא נתקיימו:

וכאשר נתבונן עוד בהריסה בעניין הבל וקין. ואולי[21] כי על הדורות ההם דרשו באשר[22] קומטו בלא עת, אלו תתקע"ד דורות ואמרו עמד ושתלן בכל דור ודור. כלומר, אולי יטיבו דרכם בתורה ובמצוות בזמן הקיום ויתקיימו גם הם, והוא מחסד השם יתברך עליהם. אמנם כ"ו דורות נתקיימו בחסד בלא תורה, וכנגדן אמר דוד המלך ע"ה - כ"ו[23] פעמים כי לעולם חסדו. והחסד אשר נעשה להם היה בזכות הצדיקים שהיו בכל דור ודור, או בכל עשר דורות מהן. וכבר ידוע כי חסד לאברהם וטרם נולד הוא, לא היו הדורות שלפניו ראויים לקבל התורה, ולא הוא ולא יצחק, כי הוא היה בחסד ויצחק בפחד, עד בא יעקב איש תם וזכה בה את זרעו, כעניין שנאמר - תתן[24] אמת ליעקב, ועוד אזכור מזה במרכבה:

אמנם קדם התורה נתקיימו הכל בזכות הצדיקים, כדרך שאמר הכתוב - וצדיק[25] יסוד עולם. ומה שאמר על תתקע"ד דורות שעמד ושתלן, אולי יטיבו דרכם בתורה ובמצוות, מפני כי עיקרו העולם וקיומו היא התורה, ואמר הכתוב - אם[26] לא בריתי יומם ולילה, ונאמר עוד - כי[27] הוא חייך וארך ימיך, ויתבונן זה במה שזכרנו כי התפארת רמז לתורה שבכתב, ואמרו כי קיום העולם ראוי בו כאשר הוא עיקר השיתוף אשר נצטרך לקיום העולם, ומשיתוף הכתרים אשר הזכרנו, אשר היא התפארת נתבאר מה שהתעוררתי בהקדמה, ואמרתי כי מניין השלושה, בכלל ומנין הרביעי שהוא בפרט היוצא מן הכלל שורש גדול להם, כי עלו למטה שנים וירדו ארבעה אך תאומים נולדו:

וצריך כל בעל העבודה להתבונן בזה כי הוא עיקר כל העיקרים ושרש כל הדברים ועליו סובבות כל העבודות. ומהשתוף הזה עוד יתבונן פנימיות הכתוב שאמר - ויטע[28] הוי"ה אלהים גן בעדן מקדם, כי כל

---

21 גמרא חגיגה יג ב

22 איוב כב טז

23 תהלים פרק קלו

24 מיכה ז כ

25 משלי י כה

26 ירמיהו לג כה

27 דברים ל כ

28 בראשית ב ח

פרשת בראשית דברים כפולים נגלה ונסתר ושניהם אמת. כי כאשר הדברים למטה כן יש למעלה דברים נקראים כן והם יסוד לדברים של מטה שהם דוגמתם. וכבר הזכרנו כי הגן רמז לעטרה והעדן, רמז לחסד ונטע הגן בתוך העדן וזהו עיקר עניין השיתוף. ואמר מקדם לרמוז כי רובו חסד או שיאמר מקדם כעניין - וכנה[29] אשר נטעה ימינך, ועיקר הימין הוא חסד או יהיה מקדם כמשמעו מתחלה כדרך עלה במחשבה להבראות שנים, ולבסוף לא נברא אלא אחד, כי אף על פי שבתחילה עלה במחשבה היות העדן, והגן שתי מעלות. לבסוף נטען יחד בעבור כי כאשר יהיו לשתי מעלות כאשר עלה בתחילת המחשבה שיצא נהר[30] מעדן להשקות את הגן, כאשר יתבאר עוד:

עד הנה ראינו להרבות באצילות שלוש האבות האלה, ובעיקריהם כדי שיתבארו הבנים בהשתלשלות האבות, כי תחילת המחשבה הוא סוף המעשה ועיקרו. ולכן יש לך לדעת כי עוד נמשך האצילות דוגמת אבות, הנצח דוגמת חסד, ולכן רשמוהו בימין, ואיננו חסד כראשון כי יקבל מהתפארת שכח הפחד כלול בו. וההוד דוגמת הפחד, ולכן רשמוהו בשמאל, ואיננו דין כראשון כי יקבל מהתפארת, אשר רובו רחמים מצד החסד. ובעבור כי קרוב נגדיות הנצחים, כנגידות הכתרים, לא יתכן קיום העולם בהם כדרך אשר זכרנו בכתרים, לכן עלה במחשבה לשתף גם אלה, והוא המכריע שני אשר יסוד הכל והוא שהכל נשען עליו, שנאמר - וצדיק[31] יסוד עולם, והוא השלום שנאמר - עושה[32] שלום במרומיו, בעניין פנימי כאשר אזכיר בעשיריות והוא השלום שבו נחתמו כל הברכות כאשר אזכיר בתפלות כי בו נשלם ונחתם כל הבניין והוא הנהר היוצא מעדן ומשך גופו של דבר וסופו הוא מציאות תחילתו:

ויתבונן זה בשער האדם, עם מה שיתבאר בביאור הברייתא, כי אין ראש דבר בלתי סוף, ולא סוף בלי ראש. וכבר זכרנו בשמות השווים כי הם אחד. ולכן יש לך לדעת כי כאשר אזכיר בכל מקום התפארת כאלו נזכרהו עם היסוד ולא ישתנו בהם שמותם ועניינם רק על הדרך שהתפארת הוא הראש בבניין וקודם במעלה. ויסוד הוא משך הבניין

[29] תהלים פ טז
[30] בראשית ב י
[31] משלי י כה
[32] איוב כה ב

וסופו, ולכן הוא אחרון במעלה אמנם עניינם אחד, ובעבור שהוא אחרון במעלה מקבל מן הכל, ואמרו - כי איננו מלא רחמים כמו התפארת וזהו שרשמוהו נוטה קצת אל השמאל. ועל הדרך הזה קראו הרמב"ן ז"ל בפירוש ספר היצירה שלו **דבר**, ובבהיר קראו **צדק ועוז** המורים על הדין. והתבונן בטעם אצילות הבניה כי האבות כשורשי האילן שהם עיקר הבניין, והבנים כענפים, ולא יוציאו פירות כי אם הענפים אם כן הבנים הם ראויים לקיום העולם ולא האבות, אמנם אין קיום בענף בלתי שרשו, וזהו טעם כעיקרי ומהעניין הזה נתעורר טעותו של קין כאשר יתבאר בהריסה:

ויש לך לדעת כי אף על פי שאלה הם האבות, ואלה הם הבנים, כולם בנים לשלישים אשר האצילתן, ובני בנים הרי הם כבנים ביחוד גמור. ובעבור כי נפסק מעין האצילות ביסוד, והוא האחרון בו, כי כבר נאצלו כל השבע בהיות העטרה בכללם, כאשר ידוע למשכיל לכן נקרא שד"י, ודרשו בו - שאמר[33] לעולמו די, ואמרו מלמד שהיה העולם מגלגל והולך כפקיע, עד שאמרו לו די, רמזו במילת לעולמו על עולם העליון, שהוא עולמו של פועל העליון, כי התחתון אינו עולמו, וכי הוא עולם המנהיג אשר הוא לראש פינה. כי השמים שמים לו, ואין לו בעולם החפץ הזה - אלא[34] ארבעה אמות של הלכה, או של תפלה. כלומר שלא ישרה שכינתו כי אם בבתי כנסיות ובתי מדרשות:

ורמז בגלגול העולם שהיה מתפשט והולך עד שאמר לו די, ולולי שהפסיק המעיין עוד היה נמשך יותר כדרך - לכולם[35] נתת בן זוג וכו', כאשר יתבאר בשביעיות. ומפני שהיסוד היה עיקר הכל וכולל את הכל, דרשו עליו בבהיר - אני[36] הוי"ה עושה כל, אני הייתי כשנטעתי אילן זה, והוא האילן שאמרו במדרש שעיקרו מהלך ששים שנה, רמזו בששים שנה כי הוא כולל שש קצוות, ונתכונן זה בשביעיות. ואמרו - כי[37] נופו מהלך חמש מאות שנה כי למעלה ממנו הם חמש והם נופים: ואמרו עוד ומתפלגים תחתיו כל סדרי בראשית זה יתבונן למטה, ואחר שהיסוד אחרון באצילות והוא המכריע הכולל את הכל והוא קיום הכל,

33 גמרא חגיגה יב א
34 גמרא ברכות ח א
35 בראשית רבה יא ח
36 ישעיהו מה ז
37 תלמוד ירושלמי ברכות ד ב

והוא יסוד הכל, היה ראוי בריאת העולם והשגחתו להיות בו כמו שהוא כי הוא הקרוב אליו אלא שחייבה חכמתו שיתגלה הכח הכלול בו, ובתפארת היותו לראש פינה היות בריאת העולם, על ידו בכח התפארת, והכח ההוא הוא העטרה. וכעניין פרשת - אלה[38] תולדות השמים והארץ בהבראם, ודרשו בו - **בה'**[39] בראם, לרמוז כי כאשר הייתה לראש פינה כדרך **הה'** שבסוף השם הגדול, אז נברא העולם. אמנם הכל בכח התפארת, שהיא כשליח העושה שליחותו לעזר המשלחו. וכמו שאמרו שסוף - ביום[40] ברא הוי"ה אלהי"ם ארץ ושמים, כי זה הוא השיתוף והשם שלם, שהזכירו בעניין זה:

ובאמרי בכח התפארת, ר"ל שלא יתנהג כח **הע'** בעולם השפל, כי הוא הכח הנמשך אליה מן הפחד, כי אם בשפע הבא אליה מן התפארת שהוא הרחמים, דרך חיסורים, וזהו עיקר השיתוף והשם מלא שהזכירו אשר עוד הולך ומתבאר. והביאור בזה הוא כי כאשר ראה הפועל בחכמה, ר"ל כדרך - הביט[41] בתורה וברא את העולם, והכל בתחילת המחשבה כי לא טוב לעניין הקיום לברוא את העולם בתפארתי כמו שהוא ולא יהיה בדין וברחמים, משפיע ומקבל, כי לגדל מעלת המידה לא יתאוו בה הנבראים, תאוה שהרי רובה חסד ולא יתגלה כח התאווה ויהיה העולם שמם. אבל טוב הוא לקיום שיתגלה כח התאווה הנמשך מהפחד אשר הוא נחש הקדמוני כי לא הו בראה לשבת יצרה והוא שדרשו בפסוק - וירא[42] אלהי"ם את כל אשר עשה והנה טוב מאד. ואמרו זה יצר הרע זה מלאך המוות, וטעם כאשר יתבאר למטה:

ומפני שהעניין טוב לקיומו של עולם, לכן עלה במחשבה שיתגלה כח **הע'** שיונקת מן הפחד והייתה לראש פינה לקבל מן התפארת, ובעבור היותה מן הפחד ומקבלת ממנו ציורה נוטה לצד שמאל יותר, אמנם לא היה טוב לקיום היות התפארת לראש פינה לפעול בכח החסד. גם לא היה טוב היות העטרה לראש פינה, לפעול כפי כחה הנמשך אליה מן הפחד כי תחריב את כל הנמשכים, אחר יצר הרע הנמשך מכחה. אבל

[38] בראשית ב ד

[39] בראשית רבה יב ב

[40] בראשית ב ד

[41] זוהר ח"ב קסא א [בארמית - אסתכל באורייתא וברא עלמה]

[42] בראשית א לא

הטוב לקיום העולם היות נהר יוצא מעדן להשקות את הגן, ולא יגדלו צמחי הגן אלא בכח ההשקאה ההיא. והאישה תשמע אל בעלה, ולא הבעל אל האישה:

וזהו שאמרו בבהיר בפסוק - אני[43] הוי"ה עושה כל, אני הייתי כשנטעתי אילן זה וכו', ולא יגדל עליו מלאך רמזו במילת **כל** אל היסוד, ורמזו במלאך אל העטרה, שהוא המלאך הגואל, ואמרו שלא יגדל המלאך עליו אלא כל יגדל על המלאך, וזהו - ואל[44] אישך תשוקתך והוא ימשל בך, ויתבאר עוד במשל מעוט הירח. ועל שלמות תחילת המחשבה אשר הזכרנו, נוכל לבאר המדרש שאמרו במידת רחמים אי אפשר, במידת הדין אי אפשר, ועל הדרך אשר הזכרנו למעלה. ונאמר עוד מה עשה שתף מידת רחמים עם מידת הדין וברא את העולם, וזהו עיקר השיתוף ותחילת המחשבה, הוא סוף המעשה, כמו שנאמר - ביום[45] ברוא הוי"ה אלהי"ם ארץ ושמים. ובדרך יו"ד ה"א וא"ו ה"א, שהוא השם הגדול עם **ה'** אחרונה שנתוספה בו, שהוא שם מלא על עולם, מלא כי בתחילה באצילות עולם העליון לא הזכיר רק שם אלהי"ם הרומז לשלישית, כי עדיין לא נתמלא העולם ולא נשלם כדי להזכיר שם מלא עליו:

וכלל הטובה שהיה בעניין השיתוף הוא, כי אף בעת הזעם תשתוקק האישה אל בעלה הראשון, אשר שלחה לשוב לקחתה אל מקום הראשון אשר גדלה, להתנהג בחסידות ויחזר גם האיש אחרי האישה כמחזר אחרי אבידתו, והיא שחוט של חסד משוך עליה להפסיק זוהמת הנחש עקלתון מן חוה, שאלמלא נזקקין זה לזה הבהמות בהררי אלף, היו מחריבין כל העולם כלו מזוהמתו. אבל בהיות השם שהוא מים עומד ביניהם, כדרך ואני חומה משכך את חמתו, כי המים מנצחים את האש היות לה גבול לשרפתה, כמו - עד[46] פה תבוא ולא תוסיף, ומהנה נסמך עניין הדרש שאמר בעניין איש ואישה כי שאלמלא שתף שמו ביניהם יישאר שמם אש ואש, והוא עניין צנן את הנקבה שהזכירו בבהמות בהררי אלף כאשר יתבאר. ואמרו רז"ל - מידה[47] טובה

---

[43] ישעיהו מה ז

[44] בראשית ג טז

[45] בראשית ב ד

[46] איוב לח יא

[47] גמרא יומא עו א

מרובה ממידת פורענות:

והנה נתבאר את אשר יעדנו לבאר, בעניין עיקר השיתוף כי תחילת המחשבה הוא סוף המעשה, עם מה שנתבונן במילת מחשבה ובמילת מעשה, וזהו נעוץ סופו בתחילתו, כי הכל עלה במחשבה היות כאשר היה - ואין[48] כל חדש תחת השמש כי מה שהיה הוא שיהיה, ונתבאר עוד למשכיל למה לא הוזכר שם מלא בכל פרשת בראשית, עד - אלה[49] תולדות השמים והארץ. ואשר ישכיל מה שכתבנו ביציאת **הע'** מהכח שהייתה כלולה בכח התפארת אל הפועל, היא בעזר לתפארת בעניין הקיום כשליח העושה רצון משלחו, מיתרון אהבתו יתבונן **המד'** שאמרו כל שהיה בכלל ויצא מן הכלל ללמד יצא. ולא ללמד על עצמו בלבד יצא אלא ללמד על הכלל כולו יצא כי היא כלולה בכל, ובשביעיות נזכור בעניין הבערה שיצאתה מן הכלל, ומשם יבין המשכיל באור העניין

וממה שכתבנוהו יוכל להתבונן המשכיל בהשתלשלות יצירת האדם התחתון ומהתחתון ירמוז בעליון כדרך אשר אמרנו שנאמר - לא[50] טוב היות האדם לבדו וגו', אמרו עליו בתחילה עלה במחשבה לבראות שנים ולבסוף לא נברא אלא אחד, ויתבונן שלא אמרו ולבסוף נברא אחד כי זה יורה על בטול תחילת המחשבה, אבל אמרו ולבסוף לא נברא אלא אחד, לרמוז כי עם היות טוב שנים לקיום המין, וכאשר אמר אחר בריאתו - לא טוב היות האדם לבדו, מכל מקום לא נברא אלא אחד. ולא נחשוב בזה כי נתבטל קיום תחילת המחשבה חלילה, כי ד"ו פרצופים היו גם בבריאה הזאת, כאשר עלה במחשבה:

ונברא אחד בעבור כי כאשר יתקיים בסוף המעשה, את אשר עלה במחשבה היותן שנים ממש, שיהיו נגררים זה אחר זה באהבת נעורים, והיות כל אחד עזר לחבירו, עזר האישה לבעלה, במלי דביתא ולתיקונו וכדרך שאמרו כל מלאכות, מלאכות שהאישה עושה לבעלה ועזר הבעל לאשה בשאר כסות ועונה ובמלי דשמיא. ומגזרת החבור הראשון וכו', שהאישה עושה לבעלה נדה עושה לבעלה והם שבע מלאכות כמנין לעזר הבעל :

---

[48] קהלת א ט

[49] בראשית ב ד

[50] בראשית ב יח

וחיוב הבעל לאישה שלש מלאכות, והן שאר כסות ועונה, כמניין האבות והארץ מתברכת. והם מים אש רוח, והמשכיל יבין. ובגזרת החבור הראשון לא יפנו זה מזה כדרך הבהמות, אבל יהיו לבשר אחד לקיום העולם. ואם יזכה האיש בזוג כתיקון הבריאה היות אשתו לעזרתו לעשות מלאכתו של העולם הזה, ולגדל בניו כדי שיהיה לו פנאי למלאכת דרך העולם הבא, כדרך אשר זכרנו אז נשלמה בו תחילת המחשבה ובנינו שלם כדמות עליון:

וראוי לו גם כן להעלות לה מזונות, להתמיד דירתו עמה, ללמד בניו ללכת אחריו בדרכי בוראו ולעבודתו, ובזה יפרו וירבו תמיד והברכה מצויה עמהם. אבל כאשר תמרוד היא בבעלה, בשלה, גם הוא עתיד למרוד בשלו, כי יניח את ביתו וילך לו ויגרש את אשתו, והבנים שובבים כיתומים, ואין אב, והאם תגדלם בשרירות לבם, על דרך מלאכותיה שהן מעין העולם הזה, ולא הרגלתם אחרי דרך הבעל, והוא ישנאה וישלחנה בסירחון הבנים, בעבור שדבקה בפרי בטנה ולא ידרשנה, ולא ייסרתם, ובשלוח האם ישולחו הבנים, כי אז תייסרם האם ונוקמת את נקמתה בהם:

ועל הדרך הזה דרשו בפסוק - אעשה[51] לו עזר כנגדו. ומהנה נתבונן בעליונים כי בהתקשט האם, ומתגדלת במעשה בניה על הדרך הזה אשר אזכור עוד, אז היא עטרת בעלה במלאכות אשר עושה לבעלה. והבעל מעלה לה מזונות בזכות בניה הנדבקים בה לטובה, מחסדו לפאר את ביתו תמיד. ואם[52] הבנים שמחה, ואם יסרחו הבנים ישלחם ביד פשעם, ותתגרש האישה מבעלה, וילך האב המרחם למרחוק, והאם תייסר את הבנים בעבור כי נטמאה בהדבקה בהם. וכאשר נזכור עוד למטה את העיקר הזה. ובעניין בחירת האדם יתבונן למטה הדרש, שדרשו[53] על פסוק לא טוב היות וכו', **זכה עזר לא זכה כנגדו**, כי כל העניינים משתלשלים, אמנם לא יתעלם ממנו כי חובת מלאכות האישה לבעל הם שבע. וחובת הבעל לאשה הם שלש, והם האבות:

ואחרי אשר בארנו אלו בעיקרים, יש להתבונן עוד ולדעת כי בעלות המחשבה היות העטרה לראש פינה ולקבל מהכל, ולהשגיח בעולם

---

[51] בראשית ב יח

[52] תהלים קיג ט

[53] גמרא יבמות סג א

השפל ולהנהיגו, איננו עניין היות בה מעוט כח או מעוט קדושה וכבוד ופרוד בסיבת התחתונים כאשר לא יכשרו מעשיהם חלילה לאל כאשר חושבים רבים מקלי אמנה המח, בחולשת הבנתם בדברי רז"ל ובדברי המקובלים. אבל הייתה המחשבה ההיא לתכלית השלימות בעניין הבריאה לצורך הקיום כאשר זכרנו, וכמו שאמרו כשברא את העולם אמר - דין יהניין לי ודין לא יהניין לי. והוא כי תכלית הטוב ותכלית התענוג אשר תתקיים בו הכוונה כאשר עלה בתחילת המחשבה בתחתונים, אשר עיקרו הוא מין האדם כאשר יתבאר. אמנם בהיות גלוי לפניו יתברך שעתיד האדם לחטוא ולא תתקיים הכוונה המבוקשת ממנו, להעמיד הבריאה על מתכונתה לטובתו, וכאשר יתבאר בא להם בעניין משל מעוט הירח, הרומז לע' ועל השרש ועל העיקר אשר אקדים לו טרם אדבר בו בענייננו:

והוא שצריך תחלה לדעת כי בעבור היות האם נברא בדמות עליון, וכדרך אשר יתבאר בשער האדם הרי הוא - כמלך[54] פורץ גדר, ברצונו לעשות לו דרך דוגמת הדמות אשר מלכותו בכל משלה. אף כי עיקר בריאות העולם בעבורו ולשימושו היה, כעניין שאמר החכם החסיד השלם כל העולם כולו לא נברא אלא לשמשני:

אמנם בטעם בריאת האדם שהוא העיקר לא מצאנו עניין זולתי היותו ישר, ולשמש את קונו, וללכת בדרכיו, ולהדמות אליו בהנהגתו, וכעניין שאמר החסיד עוד - ואני[55] לא נבראתי אלא לשמש את קוני. ואמרו ז"ל - מה[56] הוא חנון אף אתה חנון מה הוא קדוש אף אתה קדוש וכו', וללמדו להועיל היותו ישר ולהדמות הצורה ליוצרה נתן לו חכמה ודעת ובינה להבין דרכיו, וכדרך אשר נתן התורה לישראל אשר גם היא מיסוד הדמות. וכבר נרמזה התורה כולה גם באדם הראשון דכתיב בו - לעבדה[57] ולשמרה, והוא רמז למצות עשה, ולמצות לא תעשה למשכיל:

ובבראשית רבה אמר לעבדה ולשמרה אלו הקורבנות, בא לרמוז אל הברכה הבאה בזכות העבודה התמימה וכאשר יתבאר למטה. ובבחור האדם להידבק בתורה ובמצות ולא יסירה מליבו ולא יחטא כלל כאלו

54 משנה סנהדרין ב ד
55 גמרא קידושין פב ב
56 ספרי עקב יא כב
57 בראשית ב טו

מהדבק, תמיד אל הדמות וכעניין שנאמר - ואתם[58] הדבקים בהוי"ה אלהיכ"ם וכו', וכאשר יתדמה הצורה ליוצרה ימשוך אליו בזכות צורתו השפע הטוב העליון, כי יבקש מין את מינו ונעור, וייעור בתחתונים, וכדרך שאמרו בזכות שלמה ע"ה תשרה שכינה בתחתונים, וזהו עיקר שלמות האדם היותו מושל בכל דבר ודבר:

וכבר אמרו בשלמה ע"ה - כי[59] מלך אפילו בעליונים. והכתוב אומר - ומוראכם[60] וחתכם וכו', וכאשר תשרה שכינה בעולם השפל אז תהיה הברכה מצויה בו, כי זאת היא הברכה ולא תקולל האדמה, ובזה יוכל האדם להגיע אל המעלה הגדולה, אשר עוד אזכור ולא הטובה אשר אין לה ערך ותהיה דמיון השגחת המנהיג ופעולתו בעולם לכבוד ולתפארת כעניין שנאמר - ישראל[61] אשר בך אתפאר, וזהו עיקר הסיבה והחפץ אשר היה בעניין הבריאה והיותה בתיקונה לצורך האדם המושל עליה, דוגמת הדמות כי כאשר תעמוד על מתכונתה יזכה אדם השלם להתלבש ברוח הקדש השורה בתחתונים, בזכותו ויעלה מזה עוד אל הנבואה הגדולה, אשר היא אספקלריא המאירה, כי שמו בקרב הארץ:

ובפעולתו ובמעלתו הגדולה, יזכה עוד שלא ימות לעולם, כי כאשר תעלה זכותו היות החיים והשלום תמיד בעולם, לא יניח מקום לנחש להסיתו שימות בסיבתו, ויזכה היות נפשו קיימת בגופו תמיד, כי דומה הצורה ליוצרה שהוא החיים, ובבא זמן להסתלק והפרד מן העולם לא יהיה מן הראוי לקבל הפסד הזמן ולמות, אך יחזור גופו רוחני ולמעלה גדולה אשר אין לה תכלית והוא חיי העולם הבא, כי אף בזמן החפץ הזה רוצה לומר אחרי שחטא אדם שמלאך המוות שולט בסיבת חטאו, בעולם הזכירו רז"ל במקומות רבים מאנשי המעלה ההיא והם הנקראים להם - בני[62] עלייה:

אמרו באגדה בחנוך הפך בשרו ללפיד אש, ואמרו בו אחזתיו לקחתיו מבני אדם. אדרתיו פקדתיו זה חנוך בן ירד, שמו כשם רבו, ששמו מטטרו"ן [**היב"ש** - שם שד"י], לקחתיו מבני אדם ועשיתי לו כסא

---

[58] דברים ד ד

[59] מדרש משלי ל

[60] בראשית ט ב

[61] ישעיהו מט ג

[62] גמרא סוכה מה ב

כנגד כסאי, וכמה שעורו של הכסא שבעים אלף פרסאות של אש, ומסרתי לו שבעים מלאכים כנגד שבעים שמות הסובבים את הכסא, והפקדתי לו כל פמליאות של מעלה, ומסרתי לו חכמה ובינה יותר ממלאכי השרת, וקראתי שמו יו"ד ה"א וא"ו ה"א [**היב"ש** - שם זה בעולם היצירה ששם נמצא מלאך זה] הקטן, וסדרתי לו כל סדרי בראשית, ועשיתי לו גדולה יותר מכל פמליא שלי, וכן אנקלוס תרגם בפסוק - ואיננו[63] כי לקח אותו אלהי"ם, ארי לא אמית יתיה הוי"ה:

ואמרו באגדה ביעקב[64] שלא מת, כי הצדיק בעודנו חי ידביק נפשו בגן עדן אשר הוא עולם הבא, וצרור החיים אשר הם מקום הנפשות ומחיתם וחיותם, איננו ראוי שימות מרכבת הנכבד הנברא בדמות עליון אשר שם נפשו בקרב החיים האמיתיים ההם:

ראה מה שאמרו במשה ע"ה בפסוק - ויעל[65] משה מערבות מואב, תניא ט"ו מעלות היו ופסעם משה בפסיעה אחת, כלומר שחזר רוחני ולא היה בו מארבעה יסודות, רק מעט מזער. ואמרו באליהו ז"ל הפשיט בשרו מעליו ונעשה לפיד אש, והנה עודנו חי בגוף ובנפש, כאשר ידוע בקבלה מדור לדור:

ואמרו בצדיקים הזוכים לחיי העולם הבא, שהוא באלף השביעי, והוא עולם שכולו שבת, וכדרך אשר יתבאר בשביעיות, אותם שנים שעתיד הקדוש ברוך הוא עושה להם כנפיים ושטים על פני המים. הנה השאלה מורה שלא ימותו, והתשובה בכנפיים, מורה שיחזרו רוחניים כאשר זכרנו:

עוד אמרו במעלה אחת שישנה במקצת הצדיקים, והיא מיתת נשיקה. אמנם אחר ידיעת שער האדם ושער העולם אשר שם יתבאר מקום מעמד הנפשות וקיומם ושרשם עם מה שזכרנו, הנה נתבונן בעניין הנשיקה, כי תתעלה נפש הצדיק בעודנו חי מעילוי לעילוי עד מקום תענוג כל נפשות הצדיקים, אשר הוא דבקות הדעת, ושם תדבק ויישאר הגוף בלא תנועה, והוא כעניין שנאמר - ואתם[66] הדבקים בהוי"ה אלהיכ"ם חיים כלכם היום, ואלה הצדיקים גמורים וכיוצא בהם בהיפרדם מן העולם, אף על פי שנראים מתים מן הרי לא יטמאו

---

[63] בראשית ה כד

[64] גמרא תענית ה ב

[65] דברים לד א

[66] דברים ד ד

כי המלאך המוות הממית בסיבת היצר הרע השולט באדם מזוהמת הנחש, לא המיתם אך נפשם בחיים שמו בחייהם, ובמותם לא נפרדו וקרוב לזה מה שאמרו - ביום[67] שמת רבי בטלה הכהונה [**היב"ש** - נראה לי שצריך לגרוס "משמת רבי ישמעאל בן פאבי בטלה זיו הכהונה, משמת רבי בטל ענוה ויראת חטא", וכך הוא בגמרא]:

וכבר הזכירו בו עניין במסכת כתובות שנוכל להתבונן ממנו כי גם הוא מאנשי המעלה היה. וכן כמה מהצדיקים אשר יש להם זכות גדולה במעלה הזאת, ואם לא נודע כאשר הם כי נראים מתים לעיני האדם ואינם מתים, כי אינו ניכר כי הזכירו במסכת שבת - בהני[68] קפולאי, כי מתוך שנראים מתים נודע ענייניהם, וכדרך שהקשו בתעניות בעניין יעקב אבינו ע"ה - לחנם[69] חנטו חנטייא וספדו ספדייא וכו':

אמנם אמר החכם הגדול - ראיתי[70] בני עלייה והם מועטים, ואם אחרי גזרת המוות יוכל האדם הצדיק להגיע למעלה גדולה לחיות לעולם, אין צריך לומר כי טרם הגזרה אם יבחר לדרוך דרך עץ החיים, שיחיה לעולם ויגיע למעלה גדולה באפס תכלית ושעור:

אבל אם יבחר האדם היות נמשך אחרי היצר הרע, אשר איננו מושלט בעולם רק להיותו עזר בקיומו של עולם, להתאוות בו תאוה הנמשכת מהנחש הקדמוני, וכעניין שנאמר - לא[71] טוב היות וכו', ובדרך האצילות הראשון אשר בארנו למעלה אך יבקש היות עליונים למטה ותחתונים למעלה, הפך הכוונה הראשונה הטובה, אין זה דרך עץ החיים, אבל ידרוש אל המתים, להגביר כח הטמאה, הבאה מעץ החיים ובהדבקו אל הזוהמא ההיא. הרי הוא מטמא את צורתו, ומתרחק מהקדושה הראויה לשרות על הצורה ההיא, ונכרת מהתענוג הגדול אשר הוא חיים עד העולם:

ובטומאת המלך יטמא את ביתו, ואין מקום לחול עליו ברכה, והוא סבת קללת האדמה וכעניין שנאמר בחטא האדם - ארורה[72] האדמה בעבורך, וכאשר אין הברכה מצויה בעולם היא סבת מניעת השגה.

---

[67] גמרא סוטה מט א

[68] גמרא שבת קנב ב

[69] גמרא תענית ה ב

[70] גמרא סוכה מה ב

[71] בראשית ב יח

[72] בראשית ג יז

ובמניעת ההשגה היא מניעת החיים, כי בסיבת החוטא אשר לא ידמה הצורה ליוצרו, אין ראוי להשתמש באור שהוא אור החיים, ובדרך שאמרו - ראה[73] שאין העולם כדאי להשתמש באור ההוא וגנזו לצדיקים לעתיד לבא. והגניזה היא כי ילך האיש מרחוק, ותתגרש האישה מבעלה, כדרך המכעיסים אותי על פני. ובהסתלקות האור אשר הוא מחיית הכל וחיות, הכל הנחש מזומן להטיל זוהמא על חוה, וזאת היא הטמאה והקללה וההשחתה. ובהיות שור הבר נזקק עם בת זוגו, אין כל בריה יכולה לעמוד מפני חרבנן, כי אין השם עומד ביניהם ונותן רשות למשחית לחבל את הגורם העניין ההוא מידה במידה. הוא הגביר הכח ההוא הוא יתגבר כפי כחו, ומונעו מן החיים והוא סיבת מיתתו:

קצרו של דבר, קיום העולם וסיבתו הוא ביד מין האדם, אם ידמה הצורה ליוצרה כאשר בארנו, ולא יחטא כלל ,יהיה השלום בארץ וזאת הברכה. ואם יבחר בהפך זה, יסתלק השלום וחרב בא לעולם, ותארר האדמה כאשר בארנו, כי העטרה היא החרב המתהפכת, כפי האדם הרוצה, הבוחר לשמור בית קיבולו וכדרך אשר בארנו באחדות:

ומאשר בארנו בעיקר הזה נתבונן שרש הדרש שדרשו ז"ל - זכה[74] עזר לא זכה כנגדו, כי האדם הוא כמו הדמות אשר הוא עיקר הכל ואשתו ויצרו הם כמו העזר אל הדמות, כי הם מן הצד ההוא. ואם ירצה להתדמות ליוצרו, בכל עניין וכדרך שאמרו רז"ל - יצר[75] תינוק ואישה לעולם תהא שמאל דוחה וימין מקרבת, כלומר שלא יתגברו עליו אך יקרב אותו בימין לצורכו, יהיו עזר בין בעליונים בין בתחתונים, כי כאשר יתגבר האדם עליהם למטה, כן יתגבר האדם על דוגמתן למעלה, ותתדמה הצורה ליוצרה. ואם לא זכה כאשר אמרנו, יהיו כנגדו כי בהם ילקה מן השמים בעבור כי הכריע עצמו לכף חובה:

ונוכל להתבונן למה אמרו שתהא הימין מקרבתו, ואחרי אשר בארנו לך יסוד העניין, נתבונן עתה לדעת כי בהיות צפוי לפניו יתברך בתחילת המחשבה, כי עתיד האדם לחטוא בסיבת היצר הרע, הצריך להיות שולט בעולם לקיום הבריאה, כדי שיתגלה כח התאווה, ויהיו

---

73 גמרא חגיגה יב א

74 גמרא יבמות סג א

75 גמרא סנהדרין קז ב

בני עלייה מועטים, והיה מן הראוי כי בסיבת החטא יפגע בם מידת הדין להשחית את הכל, כי כך היה ראוי אף להיכנס לפנים משורת הדין איננו מן הדין, ואף אם יהיו צדיקים בדור המדמים צורה ליוצרה, לא זו הדין וכאשר הזכירו במשל הירח אשר אזכור למטה, לכן עלה במחשבה היות חמדה ההיא לראש פינה, לקבל מלמעלה. ובזה תהיה רפה כי הבעל ימשיך לה מחסדו, מגזרת החבור הראשון, וכעניין אשר אזכור למטה:

וזהו שנאמר - ואל[76] אישך תשוקתך והוא ימשל בך, כי אף בעת הזעם יהיה חסדו משוך עליה קצת, כי השם יהיה דורש אותה תמיד בזכות הצדיקים המתלבשים בה, כאשר הם מדמים הצורה ליוצרה, ויהיו קטנים בעיניהם וענווים ושפלים ונחים דוגמת הדמות, וגורמים כי השורה עליהם לא יתעורר אך ישתוקק אל שפלות דמותם, ובזה יגבירו הזכות על החובה, ותשקוט הארץ, וזהו שאמרו - הנעלבים[77] ואינם עולבין ועליהם הכתוב אומר ואוהביו[78] כצאת השמש בגבורתו, ועוד יתבונן זה:

ובאמת אם יתגברו הצדיקים כחם השורה עליהם יחריבו את הכל כעניין ר' שמעון בצאתו מן המערה וכעניין ר' אליעזר הגדול כאשר ברכוהו. ור' יוחנן שאמר דלו לי גביני. אמנם אינו מן המידה הטובה כפי אשר זכרנו וכבר אמר הכתוב - גם[79] ענוש לצדיק לא טוב. וזהו שרש עניין מעוט הירח הרומז למדת הדין, אשר הזכירו במשל וכאשר עוד יתבאר:

ובעבור כי לצורך הקיום יצטרך לעניין ההוא ולא לפי שורת הדין, אמרו בסוף המשל ועדיין לא נתפייסה, לומר כי בשורת הדין היה ראוי להחריב הכל וכאשר יתבאר עוד בהתבאר עניין המשל:

אמנם ראינו עוד להרחיב בעניין עונש האדם אשר יבחר להכריע עצמו לכף חובה, אשר הוא הפך הכוונה בבריאתו כדי לבאר שאר מדרשים אשר לא זכרנו בעניין הבריאה, והם עיקרים גדולים. ומהם נתבונן עיקר המשל בעניין הירח, ועיקר העניין יתבונן בחטא האדם ואשתו שהייתה כגופו, כי כאשר בחרו להם דרכי המוות וכעניין אשר יתבאר

[76] בראשית ג טז
[77] גמרא שבת פח ב
[78] שופטים ה לא
[79] משלי יז כו

בהריסה, נענשו במיתה כדרך - בא[80] להיטמא פתחין לו. ובהיותן שרש לבאים אחריהם נגזרה גזירה גם עליהם, אף כי ידוע כי ברוב כל עניין הולך אחר שרשו, ומעשה אבות יעשו בנים, וכמו שאמר הכתוב - אין[81] אדם צדיק בארץ אשר יעשה טוב ולא יחטא, ואמר החסיד - ראיתי[82] בני עלייה והם מעטים, ובהיות גלוי לפניו בתחילת המחשבה שעתידים לחטוא, מדרך הבחירה גזר עליהם להענישם בהעדר הטובה השלמה הבאה מצד החיים והשלום הראויים להיות בארץ, כאשר זכרנו למעלה, והוא מה שאמרו - ראה[83] שאין העולם כדאי להשתמש באור ההוא וגנזו לצדיקים לעתיד לבא:

ואמרו עוד בעניין הזה בפסוק **ויבדל**, ויבדל[84] הבדילו לו וגנזו לצדיקים לעתיד לבא, והכל כוונה אחת כי בזמן החפץ הזה שהוא זמן תגבורת היצר הרע, נגנז האור הרומז ליסוד, אשר ממנו החיים, שלא יוכל להשיגו. והגניזה ההיא סיבת המוות, כי[85] הנחש מטיל זוהמא על חוה, והחוטא הרוצה להדבק בחיים, מידת הדין פוגעת בו בלהט אשר לפניה, ואפילו צדיק גמור לא יזכה להשיג כאשר היה ראוי טרם החטא, וכאשר אבאר עוד למטה במשה ע"ה. והמעט אשר יוכל האדם להשיג איננו משיג רק בטורח גדול, אשר יעשה בגופו לבד, מהיראה והפחד אשר יאחזוהו טרם יגיע אל ההשגה:

והטעם כי בגניזת עץ החיים, אף על פי שנשארה ההשגה לצדיקים בגן עדן, עם כל זה - היא[86] מדקדקת עם סביבותיה כחוט השערה, בעבור היותה מידת הדין ומפני היות ענינה כך נקראת חרב המתהפכת, כי היא גן עדן לצדיק וחרב נוקמת לרשע, וכעניין שאמרו - בלהט[87] החרב המתהפכת, פעמים[88] אנשים פעמים נשים. וידוע כי בהתלבשות האיש רמז לרחמים, והתלבשות האישה לדין. ומפני היראה ההיא הבאה בסיבת החטא, צריך לשמור מלהיכנס לפנים מן המחיצה, בעניין

[80] גמרא שבת קד א
[81] קהלת ז כ
[82] גמרא סוכה מה ב
[83] גמרא חגיגה יב א
[84] בראשית רבה יב ו
[85] ילקוט שמעוני בראשית ג
[86] על פי גמרא בבא קמא נ א
[87] בראשית ג כד
[88] זוהר בראשית נג ב

ההשגה ואף כי לפנים מן הלהט אשר שם השגת הכל, והיא העטרה אשר היא דרך עץ החיים, וכאשר יתבאר בהריסה:

ועל עניין הזה אמר הכתוב - וישכן[89] מקדם לגן עדן את הכרובים וכו', אמנם המשכיל בפנימיות הכתוב הזה יתבונן בו עוד קצת מסדר הבניין, ויאמר כי מתחלה השכין בגן עדן את הכרובים, אשר הם **דו פרצופין**, או יהיה מקדם, רמז לחסד הנקרא מזרח, והוא הימין, אשר ממנו נוטעה הגן כאשר הזכרנו למעלה, ואחר כן השכין את הלהט, לשמור את דרך עץ החיים. אמנם הלהט אשר זכרנו מעולם הנפרד הוא ושם החיה אשר ראה יחזקאל ע"ה, ומשם הם המתלבשים וגם שם הכרובים, אלא שיש כרובים לכרובים, כאשר יתבאר במרכבה:

עוד אמרו בעניין גניזת האור אגדה מפוארת - ואף[90] לויתן זכר ונקבה נבראו, ואלמלא נזקקין זה לזה, היו מחריבין כל העולם, מה עשה סרס הזכר, והרג את הנקבה, ומלחה לצדיקים לעתיד לבוא. והכוונה על דעותינו מבוארת כאשר זכרנו ברמז השמות השווים. ושם הזכירו עוד - לויתן[91] נחש בריח מפני היותו מבריח התיכון, מפני היותו המכריע הראשון, כעניין שנאמר במשכן - והבריח[92] התיכון, והנחש עקלתון לרמוז למכריע השני שאיננו רחמים כל כך. והריגת הנקבה ומליחתה, היא גניזת האור והבדלתו, שאמרו רז"ל - גנזו[93] והבדילו לצדיקים לעתיד לבוא, והמליחה מורה על קיום העניין, ר"ל קיום ההבטחה שהבטיח בו את הצדיקים לעתיד לבא:

והמשכיל דבריהם ז"ל בגמרא, שאמרו בהריגת הנקבה של לויתן שאני דגים דפרצי, יתבונן למה אמרו בלויתן שהרג את הנקבה, ובבהמות אמרו - שצינן[94] את הנקבה, וביאור העניין כי זקיקת הדגים לשים שלום בארץ, כי - האיש[95] מחזר תמיד אחר אבדתו, ומפני שזאת היא התאווה הגדולה, כי האיש מחזר אחר אבדתו, הרג את הנקבה שאלמלא שהרג את הנקבה יתרבה השלום כל כך עד שלא יתאוו

---

[89] בראשית ג כד
[90] גמרא בבא בתרא עד ב
[91] גמרא בבא בתרא עד ב
[92] שמות כו כח
[93] בראשית רבה יב ו
[94] על פי גמרא קידושין ב ב
[95] גמרא בבא בתרא עד ב

הנבראים תאווה, ותהיה העולם שמם, ואף לעתיד לבא לא חינם, מטעם זה אבל יאכלוה הצדיקים מלוחה, כדי שלא יתבטל מפריה ורביה:

והמשכיל יוכל להתבונן למה אמרו דנקבה מלוחה מעלי טפי, וכן דכרא מליחה לא מעלי, כי אף אם ייהרג הזכר וימלחנו ישתמשו בנקבה, אמנם במליחת הנקבה יסתרס הזכר. וכן בהמות בצינן את הנקבה יסתרס הזכר:

ובמה שאמרו לעתיד לבוא, נתבונן כי גנזה בזמן הזה ולא יאכלוה אפילו במליחתה, והוא כדרך האור וגניזתו כאשר אמרנו. אבל לא צינן הנקבה של לויתן, מפני כי המים צוננים הם, ואין דבר חם עומד ביניהם, ואף כי יעמוד ביניהם חום המים צוננים את החמימות. אבל הבהמות הן חמות, מפני כי המה אשים, לכן הוצרך לצנן את הנקבה מבהמות על ידי המים אשר ביניהם, ולא פריצי כולי, האי לעבור בהם ולחמם אותם. כי חומות חול גבול לים, ואף כי המים שהם צוננים ולחים מנצחים את האש כאשר זכרנו למעלה, וכדרך - ואל[96] אישך תשוקתך והוא ימשל בך. אמנם לא יכבוה ממש לצורך הקיום, וזהו הטעם שלא הרג את הנקבה מבהמות, והוא שהעלו שם בישרא מליחא לא מעלי:

ואשר הביאנו לדמות המכריעים לדגים מפני שבשפע שלהם היא הברכה, וכעניין שאמר יעקב על בני יוסף כאשר ברכם אחר שהזכיר מידת אבותיו ומידתו אמר בסוף - וידגו[97] לרוב בקרב הארץ, ויהיו[98] יולדות ששה בכרס אחד, ויהיה ברכתם אחד. והיא הברכה ממש ורמזנו בזה בשמות המידות במידת הששית:

ויש לנו לדעת כי מה שזכרנו בגניזת האור, או בהבדלתו, או במליחת הנקבה, שהוא עניין שלא יוכלו להשיג ולראות את האור הצפון ההוא, ומה שזכרנו עוד כי הוא סיבת המות איננו כי אם בזמן החפץ הזה, שהעולם נמשכים בו אחרי יצרם הרע בסיבת החטא הראשון, כאשר זכרנו למעלה כי לפי שהם מגברים אותו על דרך עץ החיים יבא להם גם הרעה, מן הצד ההוא וכעניין שאמר - יורד[99] ומשטין עולה

---

96 בראשית ג טז

97 בראשית מח טז

98 רש"י על שמות א ז

99 על פי גמרא בבא בתרא טז א

ומקטרג, ואמרו עוד הוא שטן, הוא יצר הרע, הוא מלאך המות:
אבל מה אמרו גנוז לצדיקים לעתיד לבא, או מלחה לצדיקים, או הבדילה לצדיקים לעתיד לבוא, כולו כוונה אחת כאשר בארנו. ורמזו בו לעתיד לבא לימות המשיח, ואל הימים אשר יהיו אחרי התאווה שהם הימים אשר אין בהם חפץ, ר"ל שיהיה האדם טוב בטבעו, ויתבטל ממנו היצר הרע כדרך שהיה ראוי להיות טרם החטא, ואז יתגדל המנהיג בצדקת בניו, כי חוט של חסד ימשך עליה בימים ההם. ומתוך שיהיה שלום בארץ, ישתמשו באור הצפון, וכמו שאמרו גנוז לצדיקים לעתיד לבא. ובזכות ההוא יזכו לחיי העולם הבא, כי הוא העולם שהוא חיי העולם והנותן נפשו בחיים ובשלום, נכון הוא שלא ימות בגשתו אל המזבח, שהרי רחץ את עצמו במים חיים:
ומהדברים האלה נוכל להתבונן עניין השני פשפשים אשר היו בכניסת שער ההיכל, אשר אחד בדרום, ואחד בצפון, והיו נכנסין בתא כי בהיות ידוע כי בניין הבית דוגמת עליון, היה נוכל להתבונן כי הפשפש אשר היה לצד הדרום, היה רמז לדרום שהוא התפארת. ושבצפון רמז לצפון שהוא העטרה, ואותו שבדרום לא היה נפתח כמו שנאמר - השער[100] הזה סגור יהיה לא יפתח ואיש לא יבוא בו כי הוי"ה אלה"י ישראל בא בו. ופירוש כי יבא בו לעתיד לבא, כי אין העולם הזה כדי להשתמש באור ההוא ואפילו משה ע"ה. ואף לעתיד לבא לא יפתח - כי[101] לא יראני האדם וחי. אבל אותו שבצפון היה נפתח תמיד, כי ההשגחה נשארה בצפון כאשר זכרנו. אמנם בהריסה יתבונן עניין הפשפש אשר היה בצפון, למה היה נפתח בפנים ולא מבחוץ, וכמו שאמרו - אחד[102] יורד לאמת השחי וכו'. ואולי כי הוא הטעם עצמו בשער ההיכל אשר לא היה נפתח רק מבפנים:
ומהנה נוכל להתבונן מה שזכרנו בשמות המידות, בעניין שבר של לויתן אשר אמרו רז"ל - עתיד[103] הקדוש ברוך הוא לעשות סעודה לצדיקים מבשרו של לויתן, ומהנשאר יעשו סחורה בשוקי ירושלים, והסחורה היא ההשגה הגדולה שיתעסקו באור הגנוז כל כך בפרהסיא,

---

100 יחזקאל מד ב
101 שמות לג כ
102 משנה תמיד ג ו
103 גמרא בבא בתרא עה א

כמי שעושה סחורה בשוק, ואין החרב עומד לשמור את דרך עץ החיים:

וזהו גם עניני - הסוכה[104] שיעשה הקדוש ברוך הוא מעורו של לויתן הצדיקים, והשאר יפרסו על חומות ירושלים כמו שאמרו במסכת שבת. אמנם לא יאכלו הצדיקים כל בשרו, וגם לא יעשו מכל עורו סוכות, והטעם יתבונן למטה בעניין גבריאל עם מה שרמזנו בו, גם למעלה:

ועל ההשגה הגדולה אשר ישיגו הצדיקים לעתיד לבא, אמרו חז"ל באגדה - עתיד[105] גבריאל לעשות קכיגיא עם לויתן, ואלמלא הקדוש ברוך הוא עוזרו לא יוכל לו, שנאמר כי - הוא[106] ראשית דרכי אל העושו יגש חרבו. רמזו בגבריאל למידת הגבורה, אשר ממנו התאווה כאשר הזכרנו למעלה, ורמזו בלויתן לתפארת, שהוא לויתן הזכר, ורמזו כי כאשר יאכלו הצדיקים לעתיד לבוא הנקבה המלוחה להם, יתחברו ויתאוו הרבה בזכר, ויהיו טובים עד מאד כאשר היו ראויים להיות טרם החטא, לפי הבריאה שהייתה דרכי א"ל, וכל כך יתחברו בו עד אשר לא יתאוו תאוות בעולם הזה כלל. ואלמלי שהקדוש ברוך הוא יעורר להם כח הגבורה שהיא התאווה לצורך קיום העולם, לא יוליד עוד ולא יאכלו עוד ולא יתנהגו כלל במנהגו של עולם, אך יהיו מעין עולם השכלים ונמצא כח המנהיג מבוטל:

ולכן הביאו הכתוב - העושו[107] יגש חרבו. כי הקדוש ברוך הוא אשר עשה מידת הגבורה ואת הלויתן, כמו שנאמר - אני[108] הוי"ה עושה כל, וכמו שדרשו בבהיר רוצה שיתנהג גבריאל בעניין העולם הזה עד האלף השביעי, שהוא השבת הגדול הרומז ליסוד, והוא - שבת[109] להוי"ה אז תרצה הארץ את שבתותיה. וכמו שנאמר - ושבתה[110] הארץ שבת להוי"ה, וכאשר יתבאר בשביעיות. אבל קדם לכן העולם נוהג בכח הבהמות, אמנם בזמן השלמות יאכלו הצדיקים מבשר של לויתן

---

104 גמרא בבא בתרא עה א

105 גמרא בבא בתרא עד א

106 איוב מ יט

107 איוב מ יט

108 ישעיהו מה ז

109 ויקרא כו לד

110 ויקרא כה ב

הנמלח להם ומבשר הזכר. וכן יעשה סוכה מעורו על הדרך שבארנו:
ולמה שרמזנו כי בכח הבהמות יתנהגו תמיד עד אשר ישבתו ביום השבת הגדול, אולי כי יש רמז בזה באגדה אמרו - ירדן[111] יוצא ממערת פמייאס ומהלך בימה של טבריא ומהלך בימה של סביכי ומהלך בימה של עלית ומתגלגל ויורד אל פיו של לויתן שנאמר - יבטח[112] כי יגיח ירדן אל פיהו. ומפני כי הכתוב אומר - מבהמות[113] בהררי אלף. העלו שם איתמי בהמות בהררי אלף בטוחות בשמן, שיגיח ירדן אל פיהו של לויתן:
אמנם לא יטעה המעיין דברינו בעניין הבהמות והלויתן שנדחים דבריהם ז"ל בסעודות העתידות להיות בהם חלילה, אבל רצוננו כי הסעודות האלה לא למלאת הכרס חס באיש, כאשר יחשבו הפתאים, אבל באים להרבות שכל כמוס הראוי להשיג בו, בזמן ההוא מה שאין ראוי להשיג בזמן החפץ הזה:
וכעניין שהזכירו עוד בעניין יין[114] המשומר בענביו מששת ימי בראשית לצדיקים לעתיד לבא, כי בטעימת הדברים שנבראו מששת ימי בראשית כמו היין המשומר, או הבהמות, או הלויתן, כל זה יוסיפו לדעת שכל כמוס, ועיקרם ושרשם ובהם יעלו אל המעלה הגדולה אשר זכרנו, ובהבדל שבזמן הזה לימות המשיח אמרו אין השם שלם ואין הכסא שלם, עד שימחה זרעו של עמלק. והרמז בשם בתפארת, והכסא לעטרה, ורצו לרמוז כי בזמן החפץ הזה גורם החטא אשר הוא תגבורת יצר הרע, שאין השלום בארץ בשלימות, אך הנחש מטיל זוהמא על חוה, ומהזוהמא ההיא מקבלים האומות כח, ועולים בה לגדולה ואינם נמחים:
וידוע כי הם מהצד ההוא ובחלקי השרים והמזלות, ויתבונן עיקר זה בהיות הפחד מידת יצחק, ועמלק נינו של עשו בן יצחק, אשר נתברך בחרב, כי משם באה החרבן והפורענות והגזרות והקטרוגים על שרו של ישראל הנקרא גבורה, על שם מקומה, ומשם היצר הרע נמשך הגורם כל זה. וכעניין שאמר יורד ומשטין עולה ומקטרג, כאשר זכרנו למעלה:

---

111 גמרא בבא בתרא עד ב
112 איוב מ כג
113 תהלים נ י
114 גמרא פסחים קיט ב

אבל לימות המשיח שיבטל היצר הרע, יהיה חוט של חסד נמשך על העטרה, ואז תגבר על ידו וימחה זכר עמלק מתחת השמים, כי השלום מחובר בארץ בשלמות, ולא יבא עוד הכח לעשו, וכעניין הרמת יד משה ע"ה במלחמת עמלק, ואז - יתמו[115] חטאים מן הארץ ורשעים עוד אינם. ומפני שבירידתן של ישראל עולין האומות, ובעליתן יורדין האומות, דרשו[116] ז"ל בפסוק - ולאום[117] מלאום, אמלאה זו החרבה החרבה זו:

ומהנה נתבונן שרש ענינו של יצחק, אשר חפץ לברך את עשו שהיה איש שדה, ובא יעקב במטעמים אשר אהב אביו, ובריח שדה אשר ברכו השם, ונטל הברכות להפסיק זוהמת הנחש מחוה, ולא תהיה מידת הדין שטוחה לפניו:

ויתבונן מהנה מה שדרשו[118] - בשני[119] גדיי עזים טובים, טובים לך וטובים לבניך, וכל עניני שני שעירי יום הכפורים, וממה שבארנו יוכל המשכיל להתבונן למה הוצרכו הקרבנות, והתפלות, והתחנות, בזמן החפץ הזה. כי אף בזמן שהבית קיים והיה עת רצון היו עושים קרבנות, וכל זה כדי להעמיד המחשבה ולקרב הכוחות היות חוט של חסד משוך על העטרה, ולא תעורר עליהם מידת הדין, וכטעם הרמת יד של משה ע"ה:

ואף כי בזמן הגלות שנחרב הבית, והוא עת הזעם, שצריכין אנו להרבות בתפלות, ובהודאות, ותחינות תמיד, כדי שלא ישתעבדו בנו האמות בגזרות קשות בעוד גברה ידן, וטוב להם לישראל היותם שפלים, ולא יתגרו בזמן הגלות באומות, כי השעה משחקת להם. אבל לעתיד לבא בזמן השלמות תפסוק זוהמת הנחש, וחוט של חסד ימשוך תמיד, והקרבן בא עתה בזמן החפץ הזה, בעבור החטא אבל בימים ההם אין קרבן בא בעבור חטא, כי בימים ההם אין בהם חפץ, וקרבן זמן ההוא יהיה קרבן תודה, אשר בא לשבח ולהודאה לשם יתברך:

ונחזור לעניין גניזת האור, ונאמר כי מה שאמרנו כי עונש האדם הראשון היה בגניזת האור שלא יוכל להשיגו, היות לו חיים עד העולם

---

115 תהלים קד לה

116 גמרא מגילה ו א

117 בראשית כה כג

118 ויקרא רבה כז ט

119 בראשית כז ט

בעבור היותו עתיד לחטוא, נוכל לומר כי מה שאמרו בעונש אדם הראשון שהיה מתחלה מן השמים ועד הארץ, וכיון שסרח נתמעט תתפשט כוונתו, על הדרך הזה כי השמים והארץ הם רמז לד"ו פרצופין, ומתחלה נברא האדם ישר בנפש טהורה, וזכה והיה יכול להשיג בשמים ובארץ ויחיה לעולמים, וכיון שסרח נתמעט מההשגה ההיא שנאמר - ותשת[120] עלי כפכה, **הכ'** רומזת לעטרה, ולכן נכתבה בה הרומזת אליה והיא שפגעה בו והענישתו למות, ולא ישיג את השמים, כי היא החרב המתהפכת, ועומדת לשמור את דרך עץ החיים:

ונאמר עוד באולי כי על הדרך שבארנו אמר הכתוב - ויאמר[121] אלהים הן האדם היה וגו', ואמר - הן האדם היה כאחד ממנו, שהרי נברא בדמות היות לו בחירה לדעת טוב ורע, כלומר להשיג הארבע פנים הנקרא טוב ורע ולהתלבש בהם, ועתה[122] פן ישלח ידו, כלומר ועתה שסרח הענישו שלא יוכל לשלוח יד ולקחת גם מעץ החיים, ואכל וחי לעולם, כלומר שאיננו ראוי להשתמש באור ההוא. ומילת **גם** תורה שנשארה ההשגה בפרי העץ אשר אכל שהוא למטה מעץ החיים, שאם לא כן למה יאמר גם יאמר - ועתה פן ישלח ידו ולקח מעץ החיים וגו', ואי אפשר לפרש מילת גם בעניין אחר ועל הדרך שבארנו יאמר - ועתה פן ישלח ידו. כלומר ועתה שסרח אפילו ישלח ידו ולקח גם מעץ החיים, כלומר שישוב בתשובה ויועיל לו תשובתו לדעת טוב ורע, וכעניין אשר יתבאר בהריסה, לא ייקח ממנו ויאכל, בעניין שיחיה לעולם ויחזור פן על וחי לעולם, כלומר אפילו שישוב בתשובה שלמה ואפילו ייקח מעץ החיים ויאכל כדי שיחיה לעולם, לא יועיל לו ויהיה מילת גם כמו אף:

וכן היה לאדם הראשון, כי אף על פי ששב בתשובה גזרת המות לא נתבטלה ממנו ומהבאים אחריו, עד זמן הימים אשר אין בהם חפץ ועל הדרך שאמרנו למעלה. ובעבור שהיה אדם הראשון שרש לכל, נענשו בחטאו כל הבאים אחריו, ומעולם לא נשתמש ילוד אישה באור ההוא כאשר היה ראוי טרם החטא אף כי מעשה אבות יעשו בנים, ואין איש יעשה טוב ולא יחטא. ואף משה רבינו ע"ה שהיה גדול האדם לא

[120] תהלים קלט ה
[121] בראשית ג כב
[122] בראשית ג כב

השיגו בדרך אשר הוא בקש להשיגו, כאשר יתבאר בהריסה:

ואחר אשר הרחבנו בסוד עניין הבריאה, ובטעם היות העטרה לראש פינה, ובעניין מעוט הירח על העיקר אשר זכרנו בו. בעבור ראותנו רבים נכשלים בעניינו ודוברים על השם עתק ומן הביאור אשר נבאר בו יתגלה סוד עניין הבריאה. ואם כבר זכרנו בו די למשכיל ויתגלה עוד סוד קדוש החדש הנקרא סוד העיבור המשתלשל למטה בגלגל הירח, ויתגלה עוד עניין קרבן ראש חדש למה נאמר בו להוי"ה, ויתפשטו ממנו עוד הרבה דברים נעלמים בדבריהם ז"ל, אשר להם עיקרים גדולים וענפים רבים:

אמר הכתוב - ויעש[123] אלהים את שני המאורות וכו'. ושאלו שם מה נשתנה שעיר של ראש חדש שנאמר בו להוי"ה, ואמרו - אמרה[124] ירח לפני הקדוש ברוך הוא אי אפשר לשני מלכים שישתמשו בכתר אחד, ותחלה נבאר רמיזות המשל במלותיו ואחר כך נדבר בביאור. ונאמר כי הקדוש ברוך הוא שהזכירו במשל תחילה רמז לשלישית, שהוא הפועל העליון אשר ברא והמציא את העולם העליון, והלבנה והירח והמאור הקטן רמז לעטרה, שנקרא כן. והמאור הגדול והחמה רמז לתפארת, הנקרא כן. ועשית שתי מאורות הוא אצילות ד"ו פרצופין, והם השני מלכים המשתמשים בכתר אחד. כי בתחילה עלה במחשבה היות התפארת באצילות ד"ו פרצופין מיוחדים, ברחמים ולטעם אשר זכרנו למעלה:

ועתה יש לך לדעת כי אין כוונתו ז"ל חלילה שקנאה הירח בגדל מעלת החמה, כי אין שם לא קנאה, ולא שנאה, ולא תחרות, ואף כי לא זכרו בדבריהם לשון שיורה עליו שום שנוי בעניין הבריאה חלילה כאשר חושבים הפתאים:

אבל יחסו המאמר לירח בעבור כי הוא רומז למדת הדין כאשר זכרנו, וידוע כי כל דבר ראוי להיות על קו הדין, ותחילה הקשה להם ז"ל הכתוב שאמר תחילה - את[125] שני המאורות הגדולים, ואחר כן קרא את האחד מהם מאור קטן. והשיבו בזה על דרך משל על שלמות תחילת המחשבה כאלו היה משא ומתן, והמלכה ועצה בעניין ואמרו -

123 בראשית א טז
124 גמרא שבועות ט א
125 בראשית א טז

אמרה ירח לפני הקדוש ברוך הוא אי אפשר לשני מלכים להשתמש בכתר אחד. כלומר כי כאשר עלה במחשבה היות טוב לקיום הבריאה השיתוף הראשון, והיא   המידה המזוגה שהייתה באצילות ד"ו פרצופין, וכעניין אשר זכרנו למעלה בעניין אצילות עולם העליון עלה בשלמות המחשבה, היות טוב שיתגלה כח הגבורה, להתאוות בו תאוה כי - לא[126] תהו בראה לשבת יצרה. ומפני שהדין נותן כן לצורך קיום העולם, אמרו כי הלבנה הרומזת למידת הדין אמרה לפני הקדוש ברוך הוא, אי אפשר לשני מלכים להשתמש בכתר אחד, כלומר בכח אחד של רחמים, ועל הדרך שבארנו אמנם אין הכרח והכרע בשורת הדין מי ישפיע למי, ומי יקבל ממי, אך הדין האמיתי היה נותן אם יכריע האדם לכף חובה, הדין נותן לכלות ולהשחית את הכל במידה קשה, ואם לכף זכות לזכות, את הכל במידת רחמים. וכאשר יתבאר עוד בסוף המשל אבל בהיות גלוי וידוע לפניו יתברך, כי בהתגלות כח התאווה ימשך האדם אחר היצר הרע הנמשך מהכח ההוא, ויחטא ויהיה שורת הדין להעשות נקמה, ולהשחית הקיום מהכח ההוא, כי משם חרב בא לעולם:

לפיכך באה התשובה, במשל ההוא שאמר לה הקדוש ברוך הוא לכי ומעטי את עצמך, כלומר היותה לראש פינה, לקבל מהתפארת דרך היסוד, ולא תפעול כי אם לפי השפע אשר יבא אליה ממנו, ובעניין זה תהיה נוחה בדיניה ותתנהו לפנים משורת הדין. לא אמרו שהשיב לה את תהיי מעוטה או קטנה, כי יורו לשונות אלה אל חסרונה, רוצה לומר שבתחילה הייתה גדולה, ואחר כך נתקטנה, וחלילה לא"ל בשנוי המחשבה, ואף כי לא נכון לחשוב מחשבת עתק שיקטין קצתו מקצתו, אבל לשון - לכי ומעטי את עצמך מורה שאף על פי שהיא גדולה תמיד, שתקטין את עצמה שאף בעת הזעם, שהיה ראוי לעקור את הכל בסיבת החטא כפי גדל כחה הבא אליה מארס הנחש, שתהיה תשוקתה אל בעלה הראשון מצד השיתוף הראשון, והוא ימשול בה שלא תשחית, כי יעלה לה מזונות תמיד מחסדו, ואף כי יגרום החטא שלא יעלה לה מזונותיה בשלמות, מכל מקום לא יחסר המזג, כי ידרשנה הוי"ה תמיד להניח ברכה אל ביתו:

126 ישעיהו מה יח

וזהו שדרשו בפסוק - עושה[127] שלום במרומיו. מעולם[128] לא ראתה חמה פגימתה של לבנה, כי השלום הרומז ליסוד עומד ביניהם, וממלא את מקומה ברחמים, היות נוחה בדיניה, וזהו שלום הבית שהזכירו בנר של שבת:

עוד האריכו במשל בעניין המשא ומתן ואמרו - שהלבנה[129] אמרה וכי בשביל שאמרתי דבר הגון וכו', קראו ז"ל המאמר הראשון דבר הגון מפני כי הגון היה כן לקיום העולם כאשר זכרנו למעלה, אבל מפני ששורת הדין בוודאי שאינו ראוי היותה לראש פינה, וכעניין אשר בארנו אלא לכלות את הכל, לפיכך הביאו את דברי הלבנה הרומזת למידת הדין, כאילו הייתה מקפדת להיות לראש פינה כלומר היותה שפלה יותר מן החמה, שלא לפעול כראוי לה לפעול:

וכעניין שאמר במדרש בקשו מים תחתונים לעלות גער בהם הקדוש ברוך הוא ודחפן למטה, ונראה על זה הדרך שבארנו בלכי ומעטי את עצמך, והתשובה בו בשביל שאמרתי דבר הגון וכו', שנוכל לבאר מה שאמרו במקום אחר באגדה - בשעה[130] שברא הקדוש ברוך הוא את העולם, אמר לשר של ים בלע כל מימות שבעולם, **ובשר** של ים רומז לעטרה. והכוונה שיקבל ממים העליונים ולא ישותף את העולם במימיו, בסיבת החטא וכדרך לכי ומעטי את עצמך, והשיבה - די לי בשלי, כלומר בשפע הנמשך אלי מהפחד שהוא מקומו, ולשפוט בו הראוי לשפוט, כי כן הדין נותן שלא להתפתות בינו כלומר בכעסו, ובא לומר שלא יקבל ממתיקות מים העליונים, למתק את מימיו המרים הבאים מן הפחד, ולכן אמרו שעמד עליו והרגו, וכעניין צנון הנקבה של בהמות בהררי אלף:

ואמרו לולי שהמים מכסים אותו לא היו יכולין לעמוד מפני רוחו, והמים רמז לרחמים המכסים את השר מפני זוהמת הנחש שלא ישלוט כפי כחו, לא לעניין הנקמה ולא לעניין היצר הרע. לא לעניין הנקמה, כעניין שאמרו אלמלא נזקקין זה לזה היו מחריבי העולם כולו, ולא לעניין יצר הרע שיגרום הצד ההוא שימשכו אחרי היצר הרע יותר מדאי, רק שיתאוו בה תארה לצורך קיום העולם. אמנם הרשות ביד

[127] איוב כה ב

[128] גמרא ראש השנה כג ב

[129] גמרא חולין ס ב

[130] תנחומא במדבר יט א

האדם להרבות בו ולהמעיט בו לדרך הטוב ולדרך הרע:

ונחזור בעניין משל הלבנה, כי אחר שהקפידה להמעיט את עצמה, וכמו שאמרה וכי בשביל וכו'. ועל הדרך שביארתי באה התשובה אליה בדרך פיוס להשיב אל דבריה, אשר הם לפנים משורת הדין, ואמרה שתזרח ביום ובלילה, כלומר שממשלתה גדולה מן החמה כי ממשלת החמה אינה רק ביום, וממשלתה ביום ובלילה, הרי כאלו הכל נעשה על ידה. ועל זה אמרו כי השיבה - שרגא[131] בטיהרא מאי בעי, כלומר אם צדקה איך משפט, כלומר מאחר שהחמה שולטת ביום, והיא נתנה לראש פינה וצריכה להמעיט את עצמה לקבל אורה ממנו, הרי כאלו אין ממשלתה ביום כלום, אמנם בפיוס הזה הראשון בא לומר כי הכל על ידה ומנהגת את הכל בכח החמה המאיר לארץ:

אמנם הביאו במשל עוד פיוס אחר שאמר לה הקדוש ברוך הוא - צדיקים[132] נקראים על שמך, שמואל הקטן, דוד הקטן, כלומר כי בזכות הצדיקים העוברים על מידותם ומדמים הצורה ליוצרה, ולא יתגברו כפי הכח השורה עליהם, אך נעלבים ואינם עולבים, על ידם תתעלה ותתפאר וכאילו הייתה עם המלך בחופתה ראשונה, ובזה תהיה גם נוחה בדיניה ולא תעורר. ועוד יתבונן זה העיקר למטה בהריסה ובאדם ובמרכבה:

ואמרו במשל כי עדיין לא נתפייס מפני כי איננו מן הדין, ולכן אמרו בסוף המשל - אמר[133] הקדוש ברוך הוא הביאו כפרה עלי על שמיעטתי את הירח. כלומר שצריכין להביא לשם הגדול תתקרב האישה הנקראת קרבן לה', ויהיה חוט של חסד משוך עליה, להעביר ממנה זוהמת הנחש, ותתפתה ברחמים וזהו שאמר במוסף ראש חודש - ראשי חדשים לעמך נתת זמן כפרה לכל תולדותם בהיותם מקריבים לפניך, והוא העניין שנתעוררו בקרבן ראש חודש מה נשתנה שנאמר בו לה', כי אם הטעם היה מפני כי הקרבן הוא לשם המיוחד. גם כל הקרבנות לשם המיוחד הן, אבל הטעם כמו שהזכרנו כי כאשר עלה במחשבה היות העטרה לראש פינה, לפנים משורת הדין, ולא היה העולם כדאי גם כן להשתמש באור הגדול ההוא צווה להביא כפרה

---

131 גמרא חולין ס ב

132 ילקוט שמעוני בראשית א טז

133 גמרא ראש השנה כג ב

לצורך עצמם על המעשה ההוא, ויהיה להם כפר מן הפגיעה:

וזהו מאמרם מה נשתנה שעיר של ראש חודש שנאמר בו לה'. אמר הקדוש ברוך הוא הביאו כפרי עלי על שמיעטתי את הירח, כלומר לפי שמיעטתי את הירח לפנים שלא משורת הדין, אתם צריכים כפרה שלא תעורר מידת הדין עליכם. ומילת עלי כמו אלי, כי השם הגדול הוא אשר צווה בכל המצות, ואמר להביא אליו קרבן:

או תהיה עלי בעבורי כמו - כי[134] עליך הורגנו כל היום. כלומר בעבור מעשה שמיעטתי את הירח ולפי הביאור הזה, ירמוז הקדוש ברוך הוא במקום הזה לתפארת. אמנם אם היינו אומרים שירמוז בו אל השם הנכבד המדבר בשליחות התפארת, תהיה מילת עלי כמשמעה, וכן נראה מן הכתוב שאמר גם כן להוי"ה, כלומר שאמר העטרה שיביאו כפרה בעבור מעשה ה' אשר עליה, כדי שלא תהיה שטוחה לפניהם מן הדין. אמנם לא יבא על שמיעטתי הירח, אל נכון אם לא נאמר שירמוז כי השם הנכבד, הגיד הטעם בלשון אשר בא אליו מן התפארת, והראשון נכון:

ומה שמורה בו לשון לפי שמיעטתי את הירח, כי השמש מעטו ולפי תחילת המשל נראה כי הפועל העליון מעטו, וכמו שאמרו בו - לכי ומעטי את עצמך, וכאשר בארנו כי הטעם מפני כי השמש נוח לו מאורו ומכהה את אורה, ועל הדרך שבארנו:

ומה שנרמז העניין הזה בקרבן ראש חודש במילת לה' וכאשר ביארנו, בעבור כי אז הוא זמן התייחד הלבנה בקו האמצעי אל החמה, לקבל כח ואורה ממנו להנהיג העולם ברחמים, ולרמוז עוד על סוד הקרבן, כי בו תתקרב האישה לה', ויהיה כפר מן הפגיעה. וזהו עניין סוד העיבור המשתלשל למטה עד הירח התחתון, בסוד חסידי ישראל היודעים זמן התחדש עטרת תפארת, כמאמר בברכת הלבנה - וללבנה אמר וכו', כי בעת הכנסת החתן והכלה בחופה אחת, אז החודש מקודש ומעובר בתפארתו, ומוליד את העבר, וכעניין שהמשילו הדבר לאישה מעוברת שילדה בעדים, שאמרו כי ראו הלבנה ולאור עבורו לא ראו ואמרו עליהם עידי שקר הם, היאך מעידים על האישה שילדה ולמחר כרסה בין שניה:

---

[134] תהלים מד כג

ובעבור כי עניין קדוש החודש, ועבורו רומז בנסתר עניין גדול, אמרו כי - זה[135] היה מן הדברים שנתקשה בו משה רבינו ע"ה, עד שהראה לו הקדוש ברוך הוא באצבע, וכדרך שאמרו כזה ראה וקדש. והאצבע היא הנבואה:

ומהדברים האלה שהרחבנו בהם יתבונן המשכיל, שלילת שנוי המחשבה ושלילת שנוי ההנהגה בעניין הבריאה, ויתבונן עוד כי ראוי לכל אדם היות קשה לכעוס ונוח לרצות. ואמרו רז"ל עוד - כל[136] המתפתה ביינו יש בו מדעת קונו, ומאמר זה מגלה קרוב טעם הקרבן. ויתבונן עוד כי הכעס מביא לסוף לעבוד עבודה זרה, שהרי כאילו מקצץ בנטיעות וכאשר יתבאר בהריסה:

ויתבונן עוד שורש מאמרם ז"ל שאמרו - כל[137] הגדול מחברו יצרו גדול ממנו, כי לא דברו בצדיק גמור אשר נטה להיות חסיד, כי לא יתכן לומר בו כי יצרו גדול או קטן, כי מלאך השם צבאות הוא, כעניין שנאמר על הכהן מצד חסדו - כי[138] מלאך ה' הוא, וכן לא דברו ברשע גמור כי הנחש בעצמו המלא זוהמה וארס, ונמשל כבהמה שעסקיה רעים, וכלו יצר הרע. אבל דברו בבינוניים המכלכלים עניינם באמת ובצדקה, שהוא הקו השווה וכאשר האחד גדול מחברו בתורה ובחכמה הרומזים לבניין כך הרוח, הכלול בכל מידה אשר ממנו התאווה שורה עליו יותר לדרך השלמות. ונמצא כי יצרו גדול כי בהיות הרוח כלול בקרב הצורה הנכבדת מעורר תמיד לצאת מן הכח אל הפועל, כי רוח צפונית מנשבת תמיד, מה שאין כן במקום שאינו כלול כל כך ופועל לעתים. ואינו[139] דומה מי שיש לו פת בסלו למי שאין לו:

ויתבונן עוד כי העטרה כלולה בכל ופועלת בכל ומשגיח בתחתונים בשליחות הכל ולכן נקראת שר העולם, וכן נקראת שליח כי היא המציאה את כל הנבראים התחתונים מכח עולם העליון אל המעשה התחתון, וכעניין שאמרו - מחשבה[140] ביום ומעשה עם דמדומי חמה. וירמזו בפנימיות עניין ביום לתפארת ודמדומי חמה לעטרה שהיא

[135] גמרא מנחות כט א
[136] גמרא עירובין סה א
[137] גמרא סוכה נב א
[138] מלאכי ב ז
[139] גמרא יומא סז א
[140] בראשית רבה יב יד

דמדום לתפארת הנקראת חמה, וירצו לרמוז כי המחשבה בבריאה בתפארת בעבור כי הקיום היה ראוי בו וכאשר בארנו למעלה, אבל יציאת המחשבה למעשה על ידי העטרה אשר הייתה לראש פינה, והנה הוא שר העולם כמשמעו בעבור שהוא מנהיגו של עולם התחתון, ומשגיח בו אמנם יונק מלמעלה ומשפיע למטה וכעניין שתף מידת רחמים עם מידת הדין וברא העולם:

ובבראשית רבה רמזו אל - השר ההוא במשל האדריכל והסרסור אמרה בפרשת נח על פסוק - ויתעצב[141] אל לבו, משל[142] למלך שבנה פלטרין על ידי האדריכל, ראה אותם ולא ערבה לו, על מי להתרעם, לא על האדריכל. משל אחר בפרשת נח על הפסוק שזכרנו, משל[143] למלך שעשה סחורה על ידי הסרסור, והפסיד על מי להתרעם, לא על הסרסור. עוד משל אחר במדרש - למינקת שנרדית בסרחון בית המלך:

וכל אלה המשלים אליה רומזים והוא רמז להסתרת פניה המאירים בעת הזעם, וכעניין והיה בענני ענן על הארץ הרומז שתחשך הארץ ואין אור השמש דורשה, ומלת אדריכל וסרסור ומינקת רומזים לשר העולם, וכן מילת לב המלך רומז לתפארת. רמזו - אם[144] ייטב בעיני המלך, את מעשה האדריכל או סחורת הסרסור או גדול בניו במינקת. והוא כאשר יהיה הבניין טוב בעיני המלך, או הסחורה, או גדול בניו, יבא המלך לשכון בבניין הבנאי, או יעמד בסחורת הסרסור, או עם בניו בביתו, ויקרא בשלום האדריכל והסרסור ומהגדלת הכל שלום. ואם לא ערבו לו מעשיהם בעבור היות נמשכים אחר שרירות לבם אז יתעצב המלך אל לבו, ויסתלק ממנו מחמת זוהמת הנחש אשר בביתו, כי אין אדם דר עם נחש בכפיפה בבית אחד, שהוא בכפיפה וזה בקומה, ויתוסף זוהמת הנחש על חוה ומזוהמה ההיא יעלו האמות וכל השרים הממונים עליהם מתפרנסים ממנה ובהיות מעלה לאמות העולם אז יורדים ישראל בפשעיהם ובטומאתם וישולחו עם אימם מארץ מולדתם לתחת ידי האמות אל ארץ לא להם ועבדום וענו אותם כי שם כחם ומפני דבקות האם על הבנים היא עמהם בצרתם כעניין שנאמר

141 בראשית ו ו

142 בראשית רבה א טו

143 בראשית רבה ח ג

144 אסתר א כא

בכל צרתם לו צר והוא באור הרדיה אשר נרדית בעבורה והטמאה שנטמאת בזוהמתן ועוד יתבאר באדם:

ויתבונן העניין שדרשו ז"ל - גלו[145] למצרים שכינה עמהם גלו לעילם שכינה עמהם, עם מה שצריך להתבונן עוד מה שבארנו למעלה כי בזכות הצדיקים המדמים הצורה ליוצרה שכינה שורה בתחתונים ויותר ויותר על הצורה הטהורה ההיא, כי מצא מין את מינו ונעור עד - שהנקבה[146] תסובב גבר, ויתחכם בתורה, ובחכמה, ובמצוות אשר טרח בהן תמיד, עד שיתנבא וידע כל העתידות. אבל כאשר ימרה בתורה ובמצוות, אשר הם דוגמת הדמות היטמא צורתו, ויחשב כבהמה להתרחק מן הקדושה ומן הנבואה, אשר בפועלים ולא יהיה כדאי להשתמש בשרביט המלך:

וזהו באור העניין כי על עניין סילוק השפע איננו עניין שיהיה חסרון למינקת חלילה בצד מהצדדים, אך החיסרון ההוא לבנים המשחיתים אשר מקבלים הפך הטוב, ההוא מצד מרדם ובשלוח האם ישולחו הבנים. וכעניין - שנאמר[147] והנני משחיתם את הארץ, אשר נסתרו כי בהשחתת הארץ, ישחתו גם הם כי תכה בהם מכה גדולה, כדי שישובו מדרכם לשוב עמה מבית עבדים, אל בית המלך פנימה:

נמצא כי החיסרון כולו לישראל, הם המקבלים הפך הטוב הראוי להם, אם יהיו טובים ונוכל להתבונן זה בנבואתן של נביאים, אשר היו צדיקים גמורים, וראינו כי נבואת אחד מהם מבוארת יותר מזולתו ונבואת משה רבינו ע"ה, מבוארת יותר מכולם. והטעם בעבור כי מעלת משה בנבואה הייתה יתירה על מעלת זולתו, וכן מעלת נביא הייתה יתירה על מעלת זולתו, ואין החיסרון הזה מעם השם יתברך, רק מחסרון המקבל, ומחיסרון הנביא ומחסרון דורו, שלא היו ראויים להיות להם נביא, כמו דור המדבר שהיה דור דעה, ונזדמן בו משה רבינו ע"ה:

כללו של דבר, אין החיסרון במנהיג, לא ביכולת, ולא בידיעה, ולא בחפץ, ולא בשנוי רצון, כי - השם[148] אחד ושמו אחד, בכל שמותיו ובכל מידותיו וכאשר בארנו באחדות. אך החיסרון הנראה מצד

---

145 מדרש ספרי במדבר לה

146 ירמיהו לא כא

147 בראשית ו יג

148 זכריה יד ט

המקבל ההוא, כפי מה שהוא וכפי הזמן וכפי הדור. וכעניין שאמר משה רבינו ע"ה מבלתי יכולת ה' שענינו, שבקש שלא יגרום החטא שיעזבם, ויאמרו שאין בו יכולת להצילם, ומפני כי ידבר בשר ההוא, אמר יכולת ולא אמר יכול, לרמוז אל צורת הנקבה:

<u>פרק תשיעי</u>

<u>שער ההריסה:</u>
בו יתבאר עניין קצץ בנטיעות, שהוא המינות והאפיקורסות והעבודה זרה, ויתגלה בתוכו עניין המנורה והלולב והאתרוג, והשלחן ולא מצאתי והאתרוג, ויובן משם טעם מניני השמיניות עם ערך המניין, ומהנה יתבאר עוד סוד העיבור על דרך הכלל, המקובל בו עם סוד הייבום וענייניו. אך עניין הלולב אבאר עוד בערך המניין בהמשכת ענינו:

ואחל ואומר כבר ביארתי ב**שער הטעם** כי נגנז האור הראשון בסיבת חטא האדם, ונשארה ההשגה בשר העולם, וגם זכרתי עוד - כי[1] שמי בקרבו. ומפני כן אצטרך להזהיר בעבודה הזאת להישמר כל איש מפניו, פן[2] יהרוס לעלות אל ה' ולהתבונן ולראות יותר מן הראוי לו:

והאזהרה הזאת הוא מפני כי מידת הדין הוא השומר את דרך עץ החיים, בכרובים ובלהט חרבו המתהפכת, וכן צריך להישמר שלא להמיר בו, כי כל הממיר בו ממיר בשמו הגדול אשר בקרבו. ואולי כי ביתרון ההתבוננות בשר יבוא המתבונן לטעות בו, בצד מהצדדין על ידי מעוט חוכמתו והשגתו וכאשר יתבאר, ועל ידי כן תהיה מידת הדין שטוחה לפניו לפגוע בו, כי ההריסה והקצוצין בעניינים רבים יש הורס מעט, ויש הורס הרבה:

וראה מה אמרו על בן זומא ובן עזאי על הכנסם לפנים מהמחיצה הראויה לכל אחד מהם לפי חכמתו - בן[3] זומא הציץ ונפגע, בן עזאי הציץ ומת, כי לא כל הרוצה ליטול את השם ייטול ואין כל אדם משתמש בכתר מלכות, כי יבא הנער השומר את השער לפגוע בו, ועל זה נאמר - דבש[4] מצאת אכול דיך פן תשבענו והקאתו. ואמרו רז"ל - בבני[5] העלייה הא דעייל בבר הא דעייל בלא בר. ופירשו כאן ברשות כאן שלא ברשות:

---

[1] שמות כג כא
[2] שמות יט כד
[3] גמרא חגיגה יד ב
[4] משלי כה טז
[5] גמרא סוכה מה ב

גם אמרו רז"ל כי הראיה כנגד מקום הכבוד קשה, אמרו - המסתכל[6] בידי הכהנים בשעה שנושאין את כפיהן במקדש עיניו כהות, והטעם כי השכינה שורה בברכתם, על עשרה אצבעותיהן שנושאין למעלה, כנגד העשר:

ואמרו רז"ל - המסתכל[7] בקשת, כמי שלא חס על כבוד קונו וראוי לו שלא בא לעולם, מפני שהקשת נרמז לעטרה, וכמו שדרשו ז"ל שם - את[8] קשתי נתתי בענן, דבר המוקש לי. כמו קשין דפריא [**היב"ש** - הקשין המחברים בפרי]. ואמרו עוד - כל[9] הרואה ערותו קשתו נגערת, וכאשר נתבונן בפינת האדם, ברמז צורת העטרה:

ואמרו בפרקי רבי אליעזר כי - ערית[10] אשת לוט הביטה בעבור בנותיו ראתה אחריו שכינה וחזרה נציב מלח. כי העטרה היא שכינה, והייתה שופעת בסדום, ונעשתה נציב מלח, מידה כנגד מידה היא הציצה אחורי העטרה הנקרא מלח, ולא הסתיר טעם זה מאמר רז"ל שאמרו - מפני[11] שלא נתנה מלח לעניים, כי העטרה נקרא מלח על כי היא מעורבת בין שני המידות, כי בא מעשה ונזכר העניין:

ואמרו - כי[12] המתפלל צריך שייתן עיניו למטה ולבו למעלה, וכאשר יתבאר עוד למטה. ושמענו בהבל כי אולי נענש להיהרג בעבור כי כאשר שעה ה' אל מנחתו, ותצא אש מלפני השם ותאכל את מנחתו, הציץ באש ההיא ונענש. ואולי כי כן האמת בעניין ההריגה, ואמנם למטה ארמוז כי קיום העולם לא היה ראוי בו ואף אם לא נהרג:

וכן שמענו במשה ע"ה בעניין - ויסתר[13] משה פניו כי ירא מהביט אל האלהי"ם, ידע את אשר נעשה לו כבר בהבטתו, וכעניין אשר נזכיר עוד למטה בקבלה בעניין גלגולו הנח, לך כי אף ראיית דבר נגד המקום הכבוד, או ראיית דבר לכבוד השם יתברך, ואף כי יהרוס לגנאי בדבור או במחשבה או במעשה, וכאשר יתבאר למטה בין בסתרי תורה, ובין בדברי רז"ל:

---

[6] גמרא חגיגה טז א
[7] גמרא חגיגה טז א
[8] בראשית ט יג
[9] גמרא סנהדרין צב א
[10] פרקי דרבי אליעזר פרק כה
[11] בראשית רבה נ ד
[12] גמרא יבמות קה ב
[13] שמות ג ו

הנה חטא אדם הראשון בפרי שנמנע ממנו, כי בין למאן דאמר אתרוג היה, בין למאן דאמר תאנה, בין למאן דאמר חטה, בין למאן דאמר ענבים. לדברי הכל הפרי רומז לעטרה. אך אחד הטמין והעמיק בעניין ובעיון יותר מחברו, כפי חכמתו, כאשר יוכל להתבונן המשכיל, כי כבר ידעת כי תאנה לשון **תואנה**, וכן דרשו בבראשית רבא בפסוק - ויתפרו[14] עלה תאנה עלה, עילה[15] שמביא תואנה לעולם. ובחטה נרמזת החכמה, כמו שאמרו - אין[16] התינוק יודע לומר אבא ואימא עד שיאכל דגן, והוא דומה לכליות היועצות בסדקן. ובאתרוג נרמז אל העטרה בחמוד, כי תרגום וכי[17] תאוה הוא לעיניים, **דמרגג** כי שם כל כלי חמדה, והחמוד באותו מקום, וכל המתאווה והחומד באותו מקום הוא. ובענבים כל הבניין דומה לאשכול, בעניין שנאמר- אשכל[18] הכפר דודי לי, אך הענבים הם תכלית הרצון שבאשכול כי מהם יאכלו ומהם היין, כי כלם מריקים הברכה אל העטרה, וכבר דברתי בזה במידה העשירית בשמות. כללו של דבר חפש דבריהם ז"ל והם ביאור כאור בהיר בקבלה:

ומעתה נחזור לעניין החטא, אמרו בחוה - כי[19] סחטה ענבים ונתנה לאדם, לומר כי העמיקה בחטא ההוא הרבה, כי בקשה להגביר כחה על כח בעלה בעולם השפל, ולומר שכחה יהיה עיקר, ומפני כי הטעית את בעלה ענשה גדול ממנו, ונהפך הדבר במאמר - ואל[20] אשך תשוקתך והוא ימשול בך, בין בעליונים בין בתחתונים, מכל מקום טעה והודה ואמר כי - השמים[21] שמים לה' והארץ נתן לבני אדם. והנה הרס לחלק את הפועלים, והסיבה בזה מפני כי לא השיגה חכמתו אך במעלת המנהיג שהוא העטרה, הנרמז בפרי שאכל. ולכן חשב כי דיו בפרי שהוא קיומו של עולם, ואליו ישא את נפשו וכפיו להתפלל, ולא שת לבו רק לזאת. ובעבור כי כוון להפריד הפרי מן האילן, שהוא עץ החיים נענש, הוא וזרעו בהפרדת הנפש מן הגוף, מידה כנגד מידה כי

14 בראשית ג ז
15 בראשית רבה ג יט
16 גמרא ברכות מ א
17 בראשית ג ו
18 שיר השירים א יד
19 בראשית רבה יט ה
20 בראשית ג טז
21 תהלים קטו טז

היה ראוי לחיות לעולם כמו שזכרנו בפינת הטעם. והנה חטא במחשבה ובמעשה, כי נמנע מן הפרי של מטה מלאכול, פן יוליד לו חפץ להמשיך אחר יצרו, ותהיה סיבה זו מיתתו, כי כאשר ימשך למטה אחר פרי, זה ימשך עליו הפרי העליון וימות בו:

ובפינת הטעם זכרתי כי חטא האדם, וענשו נרמזים בפסוק - הן[22] האדם היה כאחד ממנו לדעת טוב ורע. והרמז הוא במילת לדעת שהוא כעניין וידע אלהי"ם, ומפני שהיה לו לדעת טוב ורע, ולא ידע אך בחר ברע ומאס בטוב, והנה חטא בשנים ונענש בשנים בגוף ובנפש, כמו שנאמר - ועתה[23] פן ישלח ידו וגו', וכמו שנתבאר שם כי העונש ההוא הוא גרם המיתה, והוא מידה כנגד מידה:

עוד יתבונן חטאו של אדם ממה שהזכירו ז"ל בתשובתו, אמרו רז"ל - שור[24] שהקריב אדם הראשון קרן אחת הייתה לו במצחו, שנאמר - ותטב[25] לה' משור פר מקרין מפריס. דרשו מקרן חסר יוד, והקרן רמז למלכות, כדרך - וירם[26] קרן משיחו, אצמיח[27] קרן לדוד. ואמרו אחת לרמוז כי תקן מה שקלקל, הוא קלקל ביחוד לחלק את הפועלים, וחזר בו הביא שור בקרן אחת, ולכן אמרו במצחו שהוא באמצעותו של ראש, לרמוז בו כי לא הטה הקרן הרומז לעטרה שהיא המלכות, מקו האמצעי שהוא התפארת:

ומעין חטאו של אדם, חטאו אנשי דור הפלגה באמרם ונעשה לנו שם. וכבר ידעת כי מילת **שם** רומז לעטרה, ובעבור כי לא שתו לבם רק לזאת, כי חשבו כי זאת תספיק להם צורכם בעולם השפל, והפרידו הארץ מן השמים, נענשו גם הם מידה כנגד מידה ונתפרדו בארצותם לגוייהם הפך כוונתם אשר תתבאר למטה, ובעבור כי חטאם הראשון היו שווים במלחמה אמרו בפסוק - אשר[28] בנו בני האדם, אמר[29] ברכיה אטו שאר אנשי בני חמרייא בני גמלייא. אלא בנוי דאדם קדמאה שעשו כמעשה אדם:

---

[22] בראשית ג כב
[23] בראשית ג כב
[24] גמרא חולין ס א
[25] תהלים סט לב
[26] שמואל-א ב י
[27] תהלים קלב יז
[28] בראשית יא ה
[29] בראשית רבה לח ט

אמנם יש לדעת כי כוונת אנשי דור הפלגה מצד אחד טובה הייתה, כי בראותם ממשלת מלאכים, וכח מערכת הכוכבים והמזלות בארצות, בקשו להוציא את עצמם מתחת ממשלתם, ולחסות תחת כנפי השכינה שהוא מקום היחוד, וחשבו כי על בניה אשר יזמו לעשות והוא עניין בניין עיר שהוא מראה הנבואה, כאשר יתבאר בפינת האדם, כי מיד תשרה השכינה עליהם ולא יתפרדו בארצות תחת השרים הנחלקים לאקלימי הארץ, וכמו שיתבאר גם בפינת האדם, וישיגו במראה ההיא כל חפצם, וכמו שנאמר - ועתה[30] לא יבצר מהם כל אשר יזמו לעשות. וכלל מחשבתם היות מושל עליהם היחוד, שהוא אלה"י האלהי"ם ואדני האדונים, כדי שלא יתפזרו וישרה עליהם רוח הקדש, ומחשבה זאת טובה הייתה:

אבל החטא היה באמרם ונעשה לנו שם כאשר זכרנו, וכבר הזכירו רז"ל על וראשו בשמים - שהניחו[31] עבודה זרה ונתנו חרב בידה. אמנם הוזכר בעונשם שם של רחמים כמו - וירד ה'. וכן - הבה נרדה, כי עניין הירידה הוא להיות רחמים בדינו, שלא לחבל וכאשר רמזתי בפנות הטעם בעניין הקרבן, וטעם הרחמים עליהם שלא להשחיתם הוא כאשר זכרנו, כי בקשו לחסות תחת כנפי השכינה, ולא כוונו להשחית דבר מבריאת המנהיג, ולכן הניח להם חיים היות להם חלק עוד לעולם הבא, אם ישובו בתשובה:

אבל דור המבול השחיתו דרכי הבריאה, והוא גנאי לשר הפועל והמנהיג מאסם גם השם הגדול, ולא רחם עליהם, וכאשר יתבאר עוד למטה וקרוב לחטא האדם:

וחטא של דור הפלגה היא עניין מעשה העגל במדבר, כי כל ישראל חוץ ממשה לא השיגו ולא שמעו זולתי קול, הרומז לעטרה, והיא היד הגדולה אשר השיגו על הים, כמו שנאמר - וירא[32] ישראל את היד הגדולה, והיא הרומזת למידת הדין, ולכן בנסעם במדבר אל מקום חרב ושממה, חשבו כי טוב להם השר ההוא ללכת לפניהם במקום חרב, כי שם כחו וגבורתו כי הוא בעל המלחמות, והחרבן ויסודם כי מאתו הכל:

---

[30] בראשית יא ו

[31] בראשית רבה לח ו

[32] שמות יד לא

ואם לא הייתה כוונת כולם רק לעורר כח הגבורה להנהיגם במקום ההוא, ולא ישכחו את השם הגדול אשר בקרבו, אשר הוציאו ממצרים, וכעניין שנאמר - אשר[33] הוצאת מארץ מצרים בכח גדול וביד חזקה. כח גדול רמז לתפארת, וביד חזקה רמז לעטרה, ותהיה כוונתם כמו שהייתה בקרבנותיהם במקום ההוא שהקריבום פרים, כנגד מידת הדין, והיו כלם שלמים שלא תהיה מידת הדין שטוחה לפניהם, אז הייתה הכונה טובה:

אך כוונת קצתם הייתה רעה לקצץ בנטיעות, ולא שתו לבם רק לזאת והיא העבודה זרה שעשו, ובעבור כי העטרה נקראת שור, עשו הצורה של עגל, כי עגל בן יומו קרוי שור, והנה לקחו להם אחד מרגלי המרכבה, וכעניין שנאמר - ופני[34] שור מהשמאל. וכמו שיתבאר בפינת המרכבה, ועשאוהו עוד מזהב לרמוז אל מידת הדין, כי - הזהב[35] מצפון יאתה, כי מהשמאל העשר נמשך וכמו שנאמר ובשמאלה עשר וכבוד, ומפני הכוונה הרעה הזאת פגעה בם מידת הדין, ונפלו מהם כמה:

אמנם מפני שלא השוו כוונתם כולם, כי יש מהם כוונו לטובה כמו שזכרנו לעורר להם כח הגבורה, ויש מהם כוונו לקצץ בנטיעות כמו שזכרנו גם כן, ויש גם כן מי שנוטה לבו לעבודה זרה ממש לשור שבמרכבת יחזקאל. אמרו כי משה ע"ה בדקם כסוטות, ומפני שלא חטאו כולם לא נאסר להם הבשר לגמרי כמו לאדם הראשון, שנאמר עליו - ואכלת[36] את עשב השדה:

אמנם מפחד חטאם נאסר להם בשר תאוה, וצווה אותם להביא בחמתם אל פתח אהל מועד, לשוחטם ולהקריבם שלמים, עד כלות הדור ההוא, כי יש לך לדעת כי בהיות אדם צדיק גמור אימתו מוטלת על כל הבהמות, כמו שנאמר - ומוראכם[37] וחתכם. וכולם נבראו לצרכיו, כי הוא נברא בדמות עליון, וראוי הוא היותו מלך על הכל, ומותר לאכול בשר בעל חי, וכעניין שאמרו על - אדם[38] הראשון טרם שחטא כי היו מלאכי השרת צולין לו בשר ומסננין לו יין. ואחר שחטא נהפך עניינו

[33] שמות לב יא
[34] יחזקאל א י
[35] איוב לז כב
[36] בראשית ג יח
[37] בראשית ט ב
[38] גמרא סנהדרין נט ב

ונאסר לו הבשר כמו שזכרנו, שנאמר - ואכלת[39] את עשב השדה. והייתה אימת החיות מוטלת עליו, וכאשר בא נח הצדיק והיה אחר המבול שהיה הזמן כמו יצירה חדשה, והקריב קרבן עולה בכוונה שלמה, הותר לו הבשר כמו שאמר בו הכתוב - כירק[40] עשב נתתי לכם את כל. וכן אחר כלות דור המדבר וזכה הדור השני בצדקו להיכנס בארץ הנבחרת, הותר להם בשר תאוה, ובדור הפלגה לא נאסר להם הבשר, כי באו לחסות תחת כנפי השכינה כמו שזכרנו. ואמרו ז"ל - עם[41] הארץ אסור לאכול בשר:

ונדב ואביהוא בעבור שלא כוונו בהקריבם רק לפני השם, והפנים רמז לעטרה, לכן עשוה זרה, ונענשו בפרידת נפשם בלא עת כי פגעה בהם מידת הדין, מידה כנגד מידה:

והקצוצים שאמרנו רמוזים גם בפסוק - ומן[42] אז חדלנו לקטר למלכת השמים חסרנו כל. נקרא מלא באלף וכתוב חסר, נקרא מלא לרמוז למערכת הכוכבים שהיו משתדלות בכשפים במערכות השמים ומקטרות להם, וכתוב חסר לרמוז לעטרה שהיא מלכת השמים, כלומר כי כוונו גם כן לקצץ בנטיעות, ואולם כי גם במילת **כל** נרמז גם זה כי העטרה נקראת **כל** לומר שמן אז שחדלו לקטר למלאכת השמים, חסרו הכל כי הוא להם לבדו:

והנה הבינות כי אדם, ודור הפלגה, ודור המדבר, ונדב ואביהוא, אף על פי שמעשיהם וכוונתם לכבד את השם הנכבד, נענשו כי בריבוי כבוד לשליח מעטו בכבוד המשלח, וכאלו הכל תלוי בשליח, והארץ נתן לבני אדם:

וכבר בארנו בפינת הטעם עניין השיתוף ואין קיומו של עולם רק בגזרת והוא ימשול בך, והמשליט את האישה יסתלק שפע הרחמים, ובסילוקו המינקת נרדית כטעם המכעיסים אותי על פני, ואז נתן רשות למשחית לחבל מצד הנחש, ולעתים אינו מבחין בין צדיק לרשע, כעניין מיתת בכורי מצרים, שנאמר בו - ואתם[43] לא תצאו וגו':

בוא וראה בדור המבול איך פגעה בם מדה קשה כאשר השחיתו את

39 בראשית ג יח
40 בראשית ט ג
41 גמרא פסחים מט ב
42 ירמיהו מד יח
43 שמות יב כב

דרכם כי בהשחתתם, מאסו בפעולת הפועלים אשר הוא טוב וישר לקיומו של עולם, ולכן נסתלק שפע הרחמים, ובא הנחש והטיל זוהמא על חוה, ונשחת הכל. והוא שכתוב - ויתעצב[44] אל לבו. וכבר ידעת כי הלב רומז לעטרה, ועצוב הרחמים הוא רדוי המינקת, כי אין השם עומד בין השורים כאשר היה בצאת נח מן התיבה, כאשר יתבאר למטה. אך אמר הכתוב - וינחם[45] ה' כי עשה את האדם בארץ. כלומר נחם ה' הגדול כי עשה את האדם על ידי העטרה הנקראת ארץ, וכן אמר נחמתי כי עשיתם, חסר יו"ד בין תי"ו למ"ם, כלומר אמר התפארת לעטרה כי נחם שעשאתם ולכן נתעצב, והוא הרדוי שהזכירו ז"ל, והנה נשחתו אפילו ברחמים כי נהפך להם לדין בהסתלקו:

וזהו שנאמר - ויאמר[46] אלהי"ם לנח וכו' והנני משחיתם את הארץ. כלומר שהוא ישחיתם עם הארץ העליונה, כי בהשחתת הארץ ישחתו הם, והנם נכרתים מן העולם הבא ומגן עדן, ואין להם חלק בהם. ותוכל להתבונן למה לא הוזכר בדור המבול השם הגדול רק מילת אלהי"ם - כי[47] המשפט לאלהי"ם הוא. אבל בצאתם מן התיבה אמר הכתוב - זאת[48] אות הברית וכו' בין אלהי"ם ובין כל נפש חיה אשר על הארץ. ופירש בבראשית רבה - אלהי"ם[49] זו מידת הדין של מעלה. אשר על הארץ זו מידת הדין של מטה, של מעלה קשה ושל מטה רפה, הבינו זה ממה שאמר הכתוב על הארץ, הנה שרמז בפרשו כי האומר שהוא הרחמים יקום בין השוורים, ולא יהיו נזקקים זה לזה:

ותוכל להתבונן עוד עניין דור הפלגה שזכרנו שלא נדונו בקשה אך ברחמים ולכן נאמר עליהם שם של רחמים כמו וירד ה' הבה נרדה כי ירידת השם היא היות רחמים בדינו והניח להם חיים בעולם היות להם חלק לעולם הבא אם ישובו:

ואנשי סדום לא נמצא בחטאם קצוץ גדול כמו שמציינו באחרים, אך כי רז"ל הזכירו בהם דברים רבים כי חסרו מכל דבר חסד, ומפני כי היו רעים וחטאים לה' מאד שהוא השם שגדול לחסר מחסדו כי רובו

---

[44] בראשית ו ו
[45] בראשית ו ו
[46] בראשית ו יג
[47] דברים א יז
[48] בראשית ט טז
[49] בראשית רבה לה ג

חסד, באה אליהם מידת הדין לצעוק עליהם למצוא להם זכות, וכאשר נראה שם מן הכתובים כי אברהם בהתפללו בעדם, הזכיר השם הגדול באדנ"י, כי חשב שכבר נגזרה עליהם הגזירה במידת הדין והשם השיבו תמיד ברחמים, שהרי נכתב השם בהוי"ה, והמשכיל ישכילהו משם:

ויש הריסה שהוא כעניין גנאי לשר, ההוא כמו חטאו של קין בקרבנו, כי הבל אחיו הביא מבכורות צאנו ומחלביהן, ועשה קרבן נאה בעין יפה כדי להמשיך חוט של חסד, להביא חיים וברכה עד העולם כדרך הקרבן, אבל קין הראה בקרבנו עין רעה שלא הביא רק מפרי האדמה, ולא מחלבו, ובבראשית רבה אמרו - שהביא[50] מזרע פשתן. ואולי מפני כי יש עניין רמוז בפשתן אמרו כן בקבלה ומפני שלא כיון יפה באדמה, או אולי לא כיון רק באדמה, ואולי רמז בה מעוט כח בהיותה מקבלת מלמעלה, לכך נאמר - וישע[51] ה' אל הבל ואל מנחתו. ואל קין ואל מנחתו לא שעה:

ובראותו כי לא שעה אל מנחתו, חרה אפו והתקצף, אף במלכו להרוס יותר בהריגת הבל, כי ידע כי הוא ותאומתו, והבל ושתי תאומותיו, ואדם וחוה שהיו שבעה, היו דוגמת הבניין וכאשר יתבאר בשביעיות ובהם קיום העולם ראוי. ואדם וחוה היו שרש לבנים, כמו שהאילן שרש לענפים, ובהיות ידוע כי השורשים לא יוציאו פירות אך הענפים, חשב כי אביו לא יוליד עוד, כי הוא ואשתו כמו שורש האילן אשר הוציאו הענפים שהם הוא ואחיו ותאומותיהם, וקיום העולם ראוי בהם דוגמת עליון. ומפני שלא שעה השם אל מנחתו חשב להרוג את אחיו את הבל, ומאשר יחסר מן המניין הנכבד אחד, או יחזור העולם לתהו ובהו, או יתקיים ממנו על כל פנים. וקם עליו והרגו אלהי"ם נפש, ושתלו לאדם זרע אחר תחת הבל, וממנו הושתת העולם, הפך מחשבת קין הסכל שלא ידע ולא הבין כי אף על פי שהגזע לא יוציא פרי, מכל מקום כאשר ייבש הענף יש לחות בשרש להוציא ענף אחר תחתיו, שיוציא פרי, והוא עניין גלגול הנפש הנקרא סוד העיבור אשר אני עתיד לדבר בו בסוף המבוי הזה, כי נתגלגלה נפשו של הבל בשת ונשתת ממנו העולם, כי קין לא היה ראוי בקיומו של עולם, אף על

[50] בראשית רבה כב ה

[51] בראשית ד ד-ה

פי ששב בתשובה מפני שרצח:
והנה קין חטא בשנייה אחרונה, בכוונתו הגרועה בקרבן, והשני בחושבו בו להרוס אחד מן המניין שהיה ראוי לקיומו של עולם בדוגמת עליון, ולכן נענש בשני עונשים, אחד היותו נע ונד בארץ, והוא כנגד מחשבתו הרעה בבניין, לנגד אותו נדנד אותו. העונש השני אף על פי שחזר בתשובה, כבר נגזר עליו שלא יתקיים העולם בו ובזרעו, ואולי כי נשארה אשתו של נח שהייתה מזרעו של קין, והטעם יתבאר במבוי השביעית:
עוד יש הריסה שהוא כעין גנאי, כי בהשיג החכם כי אין תועלת בפעולת השליח, רק בהסכמת משלחו, וכעניין אשר יתבאר במבוי הטעם ויאמרו כי אין כח בשליח, וההריסה הזאת רמוזה על המרגלים אשר הוציאו דיבה רעה על הארץ, וכוונתם רעה בארץ החיים כמו שנתעוררו ז"ל בפסוק - כי[52] חזק הוא ממנו. ולכן נענשו שלא יכנסו בארץ מידה כנגד מידה, להריסה כזאת יש מתברך בלבבו לאמור - שלום[53] יהיה לי. ואין[54] יראת השם במקום ההוא. וההריסה הזאת היא אשר אזכור למטה עוד בעניין היחוד, במשל של בת מלך:
עוד יש הריסה קלה ראיתי לבארה, כדי להתבונן ממנה כמה יש להיזהר בענייני השר ההוא, והוא עניין החטא של משה ואהרן בהכותם בצור פעמים, והם לא פשעו במעשה ההוא רק בעבור ישראל, שהיו יכולים לטעות בו ולומר כי כל הכח על יד השליח שלא בהסכמת משלחו, ולומר כי אין כח באמונה להיעשות נס כזה על ידה. האמת לכן נענשו בביאת הארץ מידה כנגד מידה, הם לא קדשו את הארץ להראות כי יש בה כח להיעשות נס זה על ידה, וזהו שאמר הכתוב - יען[55] לא האמנתם בי להקדישני וכו'. כלומר שלא נתנו אמונה בשמו לקדשו לעיני העם, וכן אמר להם משה - גם[56] בי התאנף ה' בגללכם, לא היה הכעס אלא בגללם, אבל הם לא פשעו שהרי לא הודיעם השם הגדול שיעמוד שם על הצור, כאשר הודיע בחורב שאמר - הנני[57] עומד

52 במדבר יג לא
53 דברים כט יח
54 בראשית כ יא
55 במדבר כ יב
56 דברים א לז
57 שמות יז ו

לפניך שם על הצור בחורב, ולכן הכו פעמים כנגד השם הגדול והשם הנכבד, ועם כל זה נענשו בשביל שאר ישראל שהיו יכולין לטעות בעניין, וכמו שמפורש במשנה תורה:

גם אחר סמך על חדוד חכמתו וטעה בשר ההוא, אמרו ז"ל - ראה[58] מטטרו"ן שהיה יושב וכותב כתרים לאותיות וזכותן של ישראל היה כותב אמר גמירי שלמעלה אין ישיבה וכו', עד שמע מינא שתי רשויות יש. הנה כי הציץ כל כך השר ההוא, עד שהשיגו ברחמים, וכעניין שכתוב - כי[59] שמי בקרבו. וכתיב - ישראל[60] אשר בך אתפאר. ונתהפך לישראל מידת הדין לרחמים, והוא עניין שהיה כותב זכותן של ישראל, כלומר שהסכים בשורת הדין על טובתם, והישיבה היא ההמתנה, כלשון - יושב[61] תהלות ישראל, שהוא ממתין לקבלם וכעניין הוו מתונין בדין. והכתיבה היא הפסק דין, וההסכמה. והנה הוא מוחץ ורופא, ומפני כי נכנס והציץ לפנים מן המחיצה הראויה לו, להביט בשר ההוא, עד שטעה בעניינו נסתלק מן השר השם המפורש, והיא המחייה שאמרו - אפקוה[62] למטטרו"ן ומחיוה בשתין פולסי דנורא. ומנין שתין, רמז לשש קצוות שכל אחד כלול מעשר, וכאשר יתבאר במבוי השביעיות, ועיקרם השם המפורש, וקראום פולסי דנורא, כלומר ניצוצי האש שהיא העטרה, והיא אש גמור במחייה הזאת, כי בהסתלקות השם הגדול נשאה הכל אש, וכמו שנתבאר במבוי הטעם בדרוש איש ואשה, ונענש במחייה הזאת שיציתה בת קול ואמרה - שובו[63] בנים שובבים וכו', ומניעת התשובה הוא הקשה שבדינין:

והטעם שנמנע ממנו, אולי בעבור שנתחזק בטעותו כל ימיו, וכאשר אמרו - כי[64] נשרו ספרי מינות מחיקו, על הדרך הזה שמעתי, אך בגמרא במיטב התבוננתי ובליבי צפנתי:

ועוד יש הריסה במי שכופר בתורה שבעל פה, בעבור כי יסוד תורה שבכתב ותורה שבעל פה הם הפועלים, תורה שבכתב התפארת,

---

58 גמרא חגיגה טו ט
59 שמות כג כא
60 ישעיהו מט ג
61 תהלים כב ד
62 גמרא חגיגה טו ט
63 ירמיהו ג כב
64 גמרא חגיגה טו ב

ושבעל פה העטרה, וכאשר יתבאר במבוי שמות המידות, וכאשר נתבונן במבוי הנבואה, וכמו שאין השגת התפארת, כי אם בעטרה, כן אין השגת תורה שבכתב אלא על ידי תורה שבעל פה. וכעניין משנה תורה שנאמר בו - הואיל[65] משה באר את התורה הזאת. וכבר ידעת גם כן כי משנה תורה בשם הנכבד, והוא שעשה למשה שליח בינו ובין ישראל, כאשר מוכיחות כל הפרשיות למשכיל, ושם באר משה כל המצוות שנצטוו כבר, וכל שכן שהתלמוד מבאר כל דקדוקי המצוות כולם וטעמיהם. ומכל אלה יתבונן המשכיל כי תורה שבכתב ותורה שבעל פה עניין אחד, וחבור אחד, ולא יתכן זו זולתי זו, ומהם יתבונן סודותיהם בייחודן, כי הכופר בתורה שבעל פה הוא המקצץ בנטיעות, כי שמו בקרבו, וזה מבואר:

והזכירו בבלעם שנדון בשכבת זרע, כי נתעסק בכשפיו בזרע רותח, ר"ל תכף יציאתו ורוח טמאה שורה עליו על ידי כשפים, וכעניין שאמרו באחיזת עיניים המעביר שבע מיני זכור על עיניו, ואין צורך ביאור, כי העובד לשדים, או לכוכבים, או למזלות, או לשרים, שהוא הורס ומבזה את קונו, כי העטרה מקנאה בעובד לאלהי"ם אחרים, ובישראל יותר, וכאשר נתבאר במבוי האדם:

ומשם נתבונן עוד כי לפי הצורה הנכבדות אשר היא באדם, שאין לה חטא שיחטא בו האדם, שלא יהרוס כי יטמא את צורתו הנכבדות בטומאת היצר הרע הנמשכת מהשמאל, חוץ לבניין כי הצדיקים גמורים אפילו במיתתן אינם מטמאים, שהרי לא נטמאו בזוהמות של נחש:

ואחרי שהגעתי לזכור קצת מעשי החוטאים, אשר הרסו אל ה' לראות, רואה אני להזכיר בכללם אשר קבלנו בחטא ירבעם, כבר ידעת כי עשה שני עגלים, כנגד הקשה והרפה, כי שתיהן נקראות שור, וכאשר זכרנו במבוא שמות המידות, ועלה בדעתו לעשות שני מלכויות, אחת לחמש ראשונות שהוא הפחד, ואחת לחמש אחרונות שהיא העטרה, והם הקשה והרפה, וחשב כי בעניין זה תחלק מלכות בית דוד, על כל פנים, כי - מלכותא[66] דארעא כעין מלכותא דרקיע. והוא לא נתרעם היות המלכות כולו שלו אך שתחלק, ומפני שהיו כמה מישראל

---

[65] דברים א ה

[66] גמרא ברכות נח א

החכמים אשר ידעו כי מלכות בית דוד עתיד להתחלק, נשבעו לו בסתם לפייס ולקיים רצונו, ומפני שלא הוציאו מן השבועה עניין עבודה זרה, טעו כמה מישראל אחר מעשיו הרעים, כי הראה להם חותמות השבועה, וחשבו כי הודו לו על כל מה שיעשה, וזהו שאמרו - ירבעם[67] חטא והחטיא את הרבים:

ולרמוז פנימיות כוונתו הרעה בעגלים, נתן האחד בדן כנגד לרמוז לקשה, והאחר בבית אל נגד לרמוז לרפה, הנקרא בית אל, על שם שהוא ביתו של התפארת, הנקרא אל. וכעניין שנאמר - בכל[68] ביתי נאמן הוא. כמו שנתבאר במבוא הנבואה, ועשאן של זהב, שהוא אדום, כי שניהם רמזו לדין, כי - מצפון[69] זהב יאתה. והוא השמאל, והנה כוונתו להרוס בין חמש לחמש, הפך - בטבעות[70] הארון יהיו הבדים וכו'. כמו שנתבונן במבוא שמות השווים, אבל רצה שיסתלק השפע הרגיל לבוא מן הכתרים אל החמש האחרונות, אשר עיקרם הד"ו פרצופין הנקראים אב ואם, כאשר זכרנו במבוא שמות נגדיות הפועלים, ובזה תסתלק הברכה הבאה מהשם העליון, למלכות בית דוד:

וזהו שאמרו ז"ל - כל[71] הנהנה מן העולם הזה בלא ברכה כאילו גוזל אביו ואימו. שנאמר - גוזל[72] אביו ואמו ואומר אין פשע חבר הוא לאיש משחית. חבר הוא לירבעם בן נבט. ואין אביו אלא הברוך הוא, ואין אימו אלא כנסת ישראל. ויתבאר לך במבוא התפלות בסדר הברכות, כי סדר הברכות הוא שיבוא השפע מן הכתרים, אל הפועלים, והוא מן העולם ועד העולם:

ודע כי בכל הספירות שייך קציצה והריסה, או מעט או הרבה, אך כי רוב הטועים במלכות, הם טועים ואליו יגיעו כל הטעיות כאשר בארנו, ומפני כי המשפט לאלהי"ם, הוא הפגיעה בעונשים מפי עליון, הוא בהסכמה עליונה. וכן כל הטובות מאתו הם ובהסכמתו כי טוב וישר הוא ואין עול במשפטו:

67 פרקי אבות ה יח
68 במדבר יב ז
69 איוב לז כב
70 שמות כה טו
71 גמרא ברכות לה ב
72 משלי כח כד

ומפני כי כל עניני הקצוצים וההריסות, הם מיני מינות ועבודה זרה, כאשר זכרנו הזכירו נפלאות באדם הראשון - יש[73] מי שאמר מין היה, ויש מי שאמר מושך בערלתו, היה ועל הדרך אשר זכרנו בחטאו. ואולי כי ירמוז בהריסות שזכרנו - במתברך[74] בלבבו לאמור שלום יהיה לי. בלא יראה, וכבר זכרנו במבוא הטעם כי - מאת[75] ה' הייתה זאת. לראש פינה, וכל המושך בה הוא המושך את הערלה, שלא ייתן בת זוג לשבת. ואי[76] אפשר לשני מלכים להשתמש בכתר אחד. וצריך לגלות העטרה במילה ופריעה. ויתבונן עוד במבוא האדם בצור המעור חטא משיכת הערלה הזאת:

עוד הזכירו באלישע אחר כי מין היה, שהרי אמרו כי - נשרו[77] ספרי מינות מחיקו. ובדור הפלגה אמרו כי - שמו[78] בראשו עבודה זרה ונתנו חרב בידה:

אמנם כבר זכרנו כי יש הורס מעט ויש הורס הרבה, אך במעשה קל יוכל אדם להמיר בשר ההוא, לכן יש לכל משכיל להיזהר מלהתבונן בו יותר מדי לא בשום מעשה, ולא בשום דבור, ואפילו במחשבה, ולא בשום מילה הרומזת אליו, ולא להסתכל בדבר הרומז בו. וכמו שזכרנו כי בעניינים האלה יעורר כח הגבורה לפגוע במי שאינו ראוי לו, ולכן נמנע כל חכם מלמסור דברים אלו אלא למי שלבו דואג בקרבו, ולמי שהוא נבון שיוכל להבין דבר מתוך דבר, כדי שלא יצטרך להאריך בעניין יותר מדאי כי השטן מקטרג בשעת הסכנה:

ועתה אעירך על מקצת דברים הרומזים אל השר ההוא, ואיך נמנע מלהתבונן בם, ואף על פי שנוכל לפרש במקצתם, שהמניע הוא כדי להגדיל כח בימין על השמאל, גם יתכן שההמנעה הוא שלא להתבונן בשמאל, כי מתוך שיקדמהו יתבונן בו:

הנה שני פשפשים היו במקדש, ואותו שהיה בצפון הוא רמז לעטרה, כאשר זכרנו במבוא הטעם, והמפתח שבפשפש ההוא לא היה נפתח מבחוץ מהר, אך היה יורד בו לאמת השחי טרם פתחנו, והטעם שלא

---

73 גמרא סנהדרין לח ב
74 דברים כט יח
75 תהלים קיח כג
76 גמרא חולין ס ב
77 גמרא חגיגה טו ב
78 בראשית רבה לו ו

נפתח מבחוץ מהר שלא יעורר השורה ברוח, ההוא על הקרב אל שערו מהרה ויפגע בו, אך יפתח מבפנים ובנחת, כי - כל[79] כבודה בת מלך פנימה. וכאילו נוטל רשות, עוד אמרו - כל[80] פינות שאתה פונה אינו אלא לימין. ואמרו - בכוס[81] של ברכה שהשמאל לא תסייע לימין. ואמרו - למזוג[82] היין במים. והשביענו[83] ה' שלא נתגרה עם האומות. מפני כי בגלות הגבורה היא להם, ופוגעת בסיבת החטא. ואמרו - אל[84] יפתח אדם פיו לשטן. ואל[85] יעמוד במקום סכנה. ואולי כי גם מטעם זה אין מלין בלילה, כי מל ולא פרע כאילו לא מל, והפריעה תבין במבוא האדם. וגם תורה שבעל פה לא נתנה להיכתב להיותה בת מלך פנימה, ובמבוא שמות השווים זכרתי בזה טעם אחר, וכבר זכרתי למעלה כי הכל עולה בקנה אחד, כי אין הדור ראוי לזכרו כלל, ראשונה כי יגדל גבורתו ויפגע בו, אף כי זכרתי שם כי אמונה אומן. גם אמרו שאין נופלים על פניהם בלילה, מפני שכח הירח בלילה ביותר, והעטרה נקראת לילה, והתחנה מוחלטת בלילה כאשר יתבאר במבוא התפלות, ואין טוב לעורר הכח ההוא בעת ממשלתו, ואין דנין בלילה, ואמרו אם לא מצאו לו זכות פוטרין אותו עד למחר, מטעם שיהיה רחמים בדינו, ואפילו בעת שנהגו ליפול על פניהם בתחנונים ביום, נהגו לכסות את העיניים, שלא יעינו ויזונו בדבר שמתכוונים בו. ואמרו - אין[86] אדם רשאי ליפול על פניו אלא אם כן נענה כיהושע פן ייענש בתחנה, וכבר אמרו באדם אחד חשוב שנפל על פניו ונענש:

וכבר זכרנו למעלה כי המתפלל צריך שייתן עיניו למטה ולבו למעלה, כי המתפלל כאילו עומד לפני השכינה, וצריך שלא יזונו עיניו מן המקום ההוא, ואני חושב כי זה הוא למעלה מעשרה. ועוד זכרנו עניין המסתכל בקשת, ועניין הרואה ערותו, ואלה וכיוצא בהם כולם מורים למה שאמרנו באזהרת ההתבוננות, כי בזמן שאין הדור ראוי אין טוב לעורר כח הגבורה, כי אין המושל מושל בביתו ממש:

---

79 תהלים מה יד

80 גמרא יומא יז ב

81 רש"י על גמרא ברכות נא ב

82 גמרא ברכות נ ב

83 גמרא כתובות קיא א

84 גמרא ברכות יט א

85 גמרא שבת לב א

86 גמרא מגילה כב ב

עוד אמרו כי זמן ציצית אינו בלילה, בעבור שכתוב בו - וראיתם[87] אותו, והוזר אל הפתיל תכלת הרומז אל העטרה, ובראיה אולי יבא להתבונן במה שרמוז בו ויהרוס. ואולי כי בעבור שיכולים לבוא בו לידי הריסה, דרשו ז"ל - לבבכם[88] זו המינות עיניכם זו הזנות. והמינות והזנות בעניין ההריסה עניין אחד, כי הם ההשחתה שאמרו בה בכל מקום שנאמר השחתה, אינו אלא דבר ערוה ועבודה זרה, וכמו שיתבאר במבוא האדם. או נאמר כי הזנות שהזכירו היא המינות עצמה אלא שתפסו להם מלות שונות בשתים רעות, כי הזונה מתחת אלהי"ו יקרא מין, ויתבונן זה במבוא האדם. אמנם מפני כי עניין הציצית הוא רמז לעניין היחוד, אמרו שאם כבר נתעטף בו שאין צריך להסירו כי היחוד [**הגהה**, היחוד רמז לכל הספירות אדוקות יחד באדיקות חזק] יפה תמיד מן הפגיעה, אבל להתעטף בו לכתחילה לא. או מהטעם שבארנו, או שהוא משום - לא[89] תחסום שור בדישו. ואפילו לא יעיין בפתיל, והטעם השני מספיק, ומה שאמרו בתפילין - כי[90] לילה לאו זמן תפילין הוא, הלכה. אמנם מפני כי נרמז בהם עניין היחוד. וכמו שיתבאר במבוא האדם. אמרו בהן הלכה, ואין מורין כן. והוא כדרך שזכרנו בציצית שאין צריך לפושטן, אם נתעטף כבר, וכעניין זה אמרו בקרבן שאינו קרב אלא ביום מטעם לא תחסום שור בדישו, אבל אמרו אברים ופרדים שלא נתעכלו מבעוד יום, מתעסקים בהם כל הלילה. ואמרו בדיני ממונות שאף על פי שאין דנין אותן בלילה, גומרין אותן בלילה:

ואולי כי עניין הציצית הוא רמז למה שזכרנו בשמות המידות שהקדוש ברוך הוא מתעטף בטליתו, ואמרו ז"ל - שהקדוש[91] ברוך הוא נתעטף כשליח צבור ולמד למשה י"ג מידות, ונראה כי היא מידה השלישית שכל המידות כלולות בה כאשר יתבאר במבוא י"ג מידות ונתעטף בשם הגדול שהיא טליתו. ובטלית שיש בו ארבעה כנפות כנגד ארבעה רגלי המרכבה, וארבע ציציות כנגד בני האבות, עם השלום ועם הברית, ורמז בארבעה חוטין הנכפלים לשמונה, שהאבות כלולים

87 במדבר טו לט
88 ספרי שלח קטו
89 דברים כה ד
90 גמרא מנחות לו ב
91 גמרא ראש השנה יז ב

בבנים והברית, וכדי לרמוז הברית יפה ושהוא כלול בכל צווה בפתיל תכלת בכל כנף ובכל ציצית, כי מראה התכלת דומה לתכלית הכל, וכעניין שאמרו - התכלת[92] דומה לים וים לרקיע ורקיע לכסא הכבוד. ומפני שהברית דומה כלולה בכל, כמו שזכרנו צווה הכתוב ואמר - והיה[93] לכם לציצית. כלומר היותו באחדות הבניין, ואמר - וראיתם[94] אותו. כדרך יום שמיני ועצרת ואתרוג אשר יתבאר למטה במבוי השמיניות, ואמר - וזכרתם[95] את כל מצות ה' ועשיתם אותם. כדרך ה' זכרנו, וכדרך והארץ אזכור, כי מילת **כל** רומזת לעטרה, וכבר אמרו כי צריך להתיז **ז'** של תזכרו, והזכירה היא כעשיית כל המצוות, שאם לא כן אין הזכירה שלמה, אך - מוט[96] תתמוטט הארץ, ועל כן הזהיר - ולא[97] תתורו אחרי לבבכם ואחרי עיניכם, ודרשו בו המינות, והזנות כאשר זכרנו:

ומפני כי עוררתיך כי יש להישמר מפני השר ההוא מלהתבונן בו, כאשר זכרנו אצטרך לעומת זה לעוררך, כי אין לך מקום שיהיה רמוז בו הבניין כולו, שהוא השבע בכלל שלא יהיה רמוז סמוך לו העטרה בפרט בפני עצמו, אף על פי שנרמזה עם הכלל שהם שבע, שהרי אין שבע אלא עמה:

והרמז בכל מקום מפני כי לקיומו של עולם, נתנה לראש פינה, להשגיח ולהנהיג העולם השפל על ידי השבת שהוא בת זוגו, כאשר בארנו במבוא הטעם וכמו שנרמז בפרשת בראשית, שהזכיר בה - כי[98] בששת ימים ברא העולם וביום השביעי שבת וינפש. השם יתברך מכל מלאכתו, ויתבאר במבוא השביעיות כי השבעה ימים רומזים לכל הבניין, והנה העטרה בכללן, ותכף לזה יחד מאמר מיוחד לעטרה בעניין הבריאה, וכמו שדרשו ז"ל - אלה[99] תולדות השמים והארץ בהבראם ודרשו בו - **בה'**[100] בראם. ובארנו במבוא השמות כי אותה

92 גמרא סוטה יז א
93 במדבר טו לט
94 במדבר טו לט
95 במדבר טו לט
96 ישעיהו כד יט
97 במדבר טו לט
98 שמות לא יז
99 בראשית ב ד
100 גמרא מנחות כט ב

הה' היא רמז לעטרה, לרמוז כי יד ה' עשתה כל זאת, ואולי כי על כן אותה **הה'** קטנה, כי היא המאור הקטן, וכאשר זכרנו במבוא הטעם, ולמטה אזכור מה שהבינותי עוד מקטנותה:

ומטעם סמיכות זה שכתבנו, נתבונן קצת עניין המנורה והשלחן צווה השם, מנורה בשבעה נרות, כנגד הבניין המאיר לארץ, והנה הנר שהוא כנגד העטרה בכללם, ונקרא נר המערבי, על שם - שהשכינה[101] במערב, וכאשר מובן במבוא הסדר בציור וכאשר יתבאר ענינו במבוא העולם, וצווה לעשות השלחן הרומז לעטרה כנגד המנורה, והמנורה בדרום ושלחן בצפון, דרום רמז לתפארת, וצפון רמז לעטרה, המנורה רמז לתפארת שהוא עיקר הבניין ונקרא דרום, והשלחן רמז לעטרת הנקרא צפון:

[101] גמרא בבא בתרא כה א

פרק עשירי

שער האדם:

ובו יתבאר צורת האדם, וסוד המילה, ומראה הנבואה, וסוד הנדר והשבועה, ובחירת השם בישראל, ובארץ ישראל, ובירושלם, ובמקדש, וסוד התפלין, וחפצי השם, בתפלות ובברכות:

דע שהאדם בצורת גופו נעשה בדמות עליון, ודמות עליון הוא הבניין שעיקרו הוא התפארת, והוא הנקרא אדם במרכבה, כמו שיתבאר שם, ומפני שעיקר התפארת הוא הדמות נקרא ראש בבניין, כמו שעיקרו של אדם הראש, וכן נקרא לשון מפני שיופי האדם ושלמותו הוא הלשון כי ממנה יוציא האדם מחשבת שכלו, שמשכנו במוח מהכח אל הפעל:

וכתרי הבניין שהם חסד ופחד, שהם למעלה מהראש במדרגה, הם נקראים זרועות, וכמו שאמרו בבהיר כאדם שיגן בשתי זרועותיו על ראשו, ומהזרועות האלה מקבל האדם שהוא התפארת, והוא הראש כי הם הפורשים למעלה ראש לקבל מן המעיין העליון, ומפני שהתפארת נקראת עולם נקראים זרועות עולם:

והנצח וההוד הפונים להשפיע למטה, מה שמקבלים מן הכתרים הראש, הם נקראים שוקים, וכנגדם שוקי האדם, והם הנקראים נצחי עולם, וכן עמודי עולם:

וכנגד היסוד שהוא המכריע השני, הוא המעור שהוא יסוד האדם, וכחו ועיקרו כמו שהצדיק הוא יסוד עולם, ונקרא אמת ורמז ענינו בתפארת:

וכנגד העטרת שהוא סוף הבניין, היא העטרה של אדם, שהיא סוף האדם, וכמו שכל הטעיות שביארתי בהריסה, הם בעטרה כי - טוב[1] העץ למאכל, וכי תאוה הוא לעינים ונחמד העץ להשכיל. וכה תאוות כל ההתבוננות ובה יוכל האדם להיטהר ולהתקדש, בהשגתו בה וכן להיטמא בטעותו בה, כן בעטרה של אדם כל התאוות בין לטוב בין לרע הם תלויים בה, כי בה יתקדש ויתטהר האדם ויתטמא כפי רצונו:

וכמו ששלמות הבניין בתחילת שלמות המחשבה, הוא בהתגלות העטרה להיות לראש פינה, והיות השם העליון משוך עליה להיות

[1] בראשית ג ו

השלום בארץ בחבור כנגד זה, אמרו שאין האדם התחתון נברא בדמות עליון ושלם, עד שיתגלה לו העטרה, וכעניין שאמרו - מל[2] ולא פרע כאילו לא מל. כי הוא רמז לגלוי כח העטרה לפעול בעולם השפל, הרומז לחבור היסוד בעטרה שהוא סוף הבניין, ושלמותו לקיום העולם השפל. וזהו שאמר השם יתברך לאברהם בצוותו על מצות המילה - התהלך[3] לפני והיה תמים. ומכאן יתבונן המשכיל חטא משיכת הערלה שאמרו באדם הראשון, ובדעתך סוד השבת אשר יתבאר בשביעיות, ומה שאכתוב עוד בשער הזה בסוד התפלין, עם מה שאזכור עוד בשמניות, תדע ותשכיל כי סוד המילה כסוד השבת ומצות מילה בזמנה, הוא קיום השבת ולכן תדחה אותו. ובשניהם נאמר אות וברית הרומזים ליסוד ולעטרה, ואם השכלת הבניין ידעת כי התפארת והיסוד עניין אחד, והיסוד הוא משך הבניין אך התפארת הוא ראש במעלה והיסוד הוא הסוף, וכבר כתבתי כי אין ראש בלתי סוף ואין סוף בלתי ראש:

הנה ביארתי כי עניין צורת האדם רומז לכל הבניין, אמנם כמו שעלה בתחילת המחשבה להיות ד"ו פרצופין, להיות החשק בחבור לקיום העולם, וחייבה החכמה להתגלות כח העטרה היותה לעזר לתפארת בהנהגת העולם, כן בהשתלשלות נברא האדם ד"ו פרצופין פנים ואחור גוף אחד, כמו שנאמר - אחור[4] וקדם צרתני. להיות להם טבע לחזר זה אחר זה בהיפרדם, כי לבסוף נפרדו להיות עזר לאדם לעשות צרכיו, כדי שיוכל האדם להשתדל בעבודת קונו ויזכו שניהם, ועל זה הטעם אמרו - כל[5] מצות עשה שהזמן גרמה נשים פטורות. שהרי היא משועבדת לבעלה בכל הזמנים:

ואולי כי הטעם שהנשים פטורות ממצות עשה שהזמן גרמא, הוא מפני כי - ברוך[6] כבוד הוי"ה ממקומו. בזמנים ואינם צריכות המשכה כמו האנשים, ולכן תישאר היא משועבדת לבעלה, וכל מצות עשה שלא הזמן גרמא הם חייבות כמו האנשים, כי - גבה[7] מעל גבה שמר וגבהים

---

[2] משנה שבת יט ו
[3] בראשית יז א
[4] תהלים קלט ה
[5] משנה קידושין א ז
[6] יחזקאל ג יב
[7] קהלת ה ז

עליהם. כי אין אדם מקדיש דבר שאינו ברשותו, כי כולם פונים למעין אחד:

אך יש להתבונן כי מן הראוי הנשים חייבות בקדוש היום, כי - דיו[8] לעבד להיות כרבו, ואמרו שאין אדם שלם עד שיישא אישה, וכאשר יתחבר עם אשתו הרי נתקיים כל החבור, ועוד יובן זה בשביעיות בביאור האגדה שהזכירו ז"ל בעניין - השבת[9] ואמרו כנסת ישראל תהא בת זוגך שהיא הברכה והקדושה אשר בשבת. **הגהה**, כוונת המאמר שהשבת רמז לאלף השביעי, ובאותו האלף תתעלה העטרה אל מקום שתוף הראשון, וישתמשו שני מלכים בכתר מלכות, כאשר היה בסוף המעשה, ואז לא תהיה כבושה תחת בעלה, כאשר עתה שהוא תחילת המחשבה, ולא תהיה זקוקה לעשות כל דבר כאשר בהיותם מעוטה למטה:

ויתבונן עוד מה שאמרו רז"ל - השרוי[10] בלא אישה שרוי בלא ברכה. כי[11] שם צוה הוי"ה את הברכה. ואמרו - כל[12] המגרש אשתו ראשונה אפילו מזבח מוריד עליו דמעות והעטרה היא המזבח:

הנה נתבאר לנו כי התפארת או היסוד צדיק זוטר, והעטרה צדיק גמור. והזכר מן הזכר, והנקבה מן הנקבה, ומפני שהשתלשלות צדיק גמור מידת הדין, היונקת מן הנחש המטיל זוהמה עליה, לכן הטמאה מצויה באשה יותר מבאיש, וכל טומאת אודם לאישה וכל טומאת לובן לאיש, מפני שנשתלשל מהמידה הנוטה אל החסד, שהוא צבע לבן. והאישה משתלשלת מהמידה הנוטה אל הפחד, שהוא צבע אדום:

ואם יקשה בעיניך למה יהיה היוצא מן האדם טמא, והלא אין דבר רע יורד מן השמים, תוכל להבין הטעם מפני כי שש טומאת הן ומתחילות מן הפחד וממנו ולמטה, מתערבים הטוב והרע, ולכן כאשר מתטמא מתטמא מצד השמאל, אמנם כל המתטמא טעון ביאת מים להיטהר, כי המים מטהרין את זוהמת הנחש, וכמו שנאמר על אפר פרה אדומה - ונתן[13] עליו מים חיים אל כלי. וכבר בארנו בטעם כי המים הם עץ

---

8 מדרש תנחומא חיי שרה ד

9 בראשית רבה יא ח

10 גמרא יבמות סב ב

11 תהלים קלג ג

12 גמרא גיטין צ ב

13 במדבר יט יז

החיים, ולכן אמר מים חיים ופרה אדומה היא רמז למידת הדין, והיא נעשית בחוץ להעביר רוח הטמאה, כאשר יתבאר למטה, ומפני שעניינם בחוץ מטמאת כל המתעסק בה, וכאשר יתנו על האפר מים חיים, הוא רמז לעץ החיים אשר בתוך הגן. וכאשר יתטמא במת אשר נטמא מהנחש הקדמוני, מתחטא בו בטבילת המים. והחטוי הוא לרמוז - כי[14] מלאה הארץ דעה את הוי"ה כמים לים מכסים:

והמשכיל עניין הימים בשביעיות, יוכל להבין טעם הזאת שלישי ושביעי כי רומזים לחסד וליסוד שטהרתם שלמה בחסד, כאשר זכרנו כי מן הפחד מתעורר הטמאה ואף כי בחסד אי אפשר להשקיט הדין, כי שש טמאות הן, ואי אפשר להשלימן עד השביעי, כי חסד היא שלישי לימים תפארת עטרה חסד, ויסוד הוא שביעי גם כן לזמנים שפירוש ליום השבת. וכאשר יתבונן בתפלות בשלוש ברכות אחרונות, ויסוד מפני שהוא שביעי, כי הששה ימים כנגד השש טומאות, וביום השביעי נכנס בטהרה, ואף כי מותר לשנות מפני דרכי שלום, כי הוא המכריע:

ויתבונן כי אם - לא[15] יתחטא ביום השלישי וביום השביעי לא יטהר. גם ביום הראשון כי הוא מידת הדין, מפני - לא[16] תחסם שור בדישו. כי אין לשנות כח מידת הדין כל כך, ואף כי ביום שני שהוא יום דין, ואף כי ביום הרביעי, ואף כי ביום חמישי לא כי בנצוח תעורר מידת הדין, כדרך כריעת מודים, ואף כי ביום ששי שהוא מן הצד ההוא, ומכאן והלאה קרובים אנחנו להתבונן למה פרה אדומה מטהרת הטמאים ומטמאה הטהורים, אלא שלא נתן להיכתב, ואני כתבתיו בשגגה:

ושש הטמאות שזכרתי אלא הם - **הראשון** אבי אבות כגון המת, והוא רמז לפחד, שמשם עיקר המוות נמשך. **והשני** אב הטמאה וראשון ושני לחולין. **ושלישי** לתרומה. **ורביעי** בקדש:

ועתה שידעת בניין צורת האדם, תוכל להשכיל אם קבלת מפה אל פה, אמיתת מראה הנבואה הנראית לנביאים. ורז"ל קראו למראה ההוא שעור קומה, וכבר רמזתי בו בהריסה בחטא דור הפלגה, והוא סוד -

[14] ישעיהו יא ט
[15] במדבר יט יב
[16] דברים כה ד

היודע שעורו של יוצר בראשית וכו'. ועל זה אמר הכתוב - נעשה[17] אדם בצלמנו כדמותנו. ועל המראה נאמר - וביד[18] הנביאים אדמה. ואמר הרב רבי יצחק דרך סימן תמונה, בגימטריא פרצוף אדם. וכן מצאתי בדברי הרב רבי אליעזר מגרמישא, ועל זה נאמר - ותמונה[19] אינכם רואים זולתי קול:

והמקובל בעניין המראה הזאת יתבונן עניין הגשמיות הנזכרות אצל השם יתברך בתורה, ויתבוננו על עניין העברה והנציבה כמו שנאמר - ויעבר[20] הוי"ה על פניו ויתיצב עמו שם. וכל עניני התנועות, והנה נתבאר מה שיעדתי לבאר בעניין האמונה והאחדות:

וממה שביארתי בדמות האדם, יוכל להתבונן המשכיל כי בהיות האדם צדיק גמור, כי ראוי לו שיתנבא ויחיה לעולם, כי מצא מין את מינו ונעור, ועוד יובן זה במרכבה ומכאן יתבונן המשכיל מה שאמרו רז"ל שבנדרים - צריך[21] אדם לומר הרי עלי. כי האדם נברא בדמות כמו שכתבתי, ונפשו שהיא עיקרו של אדם נאצלה מהשלישית ונופחה באדם דרך כמו בבניין, כאשר יתבאר עוד למטה הנה האדם עם נפשו שהוא חי ממנה כלול בבניין. ומפני שהנדר רמז לשלוש תחתונות, שהיא דירת הכל וקיום הכל ומחייתם, והוא נפש האדם העליון שהוא הבניין ראוי הוא לאדם, הכולל בניין לאמור באוסרו דבר עליו הרי עלי, שהוא נודר לנפשו ,לכן אמר הכתוב - כי[22] ידור נדר להוי"ה. כלומר שנודר למי שהוא חוץ מבנינו, ומפני שהשלישית רוכבת על הבניין הנדר חמור וחל על כל דבר, וכאשר יתבאר עוד:

ומהנה נוכל להתבונן עניין הנזיר, כי נכון שלא ישתה יין, ולא יטמא למתים, כי הפריש והזיר עצמו לגמרי ממקום היין והטמאה. ומפני כי הפליא לנדור נדר נזיר ראוי הוא להיותו קדוש, ותער לא יעבור על ראשו, כי ראשו לראש העליון, ובעוד שערו בראשו מעכבו מלשתות יין, שהשערות לכוחות העליונים:

אבל עניין השבועה עיקרה בבניין וכאשר מורה מילת שבועה, שהיא

17 בראשית א כו
18 הושע יב יא
19 דברים ד יב
20 שמות לד ו
21 גמרא נדרים ד א
22 במדבר ל ג

מלשון שבעה. אמנם נרמז במלה עצמה כי עיקר השבועה בפועלים השם ארבע פעמים. ולכן ניתוסף בו **ו' ה'**. **הו'** באמצע המילה רמז לצדיק זוטר שהוא הבריח התיכון, והיא **הו'** שבין ארבעה אותיות, שגם היא באמצע, והיא כנגד שש קצוות. **וה'** שבסוף המילה, רמז לעטרה, שהיא גם כן אחרונה לבניין ואחרונה בשם. ובחבורה למניין ששה, שהיא **הו'** אוסר עצמו על דבר נשבע לשון נפעל, וזהו שיאמר הכתוב תמיד אחר השבועה **ב'** ולא **ל'**, כמו שנאמר - ואשביעך[23] בהוי"ה. השבעה[24] לי באלהי"ם. ובשמו[25] תשבע. ונרמז עוד בכתובים האלה שזכרנו כי השבועה בהוי"ה שהוא רמז לתפארת. וגם באלהי"ם שהוא רמז לעטרה, והם עיקר הבניין. ומה שאזכור אשר נשבע להוי"ה **ב"ל** ענינו לצורך השם. והכלל כל הנשבע נשבע בשם, שהוא כלל הבניין. והנודר נודר להוי"ה שהוא השלישית:

ונתבאר למשכיל כי הנדר איסור חפציו, כלומר שאוסר דבר על עצמו. והשבועה איסור גברא שאוסר עצמו על הדבר, ואמרו בספרי - מה[26] בין נדרים לשבועות, נדרים כנשבע בחיי המלך, שבועות במלך עצמו, ואף על פי שאין ראיה לדבר זכר לדבר - חי[27] הוי"ה וחי נפשך. רמזו למלך לתפארת שבו השבועה, וחי המלך הוא השלישית המשפעת לבניין, ונתנו סימן לדבר חי הוי"ה כמו שבועה שהיא בשם, וחי נפשך בצירי, כלומר חיי הנפש וחיי הנפש הוא השלישית, כי מהשלישית נשתלשלה הנפש, וגם הבניין כאשר זכרנו למעלה. ולשון הרב ז"ל בחידושי שבועות שלו ופירוש מה בין נדרים לשבועות, יש לו סוד שהנדר לבניין יסוד.

הגהה, רמז כי החכם יכול להפר גם הנדר מפני כי חכמה היא למעלה מבינה והיא נקדה סתימה.

והשבעה **בו' ה'** האחרונה ידועה וברורה בהיותה משה גרועה, ואין כן בשבועות יען כי פריהם מאותם נטיעות, ואני אומר באולי שזה הטעם בנדרי הבאי ובדברים שאין בהם ממש, וזרזין שאין הנדר חל עד יחקור הנודר, ויאזין המקום מאשר הבינה נעלמה. אבל זה נדר ובל

23 בראשית כד ג
24 בראשית כא כג
25 דברים ו יג
26 ילקוט שמעוני במדבר ל תשפה
27 מלכים-ב ב ב

ידע מה ואדון הכל אשר בידו הכל יודיענו בסתום חכמה, אמן עד כאן לשונו:

ודבריו מתוקים מדבש מובנים למשכיל בעניין נדרים ושבועות, ופירוש בהיותה משה גרועה רוצה לומר כי כל שבעה חסר **ו'** ותורה המילה על כל הבניין שהוא שבעה ועיקרים, **הו'** ו**הה'** הכוללים התורה והמצוות, ומפני שהתורה והמצוות הם בבניין כמו שזכרנו בהריסה הנדר חל על המצווה מפני שהוא למעלה ממנה אבל השבועות אינן חלות על המצוות, כי האדם הכלול בבניין הוא מושבע, אם כן הוא והמצוות משועבדים לאדון הכל ליוצר בראשית ולא יכול לבטל אותם, ולפיכך אמר אין שבועה חלה על דבר שבועה על מצוה, כי אין דבר מבטל את עצמו אלא דבר אשר חוצה לו וגבוה ממנו למשול בו:

ויש להתבונן בעניין השבועה שהזכיר בה הכתוב - לא[28] תשא. ולא אמר תשבע, אבל הטעם כי עניין השבועה להעלות **הה' בו'** היות שבעה מחוברים ומוסכמים לדבריו, וכעניין - עתה[29] ארומם עתה אנשא. [**הגהה**, והוא לשון נשואין]. וכשאדם נושאה בלא בעלה, ראוי שתפגע בו **הה'** שלא תנקהו **הו'** ודומה אל קרוב ברכה לבטלה. וכאשר נזכיר בסוף השער אלא שהשבועה הוא להעלות **הה' בו'** והברכה היא המשכת **הו' בה'**, וצריך להתבונן כי החכם עוקר הנדר מעיקרו, מפני כי - החכמה[30] מאין תמצא ואי זה מקום בינה:

ויתבונן מזה כי הבעל מפר נדרי אשתו בדברים שבינו לבינה כדרך והוא ימשל בך (בראשית ג) אמנם ביום שמעו שאז הוא עומד בממשלתו אם ירצה להסכים על ידה ואולי שאין נזקקין לאלהי ישראל כי אמונה אומן אלא שאין תופסין הדין הזה להלכה הנה מבואר כי האדם כולל הכל ובו ראוי קיום הכל:

ואמר כי מנין תרי"ג מצות נרמזים באברי האדם ובגידיו, רמ"ח אברים כנגד רמ"ח מצות עשה, המשתלשלים מן התפארת באהבה, ושס"ה גידים כנגד שס"ה מצות לא תעשה, המשתלשלים מן העטרת דרך הפחד, ועוד תראה כי צורתו הנכבדה שזכרתי כלולה בעשר ספירות, כי בראשו החכמה והתבונה, שמשכנם במוח כנגד השנייה והשלישית.

---

[28] שמות כ ו

[29] ישעיהו לג י

[30] איוב כח יב

והראש מקבל אותם בזרועות הפרושות למעלה, ולכן נעשה האדם כנגד עשר ספירות. עשר אצבעות ידיו ועשר אצבעות רגליו לזיכרון:
וממה שזכרתי בצורת האדם, יתבונן על דרך האמת מה שהזכירו ז"ל בסנהדרין כי[31] קללת אלהי"ם תלוי. משל[32] לשני אחים תאומים וכו'. ומפני שהעניין כן מטמאת האדמה, וארץ ישראל כאשר אבאר ענינה ושרשה למטה, בעניין החלול והטמאה ויגרום העניין להפסד אויר התחתון, והוא קללת הארץ והוא עניין כל הטמאות והניאופים:
ומפני שהשתלשלות האדם וצורתו מדמות עליון, אשר הוא יסוד הכל ופועל הכל, ראוי הוא גם כן היותו עליון ומלך מושל בכל אשר תחת כל השמים, וכן ראוי היות בחירותיו מסורות אחרי רצונו כי הוא המלך באמת, וכאשר יתדמה האדם לקונו בעניין אשר יתבאר יהיה הוא המלך המושל, בכל וייראו מלפניו כי שם הוי"ה נקרא עליו ופחדו ממנו ויראו, וכאשר יבחר הרע יתרחק מן השם וישתלטו עליו חיות הארץ והוא ירא מפניהם, כעניין - נמשל[33] כבהמות נדמו. ולכן ראוי לו לאדם בכל עת להתדמות לקונו בכל דרכיו, כמו שדרשו ז"ל - מה[34] אני רחום אף אתה רחום מה אני חנון אף אתה חנון וכו'. כי בנינו ונפשו מהשלוש תחתונות הנקרא רחום וחנון קדוש וטהור, וראוי לו לקדש את גופו ואת כל אבריו, ואת כל מחשבותיו, ואת דבוריו, ואת כל הדרך אשר ילכו בה לכבוד הדמות:
וכבר הזכירו זצ"ל עניין מעלת האדם - זריזות[35] מביאו לידי טהרה, טהרה מביאו לידי קדושה, קדושה מביאו לידי נבואה, נבואה מביאו לידי אליהו, אליהו מביאו לידי תחיית המתים. ומעליית האדם במעלותיו נוכל להתבונן ירידתו בנטותו מדרכי קונו, ולא עוד אלא שיטמא את נפשו ותתרחק ותכרת מן האלהי"ם אשר נתנה, ותדון בגיהנם הנקרא נהר דינור נהר יוצק:
ודע כי כמו שברא האדם התחתון עם אשתו בדמות, היות לו לבשר אחד, לקיום העולם כן בהשתלשלות נשתלשלה נשמת האדם מהשלוש תחתונות כאשר זכרנו ארבעה פעמים זכר ונקבה, דרך הארבעה

---

[31] דברים כא כג
[32] גמרא סנהדרין מו ב
[33] תהלים מט כא
[34] גמרא שבת קלג ב
[35] גמרא עבודה זרה כ ב

פעמים העליונים, הזכר מן הזכר, והנקבה מן הנקבה, היות להם הגופים התחתונים למרכבת לצאת מן הכח אל הפעל כאשר ידוע באברי הגוף שהם כלי הנפש, ומשכנה במוח שהוא המקום הנכבד שבאדם ומהמוח נמשכת החכמה והתבונה אל הלב לחשוב מחשבה, ומשם אל הכליות היועצות, לגמור את המחשבה ולהמשיכה אל האברים, ולהוציא את המחשבה לפעל ואין שלמות הנשמה זולתי בגוף, מפני כי ממנו תוכל לזכות אל המנוחה ואל הנחלה, ויזכה גם הגוף בעדה לחיי העולם הבא אם ימשוך אחריה, וכאשר תתחבר הנפש עם הגוף בדמות כאילו תתחבר עם המקום אשר נסעה משם:

מכאן יתבונן המשכיל אהבת הנשמה בגוף, והצער בהפרדה ממנו, כי היא לא תוכל לזכות זולתו, ר"ל הנפש בלי הגוף, וחיבורם הוא שלמותם, ואם יזכו שניהם ראויים להתקיים לעולם לקיום העולם, וכמו שהזכרתי באנשי המעלה בטעם, אבל כאשר לא יזכו אז אין זווגם עולה יפה ותיפרד הנפש מן הגויה, וידונו שניהם כעניין המשל שהזכירו מן החגר והסומא, והסומא דמו לגוף והחגר לנפש, כי אין לה כח במעשיה זולתי הגוף, והגוף דמו לסומא שהנשמה מנהגתו:

ואולי ירמוז המשל לדיניהם, והוא על עניין צדיק ורע לו, כאשר זכרנו בטעם, כי קיום הנשמה ראוי הוא מה שאינו מורכב והוא שכל פשוט שאין לו הרכבה, ואינו נפסד, ולכן תתצרף ותתגלגל עד אשר תמצא מקום להוי"ה להיות לה בן זוג הראוי לקיום שניהם, הכוונה שתשכון בגוף אחר נקי:

וכבר זכרתי בהריסה כי אין המידה רק פעמים - ושלש[36] ועל ארבעה לא ישיבנה. והסתפקנו מאז אם תזכה על כל פנים להינקות או אולי לא תזכה ולדון לעולם, או אולי יזדמן לה מקום כפי עמידתה עד זמן התחייה, וברוך היודע. ומה שאמרנו בקיום הנפש כי הראוי לעולם הוא בנשמתן של ישראל, מפני שנשתלשלה ממקום החיים, כאשר ביארתי כי נפשם בטיב תלין קרנם תרום בכבוד, ואם יש מישראל שנדונים לעולם כמו המסורות מכל מקום היא לא תכלה. וכמו שלשון נדונים לעולם מורה על זה, שמורה שהנשמה עדין היא בתקפה עד שתתצרף בכור הברזל, אבל נפשות של אומות העולם עובדי עבודה זרה אשר מנהר יוצק שהוא יסוד השרים יסודם, וכאשר יתבאר עוד

---

[36] עמוס א ג

בהיפרד נפשם תדבק אל יסודם, שהוא השלוש ובסוף הזמן שהוא באלף השביעי, תכלה ותפסד בהפסד יסודה, שהם השרים הממונים על האמות, אך חסידי האומות אשר קיימו שבע מצות שנצטוו בני נח, לא יקפח שכרם, מפני שקיימו מה שקבלו עליהם, וינוחו במשכנם הראוי להם, אמנם כבר אמר שלא קבלו עליהם אלא כמי שאינו מצווה ועושה:

ומפני שהשלוש תחתונות הוא יסוד נשמתן של ישראל, ונשתלשלה ממנו דרך אמת ואמונה, שהם הפועלים כאשר זכרתי כבר לכן נקראים ישראל בנים למקום, כמו שנאמר - בנים[37] אתם להוי"ה אלהיכ"ם. כי הם זרע השלום שהוא יסוד, אשר זרעו בביתו שהוא העטרה, הנקרא בית והנה היסוד אביהם, והעטרה היא המינקת, והשפחה המגדלת אותם, ומפני שהיא נקראת ישראל נקראו בניה על שמה, וכמו שאמרו רז"ל - חיה[38] אחת יש ברקיע ושמה ישראל:

והנה ישראל נולדו בבית השם והם הדבקים בו וזהו הטעם לבחור בישראל להיותם סגולתו לחלקו, מכל עם כעניין שנאמר - כי[39] חלק הוי"ה עמו יעקב חבל נחלתו. וכתיב - כי[40] יעקב בחר לו יה ישראל לסגולתו. ולכן נקראת העטרה אלה"י ישראל:

ובהיות ישראל בני השם, וחלקו ראוי שינחילם אביהם אוצרות ביתו התורה והמצוות, אשר הם רמז לעטרה שהיא הבית, הכלולה מל"ב נתיבות חכמה שנאמרו למשה, כמו שכתבתי בשמות, והוא שנאמר - מורשה[41] קהלת יעקב. וכתיב עוד - להנחיל[42] אוהבי יש ואוצרותיהם אמלא. והאוצרות שלהם הם התורה והמצוות:

אבל שאר האומות מסר להם השם יתברך תחת השרים השם שכלים נפרדים והמשילם עליהם, ומנה שר לכל אומה ואומה להמליץ עליהם טוב, ולשמרם על ידי כוכבים ומזלות. והשרים האלה הם הנקראים אלה"י העמים, אשר חלק להם כאשר זכרתי בנבואה, ומן השרי האלה נשתלשלה נשמתן של אומות, ומפני היות העטרה הכלולה בכל למעלה

[37] דברים יד א
[38] היכלות דרבי ישמעאל כהן גדול
[39] דברים לב ט
[40] תהלים קלה ד
[41] דברים לג ד
[42] משלי ח כא

מכל השרים האלה ועל כל העמים, כי ממנה הכל והיא עשתה הכל לכן נקראת - אלה"י[43] האלהי"ם ואדני האדנים. האלהי"ם הם השרים, והאדנים הם כוכבים ומזלות:

ודע, כי כמו שבחר השם יתברך בישראל מכל האומות, כן בחר בארץ ישראל מכל הארצות, ובחר לו מקום מיוחד להיות לו שם בית לשמו, ורמז בשמו לעטרה הנקראת שכינה ותשרה היא בו, והיא בית הבחירה, אשר בנינו וכליו תכונות רוחניות והוא מקום ראוי לעבוד כי משם יעלו הקרבנות והתפלות. וכן נבחר עוד בבית מקום מיושב אל הארון, שהוא באמצע הישוב והוא כנגד קו האמצעי, ומפני ששם הוא עיקר הכבוד נקרא המקום, ההוא תלפיות ודרשו ז"ל בו - תל[44] שהכל פונים בו ואפילו יושבי חוצה לארץ. כמו שנאמר בדניאל - וכוין[45] פתיחן לה בעליתה נגד ירושלם. ואמר הכתוב - והתפלל[46] אל הוי"ה דרך העיר אשר בחרת בה. אבל שאר ארצות אף על פי שהכל שלו יתברך, נתן להם שוערים, והם השרים והכוכבים והמזלות להנהיגם:

ומפני בחירת הארץ נקראת העטרה אלה"י הארץ, אלה"י ירושלם, א"ל בית אל, וכן יקראו המקום תחתון אל בית אל, וכן אמר - ציון[47] קדוש ישראל. והכל רמז - כי[48] בחר הוי"ה בציון אוה למושב לו. אבל השרים נקראים - אלה"י[49] נכר הארץ. מפני שנכרים הם כי אינם תחת ממשלתם אך השם דורש אותם, וכדרך שהעטרה מפרנסת השרים הנחלקים לארצות, היות להם כח לשמור את ארצם, זאת אמותיהם כן - כל[50] הארצות שותות מתמצית ארץ ישראל. כי[51] שם צוה הוי"ה את הברכה חיים עד העולם. והשרים האלה הם הנקראים בית עבדים כי הם עבדי העטרה, ומפני שהאמות נולדו בבית עבדים הרי הם בני הפילגשים, ואין ראוי להם לירש האוצרות שזכרתי כמו בני הגבירה, ולא נאה להם להתגדל ולהשתמש בעטרת זהב המלך ובאוצרותיו:

---

43 דברים י יז
44 גמרא ברכות ל א
45 דניאל ו יא
46 מלכים-א ח מד
47 ישעיהו ס יד
48 תהלים קלב יג
49 דברים לא טז
50 גמרא תענית י א
51 תהלים קלג ג

ומכאן יתבונן כי השלמות הגדול הוא בהיות כל ישראל בארצם, סמוכים על שולחן אביהם ואימם ובביתם, ויקיימו שם כל התורה כולה והמצוות בשלמות, ויהיה להם בית המקדש, ואז הם ראויים שתשרה שכינה בתחתונים:

ויתבונן עוד מכאן מה שאמרו רז"ל - כל[52] הדר בחוצה לארץ דומה כמי שאין לו אלו"ה. כי שם ממשלת השרים הנקראים אלהים אחרים, וטעם האסור לצאת ממה לשאר הארצות, כי מוציאים את עצמם מרשות היחיד לרשות הרבים, שאוירה טמא ומטמא באהל, ולכן גזרו טמאה על ארץ העמים ועל האויר:

ואם השכלת אז ידעת כי ישראל, והתורה, והמצוות וארץ ישראל, ובית המקדש, כולם צריכין לעניין השלמות, ולא יחסר אחד מהן בזמן השלמות שהוא לימות המשיח, והכל דבוק אחד. ודע כי אף על פי שאין קיום המצוות על הנכון רק בארץ, נוהגות גם בחוצה לארץ ומטעם שאמרו רז"ל - הוו[53] מצוינים במצוות עשו ציצית כשתחזרו שלא יהיו לכם חדשים. והכוונה לומר כי בזכות שדבקו בהם בחוצה לארץ, ומכירים בהם כי השם יתברך אדון על הכל, והשגחתו וממשלתו בכל מקום ובכל זמן, יזכו לשוב שם ונקיים הכל בארץ, כי אם ח"ו לא יהיו מצוינים בהם, יהיו כגויי הארצות ויהיו עליהם חדשים בחזרתם לארץ, ויצטרכו לקבלם פעם שנית, ואולי לא יזכו בהם והדין נותן, כי בן מלך הנכנס לבית עבדו ועזר הוא לעבד למרוד במלכות, אדרבה מרידה זו אין לה קצבה, ויתרה היא על מרידת העבד כפלים. לכן אם ח"ו ילכו ישראל ויוציאו עצמם מבית השם, ויכנסו בבית עבדים ויעבדו אלהים אחרים, אשר עבודתם עבודה זרה, ויטמאו את עצמם ואת הבית אשר נולדו בו, כי בזה תתהיה המינקת נורדית בסילוק השפע אשר הוא חלול השם, ותהיה מידת הדין פוגעת בהם, וכן אם זה העושה הוא יחיד, יהיה נדחף ונכרת מן הבית ההוא:

וזהו טעם שהעטרה מקנאה בעובדי עבודה זרה, כאיש המקנא באשתו המזנה תחתיו, כי לא נמצא קנאה רק בעבודה זרה, ולא בשום חטא כל כך כמו בעבודה זרה. והנביאים המשילו את ישראל בעובדם עבודה

[52] גמרא כתובות קי ב

[53] ספרי דברים פרשת עקב מג

זרה לאשה זונה, ודרשו - ולא[54] תתורו אחרי לבבכם ואחרי עיניכם. הם המינות והזנות, כאשר זכרתי בהריסה. וכן אם ילך הבן ויגלה עריות, מות יומת בחרון אף, ומפני שנשתלשל מהזוג הנכבד הטהור והקדוש, וכאשר יוציאו את זרעם שלא בדרך שאר, או באשת איש, או באשה שאינה מזרע ישראל, יבלבלו וילכלכו המעיינות אשר הם מים טהורים, ויקלקלום ובאשת איש, יטמא הזוג שנזדווג בדמות עליון. ועוד מכריחין את האיקונין, **הגהה** - פירוש שור הבר ובת זוגו, להשתתף עמהם להיות עולם כמנהגו נוהג, ואף כי בנותנים זרעם לבני הפילגשים שמוציאים הקודש לחול. ואמרו רז"ל על בלעם הרשע שאמר - אלהיה"ם[55] של אלו שונא זימה. הוא כי בכל אלה היא ההשחתה דמיון עבודה זרה, כאשר זכרתי בהריסה. כל מקום שנאמר בו השחתה, אינו אלא דבר ערוה ועבודה זרה, ועל כל אלה נאמר - המכעיסים[56] אותי על פני. כל שכן שיקנא השם, ויפקוד עוון הבן אם יעבוד עבודה זרה ויגלה עריות בארץ הנבחרת, אשר שם ביתו, כמו שכתוב - הגם[57] לכבוש את המלכה עמי בבית. וזהו שאמרו ארץ ישראל אינה כשאר ארצות, כי לא תסבול עבודה זרה וגלוי עריות, כי תקיא ממנה כל עושה אלה, מפני היותה קדושה וטהורה והשכינה שורה בה:

אבל אותם האמות העובדים עבודה זרה בעבדה בארצם, ועושים גלוי עריות, לא תקיא אותם מפני היותה טמאה מצד השרים, וסובלת הטמאה. אבל אם יעשו כן בארץ ישראל, תקיא אותם כאשר הקאה את העמים במלאת סאתם:

וכאשר יתבונן מה שביארתי, תשכיל מדברי כי ראוי לבן לעבוד את אביו ואת אימו, ונכון בעבודתו אליהם, אמנם אין שלמות העבודה כי אם בארץ ובבית הבחירה, אשר הוא מכוון כנגד ארץ החיים, אשר שם תולדתו. וכאשר הבן יקריב בחוץ או יכווין באחת מן העבודות בחוץ, עבודתו פסולה ומפגל הקורבנות, וכאשר יראו אותם האומות עובדי עבודה זרה, והיצר הרע, והשטן במקצת העבודות הנעשות בחוץ, כעניין שעיר המשתלח, ופרה אדומה הנשרפת בחוץ, וכיוצא בהן מונין

[54] במדבר טו לט

[55] גמרא סנהדרין קו א

[56] ישעיהו סה ג

[57] אסתר ז ח

אותנו לאמור כי אנו מקריבים בחוץ, ועובדים עבודה זרה כמותם, ולא ידעו כי הכונה להעביר רוח הטמאה, שלא יקטרג עלינו מן החיצונים, והם מקבלים חלקם בחוץ מאת השם יתברך, ואין כוונתנו אליהם אך כוונתנו לשם הנכבד, והוא המחלק להם למלאת את פיהם לדבר טוב על בניו, אבל בשאר הקורבנות שמעשיהם בפנים, והם לא יהיו מונים אותנו כמו שעשו, כי זאת העבודה השלמה מפני שהכוונה כולה בבית השם, מקום קדושה וטהרה, ותן ליבך בעניין הבחירה, כי הוא עניין עמוק מאד ושרשה גדול:

והבן כי העטרה נקראת ישראל, והיא כלולה בתורה ובמצוות, וכן נקראת ארץ ישראל, והתפארת דורש אותה, והיא ציון וירושלם ובית המקדש, וכמו שדרשו על הפסוק - בקרבך[58] קדוש ולא אבוא בעיר. נשבע[59] הקדוש ברוך הוא שלא אבא בירושלם של מעלה עד שאבוא בירושלם של מטה. והיא המזבח העליון, ואמרו - כל[60] הקבור בארץ ישראל כאלו קבור תחת המזבח. וכאשר נזכיר עוד במרכבה, וכן נקרא בית אל, שהיא בית התפארת הנקרא א"ל, והיא - אבן[61] שתייה שממנה הושתת העולם, וארץ ישראל, וירושלים, ובית המקדש, והמזבח של מטה. כנגד של מעלה, והוא באמצע העולם, כנגד הקו האמצעי המשפיע עליהם, והארץ העליונה היא בגן עדן, והיא תקיא עובדי עבודה זרה וכל החוטאים:

ולכן נקרא העוון חטא מלשון - אל[62] השערה ולא יחטיא. ובעבודת הבנים קוראה בשלום את המגדלת, ונמשך עליה חוט של חסד, ובסירחונם יעזוב השם את הארץ, ונרדית המינקת עם הבנים, ואין השם עומד עמם ואין דורש אותם, ויבוא הנחש ויטיל זוהמה בחוה ויטמאנה, וזהו טעם חורבן הבית, והארץ, ובית המקדש, וירושלים והריסתן, וגלות ישראל בין האמות, והם עבדים המקבלים כח מן הזוהמה ההיא - על[63] זאת תרגז הארץ. תחת[64] עבד כי ימלוך ותחת

---

[58] הושע יא ט
[59] גמרא תענית ה א
[60] גמרא כתובות קיא א
[61] גמרא סנהדרין כו ב
[62] שופטים כ טז
[63] עמוס ח ח
[64] משלי ל כב-כג

שפחה כי תירש גבירתה. וזהו עניין - שאין[65] השם שלם ואין הכסא שלם. וכאילו מלך מן הארץ נשלך מן מלכותו, כעניין שנאמר - השליך[66] משמים ארץ תפארת ישראל. כלומר התפארת השליך ארץ וכאילו שניהם נשלכו, ועל זה אמר יהושע בתפלתו - ומה[67] תעשה לשמך הגדול. כלומר אם תכלם מי יעורר להעביר הזוהמה, ולייחד הדברים:

אבל בזמן השלמות בהיות כל ישראל בארץ, ויקיימו שם המצוות והתורה כולה, ויהיה להם מקדש, ומשיח שיהיה מלא חכמה ובינה וגבורה, והיה השלום בארץ, והצדיק נושע, אז יתקיים כתוב - ביום[68] ההוא יהיה הוי"ה אחד ושמו אחד. כאשר יתבאר למטה ועל הזמן ההוא נאמר - ועמך[69] כלם צדיקים לעולם ירשו ארץ. ולא תקיא עוד אותם, כי ימחה את זכר עמלק, ויתבטל היצר הרע, והשם שלם והכסא שלם, וכמו שזכרתי הטעם, ונתבאר הנה כי ישראל עיקר העולם וקיומו:

אמנם יש להתבונן למה אמר הכתוב - הוי"ה[70] אחד ושמו אחד. כי היה לו לומר הוי"ה ושמו אחד, והעניין כי בעוד העולם הזה קיים עולם ועד לא ימוטו להנהיגו ברחמים ובדין כטבעו של עולם, אמנם בזמן השלמות יתקרבו הכוחות והברכות מצויות בעולם, ככוונת תחילת הבריאה כאשר ביארתי בטעם, ומפני היחוד השלם שיהיה בזמן ההוא נאמר בו - הוי"ה אחד ושמו אחד. כי הפועלים עודם פועלים אבל בהפסד הזמן והעולם באלף השביעי, שאותו אלף הוא יום שכולו שבת, והפועלים בטלים ממלאכתם, אז - הוי"ה אחד ושמו אחד. ויהיו משתמשים בכתר אחד, אמנם בסוף כל הדורות היובל יהיה נוהג בעולם, ויתעלה הכל לחיותו כאשר יתבאר בסדר המניין:

ואחר שביארתי שאדם נברא בדמות עליון, כמו שכתוב - נעשה[71] אדם בצלמנו כדמותנו. ראיתי לדבר בעניין תפילין והנחתן ובמקצת תקונן וממנה יתבאר מה שאמרו רז"ל - שהקדוש[72] ברוך הוא מניח תפילין.

---

65 רש"י על שמות יז טז
66 איכה ב א
67 יהושע ז ט
68 זכריה יד ט
69 ישעיהו ס כא
70 זכריה יד ט
71 בראשית א כו
72 גמרא ברכות ו א

וכן מה שאמר - שהקדוש[73] ברוך הוא מתפלל:
ודע כי השלוש העליונות מפני כי באצילותה נרשמו בה ל"ב נתיבות חכמה, הכוללות כל עניין כמו שביארתי בשמות, כי הראשונה שהיא רחמים גמורים ואין בה תערובת דין, אין להרהר בעניינה, אמנם התחלת העניין הוא בשלוש העליונות, לפיכך נקראת ראשית, כי היא ראשית הראשים, וכן בכור כי היא בכור לכל הכוחות, והשלוש העליונות היא יוצר בראשית, ונקראת בינה, להתבונן כי הוא המלך עליון אשר ברא וחדש הכל, יש מאין בלי טבע ומנהג, אך ביכולת ובחפץ ובכחו ממשיך לפועלים לשנות עתים ולהחליף זמנים, כי הוא כח הכחות, לכן נקרא אלהי"ם, כח שלהם והגדולה שהוא החסד היא האהבה. והגבורה שהוא הפחד נקרא יראה. ומפני כי בארבע מידות האלה נכללו כל העניינים הנמשכים בעולם, על ידי הפועלים כי המלך עליון פועל בעולם העליון, בכח שלפניו בעולם העליון פועל בחכמה שלפניו, על ידי מידותיו הנכללים בימין ושמאל, באתה הקבלה בסיני לכתוב כנגדם ארבעה פרשיות, ולהניחם בארבעה בתים:
הראשונה קדש[74] לי כל בכור. כנגד השם העליון הנקראת בכור.
שניה והיה[75] כי יביאך. המספרת ביציאת מצרים הנעשית בלי טבע ומערכת המזלות, והיא כנגד הבינה, שהוא הגואל הגדול אשר הסמיך גאולה, הרומזת לעטרה לתפלה הרומז לתפארת, וגאלם ממצרים בשנוי טבע במסות ובנפלאות שעשה על ידי משה רבינו ע"ה, והפך אז סדר המערכת, כי בניסן שיצאו היה עולה מזל טלה, והוא מזלו של מצרים, לפי דעתם והיה עולה בכחו ובממשלתו ולא הועילם.
שלישית שמע[76] ישראל והיא פרשת היחוד, והוא כנגד החסד הנקרא אהבה, וכתיב בפרשה - ואהבת את הוי"ה.
רביעית והיה[77] אם שמע, כנגד היראה, וכתיב ביה - וחרה אף הוי"ה. וכנגד התפארת הנקרא הקדוש ברוך הוא מקבל מארבע מידות האלה והוא המניחם:
וכנגד זה האדם התחתון הנברא בדמות עליון, מניח ארבעה פרשיות

[73] גמרא ברכות ז א
[74] שמות יג ב
[75] שמות יג ה
[76] דברים ו ד
[77] דברים יא יג

אלו על ראשו, הנרמזות אליהם והוא מניח אותם באמצע הראש, נגד
המוח, ששם משכנות המחשבה והוא עיקר מוחו של אדם, ומכאן יובן
כי הקדוש ברוך הוא שהוא התפארת, מניח תפילין על הראש, כי כבר
ידעת כי התפארת הוא עיקר האדם העליון, ועיקר האדם הוא הראש:
והרצועות המקיפות את הראש, רמז כי התפארת הוא עיקר הראש,
והוא עיקר הכל, ומקיף את הכל, או שהוא רמז לקביעות השפע, הבא
מן הארבעה ספירות שנרמזות בהם הארבעה פרשיות אל הראש,
להמשיך אל כל הבניין עד העטרה, הנרמזת בקשר של תפילין העשוי
כמו **ד'** לרמוז אליה, כי העטרה נקראת **דלת** כי הוא שער להוי"ה. ויש
אומרים כי העטרה נקראת דל"ת מפני שהיא דלה, שהיא צריכה לקבל
מן הצדקה הרומזת לתפארת, ואינה ניזונת רק משל בעלה, ובו
תשוקתה. ומפני שהקשר רומז לעטרה, דרשו[78] רז"ל בפסוק - וראית[79]
את אחורי ופני לא יראו, הראה לו קשר של תפילין. וה**ע'** נקראת
אחוריים, היא אשר הראה השם יתברך למשה בבקשו - הראני[80] נא
את כבודך. ודרשו[81] ז"ל - ותמונת[82] הוי"ה יביט, זה מראה אחוריים.
ותמונת הוי"ה זה העטרה:

הנה שארבעה פרשיות על הראש שהוא מקום הזיכרון, כנגד צורת
זכר, והקשר שהוא כנגד המוח אחרי הראש, הוא להיות משמר
לזכירה. והנה הזכירה והשמירה מקיפין הכל ו**ש'** של **ד'** ראשים מימין
הקורא, ושל ג' ראשים משמאל הקורא והם **ז'** ראשים [**היב"ש** -
הכוונה ל**ש'** דארבעה זינין, ול**ש'** של שלוש זינין שיש בתפילין של
ראש],‏ כנגד הבנים אשר הם **ד'** ימיניים ו**ג'** שמאליים, הימניים
התפארת נצח יסוד, והשמאליים פחד הוד עטרה. ואמרו בימין הקורא
ושמאל הקורא, מפני שכוונת המצוות היות האדם מעוטף בה, ולחשוב
כאילו עומד לפני קונו, ושמאלו כנגד ימינו, וימינו כנגד שמאלו, והוא
מה שאמר - שלא[83] יסיח דעתו מהם. והרצועות היורדות מן הקשר
ולמטה מכאן ומכאן, רמז להמשכה הבא מן הראש. וראיתי מי שכתב

[78] גמרא ברכות ז א
[79] שמות לג כג
[80] שמות לג יח
[81] ספרי במדבר יב ח
[82] במדבר יב ח
[83] גמרא יומא ז ב

שירמזו הרצועות לנצחים, הנה עניין תפילין של ראש:
אבל תפלת יד והנחתה הוא כנגד העטרה, לרמוז כי שם מתייחד הכל והיא כלולה מן הכל. ובאתה הקבלה להיות הארבעה פרשיות בבית אחת, ולכן נקראת כלה, כי היא כלולה מל"ב נתיבות חכמה, ומפני שהיא כלולה מל"ב נתיבות חכמה נקראת כמו כן חכמה, ולהורות על היחוד. וכשהיא פועלת על ידי כולם אין בתפילין האלה רק בית אחד ורצועה אחת, כי מידה הכל וכלולה בכל, והיא כלל הכל כי אין בפרט אלא מה שבכלל, ואין בכלל אלא מה שבפרט:
ועניין הנחת תפילין על היד כנגד הלב, הכל רמז לעטרה הנקראת יד ולב. והקשר הדומה לי' רמז אליה, כי היא רמוזה בי' כמו השם העליון, ועל זה אמר - נעוץ[84] סופו בתחילתו. ועל עניין תפילין של יד אמר הכתוב - והיו[85] לאות על ידכה. האות רמז ליסוד, והיד לעטרה הנרמזת בהוי"ה. ודרשו במילת - ידכה[86] יד כהה לרמוז על השמאל, כי גם העטרה נקראת שמאל. וכלל הנחת תפילין של יד להיות שלום בארץ, והיא האות על היד, אך שנרמזו העניינים בתיקונן ממה שזכרתי אך שברמז העניינים, מה שזכרתי בתיקונם:
אמרו ז"ל - רצועות[87] שחורות הלכה למשה מסיני. זה בא לרמוז לתעלם העניין, ומפני שבתפילין של ראש ושל יד עניין אחד, כי גם בשל יד נכללים כל הפרטים שבראש כמו שזכרתי. לכן אמרו רז"ל במסקנה כי - תפלת[88] של יד אינה מעכבת של ראש ושל ראש אינה מעכבת של יד. אמנם מי שיניח שתיהן יחלוץ של ראש קודם, ואין חשש קצוץ כי עדיין האות על היד וחבור שלם. כך אמרו בעוד - שהטוטפות[89] בין עיניך צריך שיהיו שתים. הנה מבואר מה שדרשו רז"ל - שהקדוש[90] ברוך הוא מניח תפלין על הראש ועל היד, מן הכתוב שאמר - נשבע[91] הוי"ה בימינו ובזרוע עוזו. כי הימין הוא התפארת והוא הראש, ולכן אמר בימינו אלו תפלין של ראש, וזרוע עוזו היא

84 ספר יצירה א ו
85 שמות יג טז
86 גמרא מנחות לו ב
87 גמרא מנחות לה א
88 משנה מנחות ד א
89 גמרא מנחות לו א
90 גמרא ברכות ו א
91 ישעיהו סח ט

העטרה הנקראת זרוע, והיא העוז והיא יד השמאל, ולכן אמר ובזרוע עוזו, אילו תפילין של יד:

וכן קדושת תפילין של ראש גדולה משל יד, כמעלת הימין על השמאל, ולא יעשו משל ראש של יד, אבל משל יד יעשו של ראש, כי מעלין בקדש ולא מורידין. ומי שרוצה להניח תפילין שניהם, לא יניח של ראש קודם, מפני שצריך לרמוז לעטרה שנתנה לראש פינה, אבל יניח של יד תחילה, כי עיקר היחוד כי היא כוללת את הכל, ושם מתייחדת הכל:

ומפני שכח העטרה מיוחד ללילה, ונקראת לילה, וכמו שאמר - את[92] המאור הקטון לממשלת הלילה. ואין חוט של חסד משוך כל כך, לכן אין להניח תפילין בלילה, כי אין לבטל מנהגו של עולם מפעולתו. וכן מי שאמר - שבת[93] לאו זמן תפילין הוא. וכן היא הלכה מפני כי השבת הוא רמז כי אישה להוי"ה, והיא במנוחה לחי העולמים. והכלל כי היסוד הוא האות, וכנסת ישראל היא בת זוג לשבת, ובה נפש יתירה. ואין מצות תפילין דומה למצות ציצית שמעטפין בה אף בשבת, מפני כי הציצית הוא רמז לעטרה, שהיא כלולה בכל וכעניין אשר זכרנו בהריסה, ודומה לעניין השבת:

אבל התפילין אינו רק המשכת האות על היד, והשבת היא עצמה אות, לכן אין עניין התפילין דומה לעניין מילה שדוחה שבת, מפני שני עניינים. **האחת** שהתפילין הם חוץ מן הגוף, ולעתים אפילו בחול שהוא מצוה להניחם, אינו חייב ופטור אדם מלהניחם כמו חולה, ומי שאינו בקי בהם. **והשני** שאינם באים לרמוז אלא לחבור ולהמשכה, כמו שאמרתי ואין צורך מזה בשבת, כי שם זכור ושמור בחבור, והוא האות עצמו, אבל עניין המילה שהיא בגוף האדם, ורומזת להשלים בו דמות עליון ולסמוך הזכור לשמור, כאשר זכרתי למעלה בתחילת השער, נכון הוא לדחות את השבת בעבורה. וכאשר יחול יום שמיני בשבת, ולא ימול מחלל הוא את השבת ונכרת מן השבת, וכאשר ימול בו ביום הרי הוא מקיים את השבת, ומשלים את הבניין בגופו וכולל את עצמו כמו שביארתי:

---

[92] בראשית א טז

[93] גמרא עירובין צה ב

ומכאן יובן למשכיל למה כתוב בשבת - כי[94] אות היא ביני וביניכם. כי אין ראוי לשמור את השבת רק ישראל, והם הראויים ליום שכולו שבת ולא יכרתו ממנו. ואפילו גוי ששבת ביום מן הימים טובים וכו', בעבור שירצה לרמוז שגם הוא ישכון במנוחתו, אין צריך לומר אם ישתדל לשבות ביום השבת עצמו, וענינו בעבור שירצה להשתמש בכתר מלכות ואינו ראוי לו, כי לא ישקוט ולא ינוח בו לעולם:

והרב אברהם בן דוד ז"ל כתב באגדה שאמרו - מנין[95] שהקדוש ברוך הוא מניח תפילין. על שר הפנים נאמר - ששמו[96] כשם רבו. או שמא יש אחד שהוא למעלה ממנו נאצל מן הסבה העליונה ויש לו בו כח העליון, והוא הנראה לו למשה, והוא שנראה לו ליחזקאל כמראה אדם עליו מלמעלה, והוא שנראה לנביאים. אבל עילת העילות לא נראה לשום אדם, לא בימין ולא בשמאל, לא בפנים ולא באחור, וזהו הסוד במעשה בראשית - כל[97] היודע שעורו של יוצר בראשית. ועל זה אמר - נעשה[98] אדם בצלמנו כדמותנו עד כאן לשונו:

ולא הבינותי תחלה כוונתו, כי היו דבריו נראים הפך מדברינו, ואחר כן דקדקתי והיודע בעניין המראה שהזכרתי בה בשער הזה, יוכל להבין דברינו ועמוק הוא ואמת. ואחר שתשכיל מאמרם ז"ל - שהקדוש[99] ברוך הוא מניח תפילין ותפילין ותפלה עניין אחד והכל לשון חבור כאשר זכרתי:

והעטרה היא בית תפלתו כלומר בית שהוא תפלתו כעניין שנאמר ואני תפלה כי משפיע על הבית מחסדו והוא עניין התפלה שהזכרנו שאמר רבי ישמעאל ויגולו רחמיך על מידותיך כלומר כי הכל תלוי בישראל שאם יעשו טוב ימשוך חוט של חסד עליהם ויהיה השלום בארץ והיא ברכת הכל והוא התענוג הגדול. וזהו מה שאמר שהקדוש ברוך הוא חפץ בתפלה יותר מכל הקרבנות כי התפלה היא התעוררות אהבה לחסיד היודע לכוין בה ובהתעוררות האהבה כראוי ימשיכנה באמת ובאמונה:

---

94 שמות לא יג
95 גמרא ברכות ו א
96 גמרא סנהדרין לח ב
97 ביאור עשר ספירות יב
98 בראשית א כו
99 גמרא ברכות ו א

ודע כי כל הדברים רוחניים צריכים התעוררות מן התחתונים, כעניין שנאמר - קרוב[100] הוי"ה לכל קוראיו לכל אשר יקראוהו באמת. וכן - יקראני[101] ואענהו. ואמרו ז"ל במשה רבינו ע"ה - כשעלה[102] למרום מצא להקדוש ברוך הוא יושב וכותר כתרים לאותיות, אמר לו משה אין שלום בעירך, אמר לו משה וכי יש עבד נותן שלום לרבו, אמר לו היה לך לעזרני, מיד פתח ואמר - ועתה[103] יגדל נא כח אדם. מילת יגדל רומז לחסד הנקרא גדולה, והכח רמז לתפארת, ושם של אדם רמז לעטרה והתפארת, הוא כח לעטרה. וכוונת הכתוב שיהיה הכח של השם ממשיך מן החסד הנקרא גדולה, ויהיה משוך חוט של חסד על העטרה, שהוא רבו של משה, והוא הקדוש ברוך הוא שהזכירו בכאן. ועניין העזר הוא התעוררות להמשיך הצדיק, שהוא השלום בעיר, שהיא העטרה, והוא הקדוש ברוך הוא:

ועוד - אמר[104] רבי ישמעאל כשנכנס לפני ולפנים ראה אכתריא"ל הוי"ה צבאו"ת, והוא השר הגדול והוא שר העולם, אמר לו ישמעאל בני ברכני, מיד התפלל ואמר יהי רצון מלפניך הוי"ה אלה"י ואלה"י אבותיי שיכבשו רחמיך את כעסיך ויגולו רחמיך על מידותיך. וזו היא הברכה והוא עניין כל הברכות והתפלות כאשר יתבאר עוד בתפלות, ומפני שהדברים עליונים יתעוררו בהתעוררות התחתונים, לכן כל צדיק המתפלל כדרך הראוי ובכוונה כאלו הוא עיקר לעטרה, בתפלה ופעלתה. ובעניין העזר - רוכב[105] שמים בעזרך. כלומר התפארת הנקרא שמים רוכב על העטרה, שהוא נקרא כסאו. וכל זה בעזרתו של ישראל:

או יש לומר שהעליון רוכב בתפארת הנקרא שמים וממשיך אליו מחסדו. או נאמר כי השם רוכב בעזרתן של ישראל על מרכבת המשנה שראה יחזקאל שנקרא שמים והם השמים העליונים נפרדים כאשר אזכור במרכבה. או נאמר כי העטרה נקראת עזר, וכאשר זכרתי בטעם שהיא העזר לתפארת, והיא עזרתן של ישראל. והשמים רוכב עליה

[100] תהלים קמה יח
[101] תהלים צא טו
[102] גמרא שבת פט א
[103] במדבר יד יז
[104] גמרא ברכות דף ז
[105] דברים לג כו

כי הוא כסאו:

ואמרו באגדה - ישלח[106] עזרך מקדש. אפילו הרוח העליון צריך עזר והוא ההתעוררות והעזר שביארתי, וזהו שאמר - שאין[107] הברכה מצויה אלא על דבר יש כעניין לחם הפנים [**היב"ש** - בגמרא שלנו **אין הברכה מצוייה אלא בדבר הסמוי מן העין**]. וכעניין ברכת אלישע, וכעניין כד הקמח לאליהו, ואמרו עוד - כל[108] מי שאינו מניח פתיתין על שלחנו אינו רואה סימן ברכה, והוא בעת ברכת המזון כדי שתחול עליו ברכה:

והנה תוכל להשכיל כי התפלות והברכות אינן רק לתועלתנו, כי בעליונים אין חסרון, רק אחדות שלמה, ומידת השם יתברך ופעולותיו וכחותיו הם פשוטות אינם משתנים. ונתבונן עוד עניין אסור ברכה לבטלה. ואחר אשר זכיתי להשלים השער הזה, והתבונן ממנו כי התפארת עיקר העולם העליון, ומפני שהוא עיקר הבניין ראיתי לדבר בעניין המרכבה, כי התפארת היא דמות פני אדם, במרכבה העליונה כאשר זכרתי:

---

[106] תהלים כ ג
[107] בבא מציעא מב א
[108] שולחן ערוך אורח חיים קפ ב

פרק אחד עשר

שער המרכבה העליונה וכולל בו מרכבת יחזקאל:

דע כי המרכבה העליונה וכל המרכבות, והבינה, ואדון הכל הוא הרוכב על הבניין, הנקרא עולם, והוא מרכבת השלישית הנקרא מלך, ואף על פי שהוא רוכב על הבניין, לא יקראו המקובלים מרכבה זולתי לארבע מן השבע, שהם כלל כל הבניין ועיקרו, כאשר זכרתי בטעם. כי השלוש ראשונות מן הבניין הם כלל הכל, אך בפרט הם ארבעה כי התפארת היא ארבע פנים. ועיקר המרכבה - חסד פחד תפארת, וחסד הוא פני אריה מהימין, ופחד פני שור מהשמאל, והתפארת פני אדם, והעטרה פני נשר:

ובעבור היות התפארת נוטה לצד ימין, נקרא גם הוא ימין, והעטרה נוטה לצד שמאל נקרא שמאל, ומפני מעלת הימין על השמאל נקרא התפארת פנים והם הפנים המאירים, והעטרה שהיא השמאל היא האחוריים כאשר זכרתי מאמרם ז"ל - ותמונת[1] הוי"ה יביט. זה מראה אחוריים והם הפנים שאינם מאירים, והנה רגלי המרכבה ימין ושמאל פנים ואחור:

אמנם יחזקאל לא הזכיר מקום פני אדם ופני נשר כמו באריה ובשור, מפני שמקומם ועניינם ידוע כמו שכתבתי, ודע כי בכלל רגל חסד נצח, ובכלל רגל פחד הוד, וברגל תפארת יסוד. והנה כולם מרכבת לשלישית אך שהרביעית הם יסודי המרכבה, ומפני שהתפארת עם כלל הבניין נקרא שמים, יען היותו מצד חסד הנקרא מים, כאשר יתבאר עוד בשער העולם, כי השם שבמילת שמים שימוש, לכן נקראת השלישית, רוכב שמים והתפארת שהוא עיקר הבניין, הוא כסא רחמים וכן אנו אומרים על השלוש תחתונות - מלך יושב על כסא רחמים:

וכל מידה נקראת שמים לאותה שלמטה הימנה, וכסא לשלמעלה הימנה, אם כן העטרה כסא לכולם, והשלוש תחתונות שמים לכולם, אמנם התפארת הוא כסא רחמים, והעטרה כסא הדין, והם עיקר

[1] במדבר יב ח

הכסאות בו הם הפועלים, והם שתים, כמו שנאמר - די[2] כרסון רמיו
ודרשו בו - שתי[3] כסאות אחת לצדקה ואחת לדין. וכבר זכרנו בשער
האדם כי הרחמים היא הצדקה, וכן נקרא השלישית יושב הכרובים
מפני שהוא יושב על הדו פרצופין, שהם עיקר הכרובים כאשר יתבאר
עוד למטה:

ועל המרכבה הזאת אמרו רז"ל - האבות[4] הן הן המרכבה. אברהם
בחסד, יצחק בפחד, יעקב בתפארת או ביסוד, הנקרא אמת. ומפני
שהשלוש אלה הם הכלל כי העטרה כלולה בתפארת, לכן לא נקראו
אבות לישראל, אלא שלשה וזהו שנאמר - תתן[5] אמת ליעקב חסד
לאברהם, וכן כתוב - ופחד[6] יצחק. אמנם העטרה שהיא רגל רביעי
במרכבה, היא מידתו של דוד המלך ע"ה, אשר ממנה לו המלכות. ואינו
נקרא אב מן הטעם שזכרתי, ועוד אזכור בו עניין:

והכוונה שיחסו המידות האלה לאבות, הוא מפני שאברהם רצה לדמות
לקונו במידת חסד, שרצה לגמול חסד עם אנשי דורו, כדי להמשיכם
לעבודת השם יתברך, ולכוונה הזאת קרבם אל ביתו, והאכילם
והשקם, והמשיך את לבם לעבודת השם יתברך, וזה היה גמר חסד
שעשה להם, ומפני שנתן הנהגתו בחסד שהיא מידה טובה לעניים
ולעשירים, יחסו לו המידה ההיא, ומפני שגם היא נקראת אהבה, אמר
הכתוב - זרע[7] אברהם אוהבי. וכבר זכרנו בשמות שנקרא אברהם.
ואמר בבהיר - אמר[8] חסד לפני הקדוש ברוך הוא ריבונו של עולם כל
ימי היות אברהם בעולם לא הוצרכתי אני לעשות מלאכתי כי אברהם
היה עומד שם במקומי:

והפחד שהיא מידת היראה, אשר ממנה הקדושה היא מידת יצחק, ולכן
היה נקרא גם כן קדוש, כי הקדושה מביאה לידי ענוה ויראת חטא.
ומפני היות הפחד מידתו, ראוי היה להיות נעקד לאביו, להגדיל כח
אביו על כחו, שלא תהיה המידת הדין שטוחה לפניו. והעטרה היא

---

[2] דניאל ז ט
[3] רש"י על גמרא סנהדרין לח ב
[4] בראשית רבה פב ו
[5] מיכה ז כ
[6] בראשית לא מב
[7] ישעיהו מא ח
[8] ספר הבהיר קלה

המזבח שנעקד עליו יצחק, ונזדמן כופרו האיל ונברא בין השמשות, וכבר זכרנו מן האיל בטעם, אמנם המזבח הוא המזבח שהקריבו עליו הראשונים אדם והבל ונח, והמזבח הזה הוא המקבל תחילה מן הקורבנות כאשר זכרנו בטעם. ושם[9] צוה הוי"ה את הברכה חיים עד העולם. בזכות הקרבנות, וכל המקריב קרבן הכוונה לעלות אל המזבח הזה כאשר זכרנו שם, ומפני שנתקדש יצחק במזבח ההוא, והיה עולה תמימה טהור וקדוש וארץ ישראל, מכוונת כנגד המזבח ההוא, כעניין שאמרו - כל[10] הקבור בארץ ישראל כאלו קבור תחת המזבח. כאשר זכרנו באדם לכן לא היה ראוי לו לצאת מארץ ישראל הקדושה והטהורה אל ארץ אחרת, וכבר זכרנו בשער האדם שנוכל להתבונן ממנו, כי המזבח כנגד ארץ ישראל העליונה:

ומידת היסוד שהוא האמת, היה מידת יעקב, שהיה - איש[11] תם ויושב אהלים. והוא מכריע בין פחד אביו לאהל זקנו, ומשלים את הכל והוא השלום. ועל המידה הזאת אמרו רז"ל - שדיוקנו[12] של יעקב חקוקה בכסא הכבוד. וכסא הכבוד יאמר שהוא היסוד שנקרא כסא הכבוד, והוא חקוק בו כי הוא צורת זכר, או נאמר שהכסא רומז לכל הבניין, שהוא כסא לשלישית ומידת יעקב הוא עיקר הבניין, וכבר הבינות בצורת האדם שהוא חקוק בו:

והעטרה היא מידת דוד, והיא רגל רביעי שבמרכבה, אמנם אינו נקרא אב כמו האבות, מפני שמדתו צורת נקבה, ואין אורה רק מן החמה, כי נתמעטה הלבנה ומקבלת מלמעלה, ולטעם זה גם כן לא יאמר אלה"י דוד כמו שאמרו על האבות, אבל יאמרו בו מגן דוד, כמו שיאמרו מגן אברהם, ויש הפרש בין מגן אברהם למגן דוד, כי העטרה הייתה בת לאברהם, וכמו שדרשו ז"ל בפסוק - והוי"ה[13] ברך את אברהם בכל. והיא נקראת כל והיא המגן, אלא שאברהם היה הזרוע הימין, והיה המגן בזרוע הימין, כמו שנאמר - אברהם[14] אוהבי. ובדוד היה המגן

[9] תהלים קלג ג
[10] גמרא כתובות קיא א
[11] בראשית כה כז
[12] פרקי דרבי אליעזר לה
[13] בראשית כד א
[14] ישעיהו מא ח

תלוי בזרוע שמאל, כי שם מלחמה וזהו שאמר - ותתן[15] לי מגן ישעך. וכן אמר - מגיני[16] וקרן ישעי. וכן פעמים לא יזכרוה כלל רק יכללוה בשלוש אבות, כמו - האבות[17] הן הן המרכבה. ובתפלה יאמרו - הא"ל הגדול הגיבור והנורא, וכן במקומות הרבה. והטעם בזה שאין מגלין סוד העיקר לא לכל ולא בכל זמן, כי מידת הדין היא מדקדקת ופוגעת בכל זר הקרב, וכבר ביארתי זה בהריסה:

ואחרי אשר בארנו כי האבות הן הן המרכבה, נתבונן ממנו עניין עליית השם יתברך הנאמר באברהם דכתיב - ויעל[18] אלהי"ם מעל אברהם. וכן נאמר ביעקב - ויעל[19] מעליו אלהי"ם. כי השלישית נקרא אלהי"ם ופירושו כח הכחות, וכן העטרה נקראת אלהי"ם כי היא כח התחתונים, והשלישית פועלת בעולם העליון, והעטרה בשליחות עולם העליון פועלת בעולם התחתון, ועל כן יש לך לדעת כי כמו שהשלישית רוכבת באברהם העליון, כן העטרה בהשתלשלות רוכבת באברהם התחתון, בהכינו מחשבתו להמשיך עליו רוח נבואה, ובהסתלק הרצון ממנו נאמר - ויעל[20] אלהי"ם מעל אברהם. ויעל מעליו אלהי"ם. ועולה אל קדש הקדשים, היא החכמה, כעניין - עלה[21] אלהים בתרועה. וכן העניין ביעקב:

והטעם בכולם כי הרצון נמשך ומתדבק עם הצדיק, הנרמז במרכבה וכאילו יתעלה למעלה וגדלה עד לשמים, ר"ל כי חוט של חסד נמשך על פניו, ועל העניין הזה אמרו רז"ל - הצדיקים[22] הן הן המרכבה. ירצו לומר מרכבת השכינה כי מפני שיש צדיק למעלה במרכבה, כמו שנאמר - וצדיק[23] יסוד עולם. שורה השכינה על הצדיק התחתון, המדמה הצורה ליוצרה, כי מצא מין את מינו, ונעור כאשר כתבתי באדם:

ומכאן יתבונן מה שכתבתי בשמות המידות בספירה התשיעית בעניין

---

[15] תהלים יח לו
[16] תהלים יח ג
[17] בראשית רבה פב ו
[18] בראשית יז כב
[19] בראשית לה יג
[20] בראשית יז כב
[21] תהלים מז ו
[22] רש"י על בראשית יז כב
[23] משלי י כה

ציון וירושלם, בין שעיקר ציון הוא היסוד, שיהיה ענינו כאשר ביארתי הנה כי כאשר השם בוחר בציון של מטה, תהיה היא מרכבת השבעים, וכאילו היא מתדבקת בציון העליון, אבל עניין ירידת השם יתברך יתבאר כמו שדרשו - הנה[24] הוי"ה יוצא ממקומו. שדרשו בו - מלמד[25] שבא ממידה למידה ממידת רחמים למידת הדין. ואמרו במדרש בפסוק - וירח[26] הוי"ה את ריח הניחוח. מלמד שירד השם אל השם, וענינו כמו - ויאמר[27] הוי"ה אל לבו. וכבר ידעת כי העטרה נקרא לב:

וכלל העניין הוא שהרחמים בדינו והיא הברכה והשמחה, כי הכחות מתקרבים והכל ברחמים ומהמרכבה הזאת משתלשלת מרכבת יחזקאל שהיא מרכבת העטרה. וכאשר יש במרכבה עליונה ארבעים רגלים, כך בהשתלשלות יש גם לזאת ארבעה רגלים, והם הארבעה פנים שראה יחזקאל. פני אריה מהימין. ופני שור מהשמאל. ופני אדם ופני נשר:

והם ארבע מחנות שכינה - מיכאל, גבריאל, רפאל, אוריאל, אשר הם כח ארבעה מלכיות, כעניין שנאמר - והיה[28] לארבעה ראשים. ומשם ייפרד שר מלכות יון, ושר מלכות פרס, ומשם מתחיל עולם הנפרדים, וכעניין שנאמר - ומשם[29] יפרד והיה לארבעה ראשים. ובבהיר קראו לעטרה, שם שנאמר - ושם[30] חביון עוזו. וכנגדם נעשו ארבעה טבעות בשלחן, והארבעה פנים האלה נקראים שמים, מפני שהם השמים העליונים שנבראו, ומהם יקרא הקדוש ברוך הוא רוכב[31] שמים. כי העטרה רוכב עליהם והם כסא לעטרה, וזה הכסא הוא לבנת הספיר, ותחתיו הרקיע שעל החיות, והרקיע הזה היא החיה אשר ראה יחזקאל, ומה שאמר הכתוב - היא[32] החיה אשר ראיתי תחת אלה"י ישראל. שפשוטו נראה שהחיה היא תחת אלה"י ישראל, איננו כפשוטו, כי הכתוב יקצר וירצה לומר היא החיה אשר ראיתי תחת הכסא, אשר

---

[24] ישעיהו כו כא
[25] תלמוד ירושלמי תענית ב א
[26] בראשית ח כא
[27] בראשית ח כא
[28] בראשית ב י
[29] בראשית ב י
[30] חבקוק ג ד
[31] דברים לג כו
[32] יחזקאל י כ

תחת אלה"י ישראל, וכל זה לדעת רבי אברהם בן עזרא ז"ל. והרמב"ן ז"ל לא חלק עליו בפשט הזה:
החיה היא הלהט אשר זכרנו בהריסה, והיא הלהט אשר זכרנו בטעם, והם הכרובים הראה יחזקאל, ואמר - ואדע[33] כי כרובים המה. שם והם הפורשים בכנפיהם למעלה, כמו שאמר דוד המלך ע"ה - ולתבנית[34] המרכבה לפורשים. וכאשר אזכור עוד, וכנגדם היו הכרובים שבבית המקדש פורשים כנפיהם למעלה, והשכינה מנצנצת על הכפרת מבין שני הכרובים, דוגמת הכרובים העליונים כאלה:
אך בפנימיות המראה אשר ראה יחזקאל, הוא שנאמר כי עניין הכרובים היה מהשתלשלות עליון עד בית קדש הקדשים, כי הכרובים שבמקדש היו פורשי כנפים דוגמת הכרובים שאמר דוד עליהם - ולתבנית המרכבה לפורשים, היא מרכבת העטרה כאשר זכרנו. והם פורשים כנפים למעלה לקבל מן הכרובים העליונים שהם הד"ו פרצופין אשר גם הם פורשים כנפים למעלה, וכבר זכרנו במידות כי חסד ופחד נקראים כנפים וזרועות, וכמו שאמרו בבהיר כאדם שיגן בשתי זרועותיו על ראשו:
ופרישות כנפי הכרובים התחתונים הוא רמז - כי[35] גבה מעל גבה שמר וגבהים עליהם. ומפני שרמיזתם אל מקום היחוד, ר"ל הספירות, נצטווה משה רבינו היותה מקשה, ומפני שהיו מרכבת העטרה המנצנצת ביניהם, והיא מידת הדין, והיא הצפון, אשר משם - הזהב[36] יאתה. כאשר אזכיר בעולם לכן היו של זהב, לרמוז אל מידת הדין, כי מצפון זהב יאתה:
אמנם בארון היו מונחים הלוחות, שבהם עשרת הדברות הוי"ה, בכל לוח רמז לעשרת הויו"ת, כאשר אזכור בעשיריות. ובתוכם עוד התורה שהיא רמז לתפארת, לרמוז כי השם שלם שוכן שם, וכעניין שאמר - במקדש[37] ראשון שהאש רובץ על המזבח כארי. כלומר שהיה חוט של חסד משוך, ואף בימי משה היה זה:
ואולי בעבור כי עיקר המשכן לכבוד ולתפארת, נבחרו לבנינו אחד

33 יחזקאל י כ
34 דברי הימים-א כח יח
35 קהלת ה ז
36 איוב לז כב
37 לפי הגמרא יומא כא ב

למטה יהודה והוא בצלאל, ואחד ממטה דן והוא אהליאב, כי יהודה היה גדול בשבטים והיה מלך, ונרמז בו השם הגדול, ודן רמז לדין, והנה המלך והמלכה. והשם נתן לבצלאל חכמה ובינה ודעת, לחשוב מחשבות, ונתן לעזרו אהליאב, כמו שאמר - ואתו[38] אהליאב. ולא אמר שייתן לו חכמה ובינה ודעת כמו לבצלאל:

וכאשר השכיל יחזקאל, החיה והכרובים שזכרנו השיג מעלות לעילוי החיה העליונה, שהיא העטרה, והיא המראה הנראה לנביאים, וממנה נראה כל העניין, והמראה ההיא הוא הכרוב השני, ר"ל העטרה, וממנו יודע הכרוב הראשון שהוא התפארת, כדרך שאר הנביאים, כלומר שהרגיש בתפארת מפני שהעטרה כלולה בו, אמנם לא שידעו בנבואה כמשה, ואם תשכיל מה שאמרתי תבין מפני מה אמר ואדע ולא אמר ואראה, מפני שלא השתכל בכרוב הראשון, ותבין מפני מה לא אמר כי כרוב הוא וירמוז לחיה[39] אשר תחת אלה"י ישראל. אבל אמר כרובים המה, בלשון רבים, מפני שראה בכרוב השני וידע בראשון, והבן זה. ואחר שזכרתי כי רגלי המרכבה, הם יסוד הבניין ועיקרו ההשתלשלות מהם, ראיתי להרחיב והוא שער העולם:

---

[38] שמות לח כג

[39] יחזקאל י כ

פרק שנים עשר

שער העולם:
ובו יתבאר כי כח העליונים בתחתונים בכללים ובפרטים:
כבר כתבתי בטעם כי השלוש ראשונות כוללות כל עניין וכל כח, אמנם לרום ולרוב מעלות השתים והעלמתן לא יזכירו המקובלים רק השלישית, שהיא כח הכחות ונקרא אלהי"ם על זה. וכן נקרא א"ל עליונים, כלומר כח שהוא עליון על כל הכחות, כי השבע עמודים הם כחות העליונים ומידותיו, אשר מנהיג על ידם עולם השפל:
וזכרתי בתחילת הספר כי יסודי עולם השפל שלוש, בכלל חסד פחד תפארת, ורביעי בפרט עם העטרה, כי יש להם שרש גדול ומופלא. והשרש גדול הזה הוא מסובב משלפניו ושלפניו, משל פני פניו עד המסבב הראשון יתברך שמו, שהוא סיבת הכל. **הגהה**, הכונה היא כי כל ספירה שלמטה תסבב. וכאשר תמצא בנבראים המסובבים, הספירה שלמעלה הימנה על ידי התעוררותה, כלומר המעוררים העליונים, על ידי כי כל תחתונה שואבת ממה שלמעלה הימנה הדבקות מחשבתם בהם, כי נאצלו כחות העליונים בתחילת המחשבה היותם יסוד וכח לפעולות המצויות והנמשכות למטה בעולם השפל, ולכן אין לספר בנעלם, כי ידוע כי השלוש ראשונות כוללות כל כח וכל עניין:
ולא תחשוב השלוש ראשונות לבד, כי אף הראשונות כוללות את הכל, אלא שאין כוונתו לישא וליתן בעניינם משום - במכוסה[1] ממך אל תדרוש. אמנם ידוע הוא כי היא סבת הכל, אך כוונתנו עתה לבאר מוצא היסודות מהעולם שזכרנו וכחותם והשתלשלותם, והוא בלל כל העולם. והוא שאומרים המקובלים כי הרב המעלה לרוב עלויה ועלומה, והיותה דקה מן דקה נקראת אויר קדמון, ונקרא **אין**, והם הרחמים הגמורים בלי תערובת דין. כי הוצאתה מאין סוף, ואולי כי עליה אמרו ז"ל - והלא[2] במאמר אחד היה יכול להבראות אלא להיפרע מן הרשעים, כי לפי רוב טובה לא תהא בה נקמה. ואם יש פירוש אחר לאגדה זו, גם מזה אל תנח ידיך:

---

[1] גמרא חגיגה יג א
[2] פרקי אבות ה א

והשניה היא דין, זה לעומת זה, ונקרא אש צדק ארץ, כמו שמבואר בשמות:

והשלישית מכריע ונקרא מים, וכבר זכרתי כי מעכירות המים יצא העפר, ולכן נקרא גם היא עפר ועליה נאמר - הכל[3] היה מן העפר והכל שב אל העפר. כי כן יהיה בסוף כאשר יתבאר בשמיניות, ותוכל להתבונן כי היא העפר, והוא הווה ממנה, בהיותה כלולה מהשנייה הנקראת ארץ:

והנה השלישית כוללת את הכל וממנה צמיחת הכל, הנה שביארתי לך איך הראשונות כוללות כל כח והם אותיות **אש"ם**, **אויר אש מים**. אבל על דרך המקובלים שעושים בסיפורם השלוש ראשונות עניין אחד ומעלימים השתים, לכן קורין לשלוש תחתונות על דרך השתלשלות עם כלל השתים, אויר והוא רוח, מרוח הנקרא בספר יתירה. שהרי השלוש תחתונות נקראת רוח לרוב עלויה. ואין צריך לומר השם העליון שהאצילה. וכבר זכרתי שנקרא רוח אלהי"ם חיים, וחסד הם המים, והם המים העליונים התלויים במאמר:

והשלוש תחתונות נקראת מאמר, ועליו נאמר בפרשת בראשית **ויאמר אלהי"ם** היא האמירה והמחשבה לפניו. אמנם כל ספירה נקראת מאמר, כדרך שאמר - בעשרה[4] מאמרות נברא העולם. והם הספירות כמו שיתבאר בעשיריות, והמים האילו הם שהזכירו בספר יצירה מים מרוח, ועליהם נאמר - ורוח[5] אלהי"ם מרחפת על פני המים. ומפני שלא נשלמה עניין הבריאה אמר מרחפת כעוף הפורח על פני המים, נוגע ואינו מוצא מנוח עד הגיעו ליבשה. ועל המים האלה נאמר - יהי[6] רקיע. שהוא התפארת הכולל כל הקצוות, בתוך חסד הנקראת מים. וכאשר היה הרקיע בתוך אז הקיפוהו המים, והיו מהם עליונים ותחתונים כאשר אזכור עוד:

הרו המים וילדו אש, והוא הפחד והוא מה שאמר בספר יצירה - אש ממים. כי - גם[7] את זה לעומת זה עשה האלהי"ם. הנה לך כי מן השלוש תחתונות נאצלו כל היסודות, האויר והמים והאש, והם כלל הכל, כי

---

[3] קהלת ג כ

[4] פרקי אבות ה א

[5] בראשית א ב

[6] בראשית א ו

[7] קהלת ז יד

מכללם יצא העפר, כי העפר עם כולם מתגלגל:

הנה שהתפארת וחסד ופחד אותיות **אמ"ש**. והתפארת הוא המכריע בין האש והמים וכלול מהם, והוא עיקר הכל, והם הארבעה פנים. ולכן נקרא שמים, כלומר אש ומים, או שנקרא כן לפי שרובו חסד, והם המים, והשם שימוש כמו שזכרתי במרכבה, אמנם ממטר השמים תשתה מים חסד, והארץ ההיא היא הנקראת מים תחתונים שנשקעו בארץ מהמים העליונים, וכעניין שנאמר - וכנה[8] אשר נטעה ימינך. כאשר זכרתי:

והתפארת שהוא הרקיע המבדיל בין מים למים, להיות עליונים ותחתונים והוא מה שהזכירו - כי[9] יש רקיע המבדיל בין מים עליונים למים תחתונים. ומכאן יתבונן הדעות החלוקות שנאמר על זה כי כל אחד רצה להטמין ולהעמיק יותר ויותר מחברו, אך כולם מודים כי מן חסד נתפשט הכל, רק שלא נצטייר אלא במחשבה, ר"ל שלא נצטיירו ההויות בצורה שלמה להוציא מן הכח אל הפועל, עד מאמר - יהי[10] רקיע בתוך המים. שעיקרו ושענינו כאדם שמפנה מקום לבינו, לעשות בו יסוד לפעולה העתידה לצאת ממנה מן הכח אל הפועל, והוא מה שאמר והיה העולם מים במים, ואחר נגבל לכל דבר מקומו דבר יום ביומו, והוא שאמר אמרתי - עולם[11] חסד יבנה. כי הכל ממנו נתפשט:

ומה שאמרו רז"ל - שהמים[12] העליונים זכרים והתחתונים נקבות. לפי שכל מקביל נקרא זכר וכל מקבל נקרא נקבה. וכבר זכרתי כי הארץ שותה ממטר השמים, והנה לדרך ההשתלשלות שכתבתי נאמר כי על העטרה, אמר הכתוב - הכל[13] היה מן העפר והכל שב אל העפר. כי משם ייסעו ומשם יחנו כי הוא עולם הנשמות, והנה על דרך זה תוכל להתבונן כי כל אחת כלולה מן הכל, אלא שכל אחת מהיסודות הוא יסוד, וכח לפעולות הנמשכות למטה בעולם השפל, על ידי העטרה:

ומה שכתבתי למעלה כי התחלת היסודות מהשלישית והיא נקראת אויר, הוא בעבור כי היא נשמת עליון וממנו לו החיים, כעניין אשר

---

[8] תהלים פ טז

[9] זוהר בראשית יז א

[10] בראשית א ו

[11] תהלים פט ג

[12] ירושלמי ברכות ט ב

[13] קהלת ג כ

זכרתי באדם, ואמרתי שהשלישית הוא חיי המלך, והוא אשר נפח באפי המלך נשמת חיים, להחיות בו נפש כל חי. אמנם יסוד היסודות הנמשכים למטה לפעולה הם ארבע רגלי המרכבה וכללם שלוש, וארבע בפרט. חסד המים, ופחד האש, ותפארת כלול משתיהן, והם הד"ו פרצופין, ובו נכלל עוד אויר שהוא השלישית כי הוא נפח באפיו נשמת חיים ורוחו, והנה הוא כלול בכל באויר ובמים ובאש ובעפר, והנה שלוש האבות, רוצה לומר הכתרים והתפארת, שהם עיקרי היסודות, ומוצאיהם הם כנגד שלוש הראשונות שזכרתי למעלה בעניין היסודות:

אמנם מתהפכים הדברים באצילותם כמו צורות השקועות בחותם, שהם מהופכות לעיני הרואה בהם וכאשר יחתמו בו, יחזרו הצורות להיות בולטות ומתהפכות לסדר אם היו, סדרן ימיניים יחזרו שמאליים. כן הראשונות באצילותם בסדר **אש"ם**, והאבות **מש"א**. והוא שאמר בספר יצירה - הציבן[14] כמין חומה. כי השלישית הציבה הבניין כמין חומה היות היסוד למטה להעמיד הבניין כראשונות, האויר שהוא עיקר הוא עליון והוא היסוד שהכל תלוי בו, ובבניין האויר שהוא התפארת או היסוד, הוא למטה להעמיד הבניין וכעניין שנאמר - שעולם[15] עמוד אחד שנאמר וצדיק[16] יסוד עולם. והנה שלוש האבות הם יסוד לכל הפעולות, אמנם פרטם ארבע, כי העפר הרומז לעטרה נכלל בהם:

ובצאת הדברים אל הפועל - נמצא כי חסד יסוד המים, ופחד יסוד האש, ותפארת יסוד הרוח, והעטרה יסוד העפר. וכבר זכרתי למעלה כי הארץ יבשה מצד הפחד, לא מקום זרע עד שימטיר עליה מן השמים מים, הרומזים לחסד, והוא עניין שיהיה חוט של חסד משוך עליה על העטרה, והוא זרע השלום ובזכות - האד[17] העולה מן הארץ. ישכון וימטיר על פני האדמה, ור"ל באד בעשן הקרבנות ובענן הקטרת:

והנה לך מבואר כי רגלי המרכבה הם עיקר היסודות, וכמו שהם מוצא היסודות כך הם מוצא לארבעה מיני מתכות. חסד מוצא לכסף, שהוא לבן. ופחד לזהב, שהוא אדום. והתפארת לברזל, שהוא לבן. אבל לא

---

14 ספר יצירה א י

15 חגיגה יב ב

16 משלי י כה

17 בראשית ב ו

ככסף גם כן הוא נרמז לכסף, כי רובו חסד. וכן העטרה לנחושת שהוא אדום, אבל לא כזהב, אמנם גם היא נרמזת לזהב מפני שהיא נוטה אל המערב:

וכן אלה הם יסוד לארבעה רוחות העולם - חסד למזרח, פחד למערב, תפארת לדרום, עטרת לצפון. ומה שאמר - שכינה[18] במערב. לפי שנוטה אל הצד ההוא שנקרא מ"ה, שהיא מערב, ומשם מתעוררים כל המלחמות והפורעניות:

וכאשר תשכיל בעניין אלה הארבע, תוכל להבין טעם איסור הערלה שלוש שנים, והיות הפרי קדש בשנת הרביעית. כי השלוש שנים כנגד שלוש האבות הכוללים כל הכחות שצריכין לעבודת האילן, והרביעי הוא רמז לעטרה, שנתנה לראש פינה, והפרי קדש, כי יד הוי"ה עשתה זאת. והנה הנהנה ממנו תוך שלוש שנים כאילו נהנה בלא ברכה, והוא מושך הערלה, ומכסה את הכל:

וכנגד ארבע אילו ישתלשלו ארבעה מחנות שכינה, כמו שכתבתי במרכבה, וכנגדם נתחלקה השנה לארבעה תקופות, וכן כנגדם בארץ ארבעה נהרות היוצאים מן הגן העליון:

אמנם העניינים משתלשלים ממדרגה למדרגה, אמנם הכל פונים אל המעיין הגדול, ובעבור כי הד"ו פרצופין הם עיקר העולם העליון, והם הפועלים שהעולם השפל מתנהג בהם, נקראים הם דרך כלל יום ולילה, חמה ולבנה, חמה ביום ולבנה בלילה, והתפארת נקראת דרום לפי שהיא כנגד היום, ואמרו דרום דרך יום, בעבור כי חמה מהלכת ביום באותו רוח, והצפון נקראת צפון מפני שהחמה צפונה ממנו, וצפון החמה היא לילה, כי בהעדר האור הוא חשך, וזה עניין שממשלת הלבנה היא בלילה:

וכן נקראו הד"ו פרצופין שמים וארץ כמו שכתבתי למעלה, והמתבונן במה שכתבתי באדם עם מה שביארתי הנה בעניין העולם יתבונן באמת כי - אדם[19] הראשון מן השמים ועד הארץ וממזרח למערב היה, והיא מידה אחת, ומה שביארתי בטעם אגדה זו להשגת האדם, גם הוא אמת, כי לפי המשא והמתן שהביאו עליה ידבר באדם התחתון הנברא בדמות עליון, שהיה יכול להשיגו בתפארת שהוא כולל כל הבניין, לולי גרם

---

18 גמרא בבא בתרא כה א
19 גמרא חגיגה יב א

החטא והכל עולה בקנה אחד למשכיל:

ובעבור שהתחלתי לבאר כי הבניין יסוד ויחוד הכל, אוסיף לבאר עוד שמושי הבניין ביום ובלילה, אמרו רז"ל - היום[20] הולך אחר הלילה ומאמרם הם חיים בקבלה, ובכלל עניין זה מחלוקת שהזכירו במסכת ברכות - תנו[21] רבנן ארבע משמרות הוי הלילה דברי רב, רבי נתן אומר שלוש, ודעת רב כי המשמרה שלוש שעות והם ארבע, ודעת רבי נתן כי המשמרה ארבע שעות הרי שלוש משמרות, והמשמרות המשמשין בלילה - הראשונה חסד, השנייה פחד, והשלישית תפארת, והרביעית העטרה:

אבל דעת רבי נתן שאומר כי המשמרה הם ארבעה שעות הם שלוש משמרות, הראשונה חסד, והשנייה פחד, והשלישית תפארת, ולא מנה הפרט רק הכלל. אבל רב מנה הפרט והם ארבעה משמרות, אמנם שניהם מודים כי היום הולך אחר הלילה, אך משמרות היום ראשונה היא נצח, שניה הוד, שלישית יסוד. ולדעת רב שאומר ארבעה יהיה משמרה רביעית העטרה. אבל לדעת רבי נתן עושה חבור אחד, כי בכל מקום שאנו מזכירים התפארת או היסוד, העטרה בכללו. ורב מונה אותן בפרט והם ארבעה משמרות ביום, משמרות הלילה ראשונה חסד, שנייה פחד, שלישית תפארת, זה דברי רבי נתן שעושה חבור אחד. אבל לדעת רב שמונה הכלל, המשמרה הרביעית היא העטרה, כי מתגלגלת עם כולם, אם כן אתה רואה כי לדעת שניהם היום הולך אחר הלילה, כי אין המחלקת שביניהם אלא זה על הכלל, וזה על הפרט:

ומכאן יתבונן המשכיל כי השכמת הבקרים אחר חצות, טוב לעסוק בתורה ובמצוות, ולומר תחנונים, כי הוא עת רצון ועת שעומד הקדוש ברוך הוא עם הצדיקים בגן עדן, בין לדעת רב בין לדעת רבי נתן, בהיות שימוש העטרה סמוכה לתפארת, כי שימוש העטרה לעולם היא סמוכה לתפארת, כי התפארת נכנס מבין השוורים, הנה הוא עת רצון ואין צריך לומר לדעת רבי נתן שעושה חבור אחד:

יצא מדברינו כי זמן קריאת שמע שהוא עניין היחוד, בשימוש אהבת חסד, והוא זמן שכיבה וקימה לכל, ובכאן נזכיר עניין תפלת שחרית

---

[20] משנה חולין ה ה

[21] גמרא ברכות ג ב

שהיא עד ארבעה שעות שתקן אברהם. ותפלת המנחה שתקן יצחק. ותפלת ערבית שתקן יעקב. ותפלה שתקן יצחק בזמן יציאת ארבעה שעות שניות, ולא בארבעה שעות עצמן, כי אין לבטל כח המנהיג. ותפלת ערבית שהיא בלילה תקנה יעקב, והיא רשות, כי הוא זמן שימוש חסד אשר הם הרחמים הגדולים:

ובעניין משמרות הלילה, משמרה[22] ראשונה חמור נוער, שניה כלבים צועקים, שלישית אישה מספרת עם בעלה ותינוק יונק משדי אימו. ואגדה זו בשיטת רבי נתן שאומר שלוש משמרות הוי בלילה, ואמר **הראשונה** חמור נוער, מפני כי בה שימוש חסד והיא מידת אברהם, והוא החמור הראשון שהוזכר בתורה, הוא חמורו של אברהם. והחמור ההוא היה מזומן אל משה, ומזומן גם לעתיד לבוא למשיח, שנאמר עליו - עני[23] ורוכב על חמור. וכמו שדרשו שם ז"ל. והכונה להם כי אברהם ומשה ע"ה העירו את האהבה, ונמשך להם חוט של חסד על ידי העטרה. והשור נעשה חמור וכן לימות המשיח:

ושניה כלבים צועקים, רמז לשימוש הפחד שמשם הנפש המתאווה צועקת, ואומרת - הב הב, והכלב לא ישבע לעולם, והכלב מן הצד ההוא. ואמרו רז"ל - כלבים[24] בוכים מלאך המות בעיר. ומכת בכורות הייתה בחצי הלילה במשמרה שניה בתקפו של דין, ונאמר שם - ולכל[25] בני ישראל לא יחרץ כלב לשונו. לפיכך צווה השם יתברך להשליך הנבלות והטרפות לכלבים, בעבור שהם מן הצד ההוא. וכינורו[26] של דוד היה מנגן בחצי הלילה. מפני שרוח צפונית מנשבת והיא מן הצד ההוא, הייתה מנשבת בו מפני שאז הוא שימוש הפחד והוא מפחדו, או אולי קם לעורר את האהבה ולהמשיך כח למידתו ולעזרו בפעולתה, כעניין אשר זכרתי באדם בעניין העזר:

שלישית אישה מספרת עם בעלה, כי אז הוא שימוש התפארת בד"ו פרצופין ביחוד לדעת רבי נתן. אבל לדעת רב אמרו תינוק יונק משדי אימו ירמוז בתינוק לעטרה, שהוא הנער ובמשמרה זאת מקבלת

---

[22] גמרא ברכות ג א

[23] זכריה ט ט

[24] גמרא בבא קמא ס ב

[25] שמות יא ז

[26] גמרא ברכות ג ב

ומזמנת פרנסת הבריות, ומפרנסת עבדיה המקבלים כח ממנה, וכח השרים הפועלים, וכעניין שנאמר - ותקם[27] בעוד לילה ותתן טרף לביתה וחק לנערותיה. כי הנער במשמרה ההיא יונק מלמעלה, ובזמן ההוא ירד המן לישראל להיות להם פרנסה. ואמרו רז"ל - שלוש[28] שעות ראשונות [**היב"ש** - בגמרא שלנו בשלישית] - יושב וזן את העולם כולו מקרני ראמים עד ביצי כנים:

הנה בארנו הבניין בכל, ולכן נקרא עולם והוא עולם העליון, לפי שעיקר הבניין הוא התפארת נקרא עולם, בעבור זה והוא כלל כל הבניין. אמנם כל אחת מהמידות נקרא עולם, כמו שיתבאר במניין ובכמה מקומות, רמזו לעולם ההוא וכעניין שאמרו - הבית[29] בתורה וברא את העולם. והכונה השלישית הבית בשנייה וברא את העולם, וכבר ידעת כי השנייה נקרא תורה קדומה, כמו שיתבאר למטה. והשלישית המציאה הבניין מאותה הבטה, וכמו שכתוב - חכמת[30] נשים בנתה ביתה חצבה עמודיה שבעה. ועניין ההבטה הוא שבכח השם העליון פעל את הכל:

עוד אמרו בעניין העולם - הקדוש ברוך הוא[31] נמלך בנפשותיהן של צדיקים וברא את העולם. והקדוש ברוך הוא מאגדה זאת רמז לשלוש תחתונות. והכונה לפי שיסוד נשמתן נאצלו ממנו, אמנם אם תתפשט כוונתם על עולם השפל, נאמר שנמלך, השלוש תחתונות או התפארת עם העטרה, שהוא מקום נפשות הצדיקים, כי זאת מנוחתם עדי עד, כאשר זכרתי למעלה בהכול שב אל העפר, כי שם יחנו ומשם יסעו, משם יסעו לעולם הזה ושם יחנו לעולם הבא, שהוא היסוד כי שם השתלשלות מוצא הנשמות, ומהבינה או התפארת והוא שבת הגדול, שבו קיום הנשמות, כעניין שאמרו בבהיר - אני[32] הוי"ה עושה כל. שמשם פורחות הנשמות. ומילת **כל** רומז ליסוד:

---

27 משלי לא טו

28 גמרא עבודה זרה ג ב

29 בראשית רבה א א

30 משלי ט א

31 בראשית רבה ח ז

32 ישעיהו מה ז

עוד אמרו[33] בפסוק - שבת[34] וינפש. מלמד שיום השבת [ר"ל פי היסוד] מקיים כל הנפשות. ועל העולם העליון נקרא השלישית מלך עולם, ובעבור כי זכרתי כי השנייה נקראת תורה קדומה, אצטרך להודיעך כי שלוש תורות הם, תורה קדומה והיא השנייה שבה נרשם הכל. תורה שבכתב היא התפארת. ותורה שבעל פה היא העטרה. על תורה קדומה אמרו שקדמה לדעת, כי כל ספירה רומזת אלף שנים, לפי שהתחלת עולם העליון הוא בחסד, והשנייה והשלישית קודמת לה באצילות, לכן אמרו - כי[35] תורה קדמה אלפים שנה לעולם:

ומה שאמרו - שהתורה[36] הייתה כתובה באש שחורה על גבי אש לבנה. כוונתם בשחורה לרמוז אל העטרה שהיא מידת הדין, והאי שחור אדום הוא, והיא תורה שבעל פה. ובאש לבנה רמזו לתורה שבכתב, שהיא התפארת. וכוונת מאמרם ז"ל לרמוז לארבע פנים שהיו בתחילה באצילות, ושניהם נקראים אש, וכן כולם וכמו שכתבתי בשמות השווים. הנה לך מבואר כי באור תורה שבכתב הוא על ידי תורה שבעל פה, כי לא תושג זו בלתי זו כי ייחודם יחוד גמור. אמנם הייתי יכול לפרש כתובה באש שחורה על גבי אש לבנה, על תורה קדומה שנרשמו בה הל"ב נתיבות, כי כבר ביארתי כי השנייה הוא דין. והשלישית ממוצעת ברחמים, והוא האש הלבנה. ובאמת כי הכל עניין השתלשלות מן העולם ועד העולם:

33 ספר הבהיר נז

34 שמות לא יז

35 שיר השירים רבה ה יא

36 מדרש תנחומא בראשית א

פרק שלושה עשר

<u>בביאור השביעיות והשמיניות והעשריות:</u>

כבר זכרנו פעמים רבות כי הבניין זה השבע אשר הם עולם העליון, וממנו נשתלשל עולם השפל, וכנגד שבעה עמודי עולם נתהוו שבעה רקיעים[1] - וילון, רקיע, שחקים, זבול, מעון, שמים, ערבות, והם מכוני השכלים. ומהם שבעה כוכבי לכת[2] - שבתי, צדק, מאדים, חמה, נוגה, כוכב, לבנה. וכנגדם בכדור הארץ שבע ארצות בשבע שמות[3] - ארץ, אדמה, ארקא, חרבה, חלד, יבשה, תבל. וכן נחלקה הארץ לשבעה[4] אקלימים:

וקיום העולם היה בשבע[5] - אדם וחוה נבראו, ונולדו מהם הבל ושתי תאומותיו, וקין ותאומתו. ומי שאמר עלו למטה שנים וירדו ארבעה, הזכיר הכלל והניח הפרט, כי האדם ואשתו והבל וקין הן הכלל. והתאומות הן הפרט:

וכן שבע מינים שבלולב - לולב, ושלוש הדסים, ושתי ערבות, ואתרוג. ירמוז לשבע ספירות האלה:

גם נשארו לקיום העולם אחר דור המבול, שהייתה כמו בריאה חדשה שבעה[6] - נח ושלושה בניו ושלושת נשי בניו, ואולי נשארה נעמה אשת נח שהייתה עודפת על מספר השבע מזרע קין, בעבור שלא רצה השם יתברך למחות לגמרי שמם מהותיותם שהיו ראשונים בבריאה, או שהייתה היא מכלל שבע הראויים לקיום העולם, אמנם לא רצה השם יתברך להאביד מביתו של נח הצדיק ומזרעו כלום, בזכותו לא קדם המבול ולא אחר המבול, אמנם קלקל חם ונתקלקל זרעו, אם כן נשארה נעמה בחילופו להשלים מספר השבע:

או אני אומר באולי שעיקר קיום העולם להוציא מן הכח אל הפועל, הוא בשמונה. כי גם העליונים ימנו בשמונה, והטעם כי בהיות העטרה

---

[1] גמרא חגיגה יב ב

[2] ספר יצירה ד ה-י"א

[3] תיקוני זוהר חדש דמ"ב ע"א

[4] רבינו בחיי ויקרא ט א

[5] גמרא סנהדרין לח ב

[6] בראשית ח טז

לראש פינה, לשמור השער תמונה, פעמים אחת בכלל, ואחת בפרט כמו שיתבאר בשמניות:
וכן כנגד השבעה עולמות שכל אחת מהם שבע אלפים שנה, כמו שיתבאר למטה, והשבע בעניין כל העולם שהוא רמז לבניין, וכן ימי השבוע, ושני השמטה ושבע, שמיטות היובל, וכן ימי הפסח, וימי ספירות העומר בשבע שבתות:
ועל השבע אמרו - הקדוש[7] ברוך הוא שעתיד לעשות שבע חופות לראש כל צדיק וצדיק. והוא רמז כי אור הצדיק יהיה שבעתים, והשבע נקראים ימים והם ימי בראשית הנזכרים בפרשת בראשית, והששה מהם נקראים ששת ימי בראשית, והם ימי המעשה כי בהם נברא העולם, והשבת שבת כמו שיתבאר. והששה[8] האלה נקראים שש קצוות, ועליהם אמרו בספר יצירה שש חותמות ורמזו על שרש השם הגדול שהוא **יה"ו** המצורף כמה צרופים באותיותיו, שהם יה"ו ובהם נחתמו הקצוות, כמו שהזכירו שם עמק רום ועמק תחת וכו':
חלוקי אותיות **אמ"ש** נחלקו שם לששה, כי ידענו כי שלש בונות ששה, וכן[9] בספר יצירה כי לעולם לא תוכל לעשות משלשה אותיות כי אם ששה תיבות. וכנגדם הלוחות - ארכן[10] ששה ורוחבם ששה, ועבין שלושה. ומפני שכל לוח עולה לשלושים וששה, שהם בין שניהם **ע"ב**, והוא חשבון צרוף השם הגדול שהוא יה"ו עם ה' אחרונה [**היב"ש** - שם ע"ב במלוי הוא יו"ד ה"י וי"ו ה"י] כמו שמבואר בבהיר, אמר - כי[11] השם וכל כנויו היו מונחים בארון. ואולי כי עבין שלוש, כי השרש של השם שלוש אותיות:
וברוב המקומות שיזכירו ז"ל מנין ששה או ששים, כנגדם ירמזו כמו שאמרו שש אישות הם, כי הן מהשתלשלות האישים העליונים, וכן אמרו על אחר - ומחיוהו[12] למטטרו"ן שיתין פולסי דנורא. וכן[13] אמרו

[7] גמרא בבא בתרא עה א
[8] ספר יצירה א יב-יד
[9] ספר יצירה ד יב
[10] גמרא בבא בתרא יד א
[11] גמרא סוטה מב ב
[12] גמרא חגיגה טו א
[13] גמרא בבא מציעא פה ב

על אחר [**היב"ש** - אלישע בן אבויה] - ומחיוהו[14] למטטרו"ן שיתין פולסי דנורא. וכן[15] אמרו באליהו ז"ל. וכן אמר שלמה המלך ע"ה ששים[16] גיבורים סביב לה:

ועניין הששים לפי שכל קצה משש קצוות אלו כלול מעשר, כי כל אחד מעשר ספירות כלולה מכולם, וכן אמר שכלל הצורות והדעות הם ששים רבוא, והוא סוף מספר שש קצוות שהם שש ספירות שכל אחת עשר רבבות. ואמרו על זה מפני שהיו ישראל ששים רבוא שהיו כלל כל הדעות והצורות של עולם העליון, היו ראויים שתשרה שכינה עליהם, כמו בצבאות מעלה. ואולי כי על זה נצטווה משה למנותם פעמים רבות, כדי לראות אם הם מספר שלם דוגמת מעלה, ויהיו ראויים לשרות עליהם שכינה, ואמרו[17] הרואה אוכלוסייה אומר ברוך חכם הרזים. כי בהם נכלל הכל:

ודוד ע"ה הזכיר הששה ביחד ואמר - לך[18] הוי"ה הגדולה והגבורה והתפארת והנצח וההוד כי כל בשמים ובארץ. אמנם הזכיר לך הוי"ה הממלכה, הרומז לעטרה כמו שיתבאר:

ועל ששת ימים האלו אמר הכתוב - כי[19] ששת ימים עשה הוי"ה את השמים ואת הארץ. ופירוש כי השלישי הזמין והתקין ששת ימים, עם השמים והארץ, שהם עיקר הבניין ולא יחסר ב' במילת ששת, וביום השביעי, שהוא **היסוד** שבת וינפש:

וקבלת סדר הימים האלו בשימושם יום **ראשון** לתפארת. יום **שני** לעטרה. לפי שהם עיקר הפועלים הם ראשונים בסדור שימוש הימים, לפי שיום שני רמז לעטרה, שהוא מידת הדין אמר כי לא נאמר בו כי טוב לפי שבו נברא אור של גיהנם, והוא הנהר דינור, כי המשפט לאלהי"ם הוא. יום **שלישי** לחסד. **ורביעי** לפחד, ואמרו ביום רביעי ירד אסכרא[20] [**היב"ש** - מיתה בחנק] לתינוקות, לפי שבו שימוש

---

[14] גמרא חגיגה טו א

[15] גמרא בבא מציעא פה ב

[16] שיר השירים ג ז

[17] גמרא ברכות נח א

[18] דברי הימים-א כט יא

[19] שמות לא יז

[20] גמרא ברכות ח א

מידת הדין הקשה. ואמרו - הקשה[21] שבמיתות היא אסכרה. וכתיב בו - יהי[22] מארת. חסר ו', והוא לשון מארה. והזכירו ז"ל - התינוקות לפי שהם עלולים לקבל חום וקור המולידים האסכרה. ויום **חמישי** לנצח, שהוא מידת החסד. והוא יום רצון לתפלה ולתחנונים, ובו נבראו הדגים ונתברכו. ויום **השישי** להוד. יום **השביעי** ליסוד ,והוא השבת הגדול, שהוא עולם הבא, והוא חיי העולמים, והוא האור הצפון לצדיקים, ולו מחכים כל הנפשות, כי משם יסעו ושם יחנו יגיעי כח:
ואמר בבהיר - **וינפש**[23] מלמד שיום השבת מקיים כל הנפשות. ועוד אמר כי משם פורחות כל הנשמות, ועל זה אמר - כי[24] השבת מעין העולם הבא. ולא נמשך האצילות יותר, והנה השבת אחרון במניין, והיא המקבלת מכולם, והיה מן הראוי שיפעל היסוד וישגיח בעולם השפל, בהיותו יסוד **הכל**, אלא שלא היה העולם ראוי להשתמש באור ההוא, ועל העניין הזה אמר במשל על שלמות המחשבה ביצירה. אמרה[25] שבת לפני הקדוש ברוך הוא לכולם נתת בן זוג ולי לא נתת, אמר לו הקדוש ברוך הוא כנסת ישראל תהא בת זוגך. והוא משל על שלמות תחילת המחשבה, כמו שיתבאר בעניין הבריאה:
אמנם באור משל זה כי מה שהזכירו השבת בלשון נקיה, מפני שהייתה אחרונה באצילות, ומקבלת מכולם, לפי שלא היה העולם ראוי להשתמש באור ההוא, הביאו המשל על תחילת שלמות המחשבה שאמרנו לעיל, שבתחילה עלה במחשבה להבראות שנים, כאילו השבת היה מקפיד אם ישגיח בתחתונים, ולומר לו שראוי והגון שיהיה לו מקבל להיעשות שליח לעשות שליחותו בעולם השפל, מפני - שתחילת[26] המחשבה הוא סוף המעשה. לכן אמר שאמר לו השלישית שהוא הבונה בשמים עליותיו, והוא הקדוש ברוך הוא הנזכר באגדה ההיא כנסת ישראל תהיה בת זוגך, כלומר לקבל ממנו ולעשות שליחותו ולהשגיח ולפעול בעולם השפל, והנה העטרה עם השבת, ובעבור שהיא כלולה בשבת שהוא היסוד, נקראת גם היא שבת,

[21] גמרא פסחים קה א
[22] בראשית א יד
[23] ספר הבהיר נז
[24] בראשית רבה יז
[25] בראשית רבה יא ח
[26] לפי הפיוט לכה דודי לערב שבת

במילת **שבתותי**. ולכן נקראת **כלה**, מפני שהיא כלולה ביסוד הנקרא **כל** בעבור היותו יסוד **הכל**. וכן העטרה המקבלת ממנו וכלולה מן הכל, לכן נקראת היא כל. וכן נקראה מלכה, בהיותה עם המלך[27] במסיבו. והנה בשבת זכור ושמור. זכור רמז ליסוד צ"ז, ושמור לעטרה צ"ג, כי היא שומרת את ישראל, והיא הלילה:

והנה בהכנסת שבת הוא זכור ושמור, והוא שלום בבית שהזכירו בערבית, שבת[28] והיא עונת תלמידי חכמים. וזרע השלום וכאשר השלום בבית, אז האיש שהוא התפארת הוא בביתו לפקוד את המלכה והחבור השלם, והיא הברכה והקדושה שבשבת, כי כנסת ישראל מתברכת ומתקדשת למעלה, וכמו שנאמר - ויברך[29] אלהי"ם את יום השביעי ויקדש אותו. והיא הנשמה היתרה שבשבת, כי היא תוספת ברכה שבו:

ויש אומרים כי קדושה מלשון קדושין, שהעטרה מתקדשת עם התפארת, וכן הבינותי מתפילת ליל שבת שתקנו לומר - אתה קדשת את יום השביעי, שהוא היסוד לעטרה, שהוא שמור והמשכיל כי כנסת ישראל נקרא אש והיא בת זוגו לשבת, יוכל להתבונן הבערה למה יצאת יותר מכל שאר מלאכות. והטעם כי בשאר מלאכות אינה נכרת העטרה כמו באש, ואפילו בעבודת הארץ אינה נכרת, כי לא תצמח ביום אחד, אמנם גם שאר מלאכות נאסרו על דרך כלל - לא[30] תעשה כל מלאכה. וזאת יצאת ללמוד על הכלל כולו, שכולם אסורים מטעם שביתת המנהיג:

ועניין החבורה הזה יהיה שלם באלף השביעי שהוא העולם הבא, ותשבות הארץ שהיא העטרה מלפעול ותהיה עם יסוד ותפארת, שם שהוא העולם הבא, וצרור החיים ויחזרו הד"ו פרצופין כאשר היו בתחילה באצילות, שהחבור היה שלם, והוא השבת הגדול, שהוא מנוחה לחיי העולמים, ובו ינוחו כל המעשים ויתבטלו, ומפני שיום השבת רומז לעניין זה אמור כי יום השביעי מעין העולם הבא:

27 שיר השירים א יב
28 גמרא כתובות סב א
29 בראשית ב ג
30 שמות כ ט

ואמרו במדרש - ויברך[31] אלהי"ם את יום השביעי ברך הקדוש ברוך הוא עולם הבא. שמתחיל לאלף השביעי ומפני שאז יהיה כחשכה כאורה, ואור הלבנה כאור כחמה, אמר כי - מצוה[32] להדליק נר של שבת כי הוא שלום הבית. אמנם הדלקה עצמה נכונה באשה, מפני שכבתה אורו של עולם תחלה, כי בסיבת חוה נסתלק האור הגנוז, וזה מבואר:

ומהחבור הזה והייחוד שהוא בשבת, תוכל להתבונן איסור הוצאה מרשות היחיד לרשות הרבים, ומרשות הרבים לרשות היחיד, כי - כבודה[33] בת מלך פנימה. ואין יוצא ואין בא, להכניס ולא להוציא, ועל זה נאסרה ההוצאה כדי שלא יעשו מרשות הרבים רשות היחיד, ומרשות היחיד רשות הרבים, עד מוצאי שבת, וכעניין אשר הזכירו בעריכת השלחן במוצאי שבת:

ולרמוז חבור שלשת אלה שזכרנו אנו עושים שלשה סעודות בשבת, אחת בלילה כנגד שמור, שהיא הלילה, והמלכה כמו שאמרו - בואי כלה, וכן אמרו בואו ונצא לקראת שבת המלכה, והיא כבוד לילה. ושתים ביום כנגד התפארת והיסוד, וזהו כבוד יום שהוא הזכור. ואולי כי כוונת מי שמחייב בארבעה סעודות לרמוז גם ביום לשמור, ואינה הלכה לחיובה, כי הלילה כלול ביום:

ומה שאמרו עוד כי - חייב[34] אדם לערוך שלחן במוצאי שבת ואפילו אינו צריך אלא לכזית. אולי כי בעניין היחוד להגביר כח העטרה, ומתגלגלת וחוזרת לפעול בששת ימי המעשה, הרומזים לעולם הזה, שהיא פועלת ומשגחת בו, כי צריך הזכרת העטרה תכף לבניין, או תכף הזכרת החבור:

וכן שבע ימים של פסח, שהוא זמן גאולה רומזים לימים העליונים, ויום ראשון קדש זכר תחילת החידוש, שנתחדש ביום ראשון והוא כנגד התפארת הנקרא גאולה, והוא עיקר הבניין, כי ממנו נברא הכל, והוא העיקר אלא שיצא כל עניין ועניין באותו יום שנכתב בו, כעניין המשל שהביאו מן הגנן בפנימיות ענינו והוא יסוד כל הבריאה, כי

---

[31] אלפא ביתא דרבי עקיבא נוסח א אות א

[32] גמרא שבת כג ב

[33] תהלים מה יד

[34] גמרא בשבת קיט ב

מאמר יהי רקיע איננו התלבשות צורה לפעול בעולם, אלא התלבשות הוי"ה שהם יצאו בפעל מן הכח שהיו בו בשכבר. ועוד אזכור מזה ומפני כי היום רומז לתפארת והוא עיקר השבע, נצטוו ישראל לאכול מצה שבע ימים, הרומזים למה שזכרנו, אך לילה הראשון קדש, הכתוב קבעו חובה, מפני כי עיקר הגאולה היה בלילה ההוא:

ונאסר החמץ הרומז לעטרה, מפני כי לא השיגו ישראל רק היד החזקה, וכדי שלא יקצצו בנטיעות, נאסר לחם החמץ באכילה, על כי הוא דין גמור, וגם[35] נאסר להם בבל יראה ובבל ימצא בביתם שבעת ימים. והאוכלו[36] מתחייב עליו כרת כמחלל שבת. והכתוב סמכו לעבודה זרה, שנאמר - אלה"י[37] מסכה לא תעשה לך. וסמיך ליה - את[38] חג המצות תשמור. לומר שכל האוכל חמץ כאלו עובד עבודה זרה:

וכבר דרשו בעניין זה - ועברתי[39] בארץ מצרים אני ולא המלאך. המלאך הידוע, אני[40] ולא השליח, הידוע לבדו. וכבר זכרנו כי השליח והמלאך הם רמז לעטרה, ורמזו כי השם הגדול הוא העושה נפלאות גדולות לבדו, והשליח עושה שליחותו כי היה מן הראוי כי בנתינת הדם אשר על המשקוף ועל שתי המזוזות, שיבא המשחית לנגוף אל הבתים, כי היא מן השמאל ואין לה רחמים, אבל להראות להם הנס הגדול אמר - ופסח[41] הוי"ה על הפתח ולא יתן המשחית וכו'. כלומר ולא ייתן הכח הגדול לבא המשחית אל בתיכם לנגוף:

ומפני שהיה הכל בכח הגאולה, הרמוז בתפילה, נוכל להתבונן עניין מיתת הבכורות. כי יש לשאול למה המית הבכור אם להבחין בין טיפת בכור לטיפת שאינו בכור, אפשר להמית את שאר העם שאינן בכורות והיו מרובין מן הבכורות, והיה בחינה בין טיפת בכור לשאינו בכור. אבל העניין הוא מה שאמרנו בעניין המצה והחמץ, כי העטרה נקראת בכור, ולא הצילה את הבכורות מפני כחה הגדול, והנה שבתת

---

35 רש"י על גמרא פסחים ב

36 שמות יב טו

37 שמות לד יז

38 שמות לד יח

39 שמות יב יב

40 הרמב"ן על שמות יב יב

41 שמות יב כג

ממלאכתה לעשות רצון שולחה, וזהו טעם להשבתת חמץ, וכן טעם זביחת הפסח אשר להוי"ה. ומהנה נתבונן כי טעם בבית אחר יאכל וטעם היותו שלם, כי הכרעים על ראשו ועל קרבו, וטעם - ועצם[42] לא תשברו בו. כל זה רמז לייחוד גמור:

אומנם מה - שאינו[43] נאכל אלא בלילה, ואינו נאכל אלא עד חצות, ואינו נאכל אלא צלי. לרמוז כי אף על פי שכח העטרה אינה אלא בלילה, וממשלתה הגדול אינו אלא עד חצות, וריח צלי הוא גדול מן המבושל, בעניין שריפת הקרבן לא נחוש על הפגיעה, כי[44] ליל שמורים הוא להוי"ה הגדול:

נחזור לעניין ימי הפסח, כי יום ראשון לתפילה, ויום שני לעטרה, כאשר זכרנו למעלה בסדר הימים, ובו ביום נקריב העומר, והכתוב אומר - עשירית[45] האיפה הוא. והיה משעורים רמז לדין, ויום השביעי כנגד השבת שיש בו זכור ושמור, כמו שאמר הכתוב - וביום[46] השביעי שבת וינפש. וכן אמר ביום שביעי של פסח - וביום[47] השביעי עצרת להוי"ה אלהי"ך. ומלת עצרת רומז לעטרה, כמו שיתבאר בשמיניות. ואמר עצרת להוי"ה, כמו בשבת שאמר - שבת[48] להוי"ה. ולא לכם כמו שאמר בשמיני של חג, והטעם יתבאר למטה. אמנם לא שיהיה קדוש כל כך כמו השבת, מפני שיום השבת ידוע מששת ימי בראשית, ולא ישתנה יומו לעד, אלא שהוא אשר - שבת[49] בו מכל מלאכתו. ולכן נאסר בו מלאכה אפילו לצורך אוכל נפש, ומפני שהשבת הוא מעין העולם הבא שהפועלים יהיו בטלים ממלאכתם, וכאשר אמרו - העולם[50] הבא אין בו לא אכילה ולא שתיה אלא צדיקים יושבים ועטרותיהן בראשיהם והוא שנהנין מזיו שכינה. הנקראת עטרה, ומן האור הצפון, כי עטרת תפארת להם. אבל יום שביעי של פסח שאין

---

42 שמות יב מו
43 משנה זבחים ה ח
44 שמות יב מב
45 שמות טז לו
46 שמות לא יז
47 דברים טז ח
48 שמות כ ט
49 בראשית ב ג
50 ברכות יז א

לו יום קבוע נאסרה בו מלאכה, אבל הותר בו אוכל נפש, כמי שאינו יודע באיזה יום שבת. וכן כלל המועדים:

והאמצעיים הם ימי חול, לרמוז אל הימים הראשונים שהם רמז לעליונים המפורש לעיל, שהם ימי המעשה, והם יסוד לכל הפעולות המשתלשלות מהם. אמנם לא חול גמור כי כלם קדושים, אבל הותרו לדבר האבד לרמוז שהוא קיום הכל, ואל יאבד מהם דבר, לפי שהימים האלו רומזים שכלם קדושים וצד קדושה שווה בהם, ואין תוספת קדושה לזה, מבזה לכן אין הימים האלו חלוקים בקורבנותיהם ולתוספת קדושה של ראשון, וחידושו ראוי לגמור בו את ההלל, כי ההילול לשלישית, שחדש מעשה בראשית והאציל מקדושתו ביום הראשון, להיותו מלך בעולם העליון, כי הוא כסא העליון:

הנה בארנו כי שבע ימי השבוע רומזים במה שהיה בבריאה, אבל העניין בשמיטות שבשש שנים נחרוש ונזרע ונקצור בארץ, ונצטווינו שבשנה השביעית תשבות הארץ, אשר אין חריש וקציר, לרמוז לאשר יהיה בסוף בריאת כל הדורות. ומה שאמר החכם רב[51] קטינא שיתא אלפי שנין הוי עלמא וחד חרוב. מה שאתה צריך לדעת ולהתעורר מאמר החכם רב קטינא, אשר כלל הרמז בשתי תיבות והם - **חד חרוב.** עיקר גדול הוא וחד חריב, כי יישאר הזמן אך יהי חרב, מבלי אדם ובהמה. והדברים אשר הם סיבתם שיפסקו מפעולתם והמשכתם, יצטרכו לסמוך ולהיעזר כדי שיעמדו על עמדם, וזהו - סומך[52] הוי"ה לכל הנופלים. וכן הוא אומר - דבר[53] צוה לאלף דור. ובאותן אלף שנים מייחלת תמיד העטרה מתי תפקד ותתחדש. וזהו - עיני[54] כל אליך ישברו ואתה נותן להם את אכלם בעתו. ר"ל המשכתם:

ומן המלה וחד חריב, מורה על החידוש אחר אלף, כמו שהיו כל דור חמישים שנים, נמצא אלף דור הם חמישים אלף שנים, וזה דבר השמטה והיובל, שנאמר - בשנת[55] היובל וכו', וכן ושבתם איש אל אחוזתו וכו'. וזהו סוד היובל כולו, עד כאן הגירסא שיתא אלפי שנין.

[51] גמרא סנהדרין צג א

[52] תהלים קמה יד

[53] תהלים קה ח

[54] תהלים קמה טו

[55] ויקרא כה יג

והשש שנים רומזים לששת אלפים, ושנת השמיטה רמז לעולם הבא, שהוא האלף השביעי, שיהיה הישוב חרב ותשבות הארץ ויתבטל הכל, כעניין שנאמר - שמים[56] כעשן נמלחו והארץ כבגד תבלה. ולא נאסרו שאר עבודות כי אם עבודת הארץ, מפני כי בשאר מלאכות אינה נכרת פעולת העטרה כמו בעבודת הארץ, כאשר תוציא צמחה בשנת השמיטה, וכעניין אשר בארנו בהבערת האש ביום השבת:

ויש לנו לדעת כי הימים שבפרושם רומזים לעניין הזה, כי כל יום רמז לאלף שנים, ויום השבת רמז לאלף השביעי שהוא העולם הבא, והוא השבת הגדול שזכרנו. וזה שאמרו רז"ל - שיומו[57] של הקדוש ברוך הוא אלף שנים. כמו שנאמר - כי[58] אלף שנים וכו'. והנה ימי בראשית רומזים לעולם והוא הנקרא היקף אחד, אמנם דע כי העולם יקיף שבע פעמים, וזהו שבע עולמות שיקיפו כנגד שבעה העליוניות, שכל ספירה מהם נקרא עולם והם, מ"ט שנים, שהם מ"ט אלף, עד התחלת אלף החמישים, והוא כנגד יובל הגדול. כמו שנזכור עוד, והם שבע פעמים שבע כנגד שבעה העליונים שכל אחד כלול משבע, ואלף השביעי מן ההקפות אלה, יהיה קדש כנגד השבת שיש בו זכור ושמור, לכן נאמר בשמיטה - שמטה[59] להוי"ה. כמו בשבת - שבת[60] להוי"ה. כי באלף ההוא תתחדש עטרת תפארת, ואחר כך יברא שמים חדשים וארץ חדשה, ותינתן העטרה לראש פינה:

והימים שבפרשת בראשית רמזו גם כן לשבע הקפות אילו, כל יום הקף אחד, ושש הקפות כנגד שישה ימי המעשה שהפועלים פועלים בהם, וההיקף השביעי כולו קדש ושבת להוי"ה, והוא היום שכולו שבת ועולם שכולו אחד, ומנוחה לחי העולמים. והמנוחה ההיא נמשכת ביובל הגדול אשר נזכיר בשמיניות. ועל השבתות הגדולות אשר זכרנו אמר הנביא - והיה[61] אור הלבנה כאור החמה ואור החמה יהיה שבעתים כאור שבעת הימים. כלומר שיהיו שני[62] המלכים משתמשים בכתר

[56] ישעיהו נא ו
[57] שיר השירים רבה ה יא
[58] תהלים צ ד
[59] דברים טו ב
[60] שמות כ ט
[61] ישעיהו ל כו
[62] גמרא חולין דף ס ב

אחד, כמו שהשתמשו במקצת הימים עד יום רביעי שנתלו בו המאורות הנראים לנו, שהם נובלות מהמאורות הגדולים, ואז יהיה כחשכה כאורה, והוא עניין מה שאמר הכתוב בברכת הלבנה - שתתחדש עטרה בתפארת, כי אז - יחדש[63] כנשר נעוריה. וכדרך שאמרו - אותן[64] השנים שעתיד הקדוש ברוך הוא לחדש עולמו:

ודע כי כמו שצוותה תורה בשמיטה לרמוז להיקף עולם אחד, כן צוותה תורה לספור שבע שנים שבע פעמים, שהם מ"ט שנים, כנגד שבע הקפות שיקיף העולם. והמ"ט שנים שהם שבע שמיטת נקראו עולם אחד, כנגד עולמו של יובל הגדול שהוא מ"ט אלף שנים, שרומזים העולם כולו, ומילת יובל רמז לשלישית, ושנת החמישית רמז לה ובשמינית, יתבאר למה נקרא יובל:

ועבד עברי שנוהג בו שמטה, כמו שנאמר - שש[65] שנים יעבוד ובשבעית יצא. כאשר לא יחפוץ לצאת בן חורין בשנה הראויה לו לצאת בה חפשי, כי היא הרומזת לעולם הבא שבה שביתת הפועלים המשגיחים בתחתונים, אמר הכתוב - ועבדו[66] לעולם. ודרשו ז"ל בו - לעולמו[67] של יובל. כלומר עד שנת החמישים, כי אז יצא בעל כורחו, כי היובל נוהג לשוב איש אל אחוזתו ואיש אל משפחתו, ואין עוד פועל משועבד, כי כל איש ואיש אדון אל עצמו, כאשר יתבאר בשמיניות:

ולפי ששנת השמיטה תרמוז לשביתת הארץ, שהיא לשם להשתמש בכתר אחד, וארץ ישראל היא הנבחרת לשכון בה השכינה, ונתחייבו ישראל גלות על זלזול השמטת הארץ, הוא כמו הריסה שמכריחים עצמן לצאת ממקום מנוחתם, ולפעול בזמן הראוי בהיות עם המלך במסיבו, והגלות מן הארץ היא מידה כנגד מידה, כי הם ישחיתו את הארץ גם הן יהיו נשחתים ממנה, כי הארץ תנחם מהם ותקיא אותם, וכמו שנרמזו ההקפות בספירות השנים, בשבע שמיטות, כן נרמז בשבע ספירות העומר, שהם שבע שבתות, כי יש מ"ט יום מיום שני של פסח עד שבועות, שהוא יום החמישים. ואמרו רז"ל - מצוה[68]

---

[63] תהלים קג ה

[64] סנהדרין צב ב

[65] שמות כא ב

[66] שמות כא ו

[67] גמרא קידושין כא ב

[68] גמרא מנחות סו א

מערכת האלקות פרק יג

לממני יומי ומצוה למנני שבועי. ולרמוז לשבעה הקפות, ולכל אלף ואלף ממנו עד סוף הכל:

ואולי כי טעם הספירה בין פסח לשבועות, הוא מפני כי ימי הפסח רומזים לימים העליונים, והם ימי החידוש כאשר זכרתי, ורצה השם לרמוז בהם השתלשלות של ההויות הראשונות וכל ימי עולם. אמנם יום ראשון של פסח אינו נמנה עמהם, לפי שבו נרמז הבריאה המעולה והמחודשת שהייתה ביום ראשון, בכך כמו שזכרנו למעלה במשל הגנן. אבל מיום שני והלאה הרמז לעטרה, נעשה רמז לכל ימות עולם והקפותיו, וזהו שאמר בברכת הספירה - **על ספרית העומר**, כי הספירה לעומר היא עד יום החמישים שקרוא דרור[69] בארץ. וכאשר יתבאר בשמיניות:

ומפני שהספירה היא לעומר, נראה כי הסופר יצטרך לומר שהיום כך וכך לעומר, ותחזור **הש'** על מלת העומר בברכה, או שיצטרך לומר כך וכך לעומר, ובהיות העומר מנופה בי"ג נפות, נוכל להתבונן ענינו במערכת שמות המידות:

וכמו שנרמזו בתורה השבעה עולמות, כמספר שבע שבתות, כך הם נרמזים בימים שבימי החג הבאים אחר ימי תשובה, לרמוז כי בתשרי נברא העולם, ונרמז בעשרה ימים בעשרה הויו"ת, שנתחדש אצילותם ובהם נברא העולם. ואחר יום כפור ארבעה ימים עד סוכות, לרמוז כי בארבעה אלה הם יסוד הכל והם כנגד המרכבה. ואחר כן שבע ימי החג, לרמוז כי מהם משתלשלות בעולם השפל, אשר יתגלגל שבע הקפות כנגד הימים העליונים והעולמות:

והמחלוקת[70] שבין רבי אליעזר ורבי יהושע, שרבי אליעזר אומר בניסן נברא העולם, ורבי יהושע אומר שבתשרי נברא העולם. כולם מודים שבניסן הייתה הבריאה בכח, ולא יצאתה מן הכח אל הפועל עד תשרי, והיה סובר רבי אליעזר כי בניסן היה העיקר, ורבי יהושע היה סובר כי בתשרי היה העיקר, והלכה כרבי יהושע. כך שמעתי וראיתי כתוב למקובל:

ומפני שכל יום שבשבעת ימי החג רמז להיקף אחד, **הגהה** פירוש שבע אלפים שנה. לכן מקיפין בכל יום פעם אחת את המזבח, ולרמוז שכל

---

[69] ויקרא כה י

[70] גמרא ראש השנה יא א

העולמות יחוגו ויסובבו את המזבח העליון, ועושים ההקפה הזאת עם הלולב ועם מיניו, כי לולב ארבעה מינים בכלל, ופרטם שבע, כנגד הבניין, שכללם גם כן ארבע, ופרטם שבע כמו שביארתי בעבודת הטעם. ושבע מינים שבלולב הם - הלולב, ושלוש הדסים, ושני ערבות, ואתרוג. ומקיפין בו שבעה, לרמוז שאף על פי שבאלף השביעי שהיום ההוא רמז בו שיתבטל הכל, כאשר זכרתי למעלה מכל מקום יעמוד הבניין שהלולב עם מיניו רומז בו:

הלולב רמוז לתפארת, שהוא הראש והגבוה מכולם והוא כפול רמז לתפארת ולעטרה, שהוא ד"ו פרצופין, ושלוש הדסים רמז לזרועות ויסוד, ושני ערבות הנצחים, ואתרוג רומז לעטרה. והנה רמז כל הבניין כולו והנה פרטיהם שבעה, ועיקרם וכללם הם ארבע. והם לולב והדס ערבה ואתרוג, ובשמיניות תבין כי האתרוג עמהם כמו שמיני של חג עם שבעה, והרמב"ן ז"ל באר היטב סדר הלולב בפרשת אמור:

וביום השביעי נהגו להקיף שבע פעמים, לרמוז כי כבר נשלם הכל, ומנהג הנביאים ליטול ערבה ביום ההוא, ואין מברכין עליה, ויש אומרים שרומזים אותה לאין סוף, שאינו צריך רמז, ולכן אמרו - חביט[71] חביט ולא בריך:

הנה כי בימי החג צווה בלולב שבע מינים, מפני כי הימים האלה רומזים להקפות, והלולב לקיום הבניין, כמו שביארתי. אבל בימי הפסח אין צריך בו לולב, כי הימים רומזים אל מה שהלולב עם מיניו רומז, וכן בשמיני של חג אין בו אתרוג, כי הוא עצמו האתרוג, ומתוך שלא בא האתרוג לא יבא לולב, כי האתרוג מעכב בו, כי צריך להיות עמו, כי כנסת ישראל הייתה בת זוג לשבת, וצריך רמז. ועניין הנענועים תעיין במקום אחר:

ודע כי אנחנו לא נדע באי זה הקף אנחנו, אם בראשון אם באחרון, אם באמצעי, ולפי דברי רז"ל ולפי הפשט נראה שאין אנחנו בראשון, כי אמר על הפסוק - ויהי[72] אור. מלמד[73] שהיה בונה עולמות ומחריבן. ויש מי שאומר מלמד שהיו סדר זמנים קדם לכן, ואמר בבהיר אות ב' והארץ הייתה תהו ובהו **שכבר הייתה**. ועוד שם ויהי אור שכבר היה:

---

[71] גמרא סוכה מד ב

[72] בראשית א ג

[73] בראשית רבה ג ז

אמנם פנימיות של דבריהם תתפשט כוונתם באצילות, הימים הראשונים הנקראים עולמות, וזכרתי בעבודת הטעם עניין בונה עולמות ומחריבן, שהוא על תחילת שלמות המחשבה, הימים הם סדר זמנים שהזכירו, כי הזמנים מסודרים בהם, אבל אין להביא מדבריהם ז"ל שכבר עברו עולמות כי דבריהם כסולת נקייה, ותדקדק בהם כי לא אמר שבנה עולמות והחריבן, וכן לא אמר שהיו הזמנים קדם לכן, אבל אמר שהיה סדר זמנים, והעמק ותמצא הדברים כמו שביארתי. והארץ שכבר הייתה היא העטרה, שכבר הייתה בכח השלישית הנקרא תהו, חזרה לבהו, והוא הבניין בהתפשטות ההויות. וכן האור שהיה כבר הוא התפארת, שהוא האור הראשון שכבר היה, וכן הוא כי התפארת והעטרה ד"ו פרצופין, ונתנה העטרה לראש פינה, כלומר אחר התפשטות ההויות והיה התפארת קודם במעלה, ודברים אלה עתיקין ועמוקים וסתרים:

נחזור לענייננו ונאמר שכל אחד מן העולמות יהיה תוספת טובה בחידושן יותר באחרון מעולם אשר היה לפניו, והטובה הוא שיתמעט כח שרי האומות מעולם ועד עולם, ויתעלה ויתגבר כחן של ישראל למעלה למעלה, וזהו טעם שפרים [**היב"ש** - שבעים פרים שישראל מקריבין עבור הגויים בחג הסוכות] החג הולכין ומתמעטין, כי הם באין לכפר בעד שבעים אומות, והם היו שבעים פרים כנגדם, וביום השביעי שהוא כנגד השבת הגדול יכלה כח כולם, ובעבור כי אז נשלם הכל נקרא ליל שביעי ליל החותם, מלשון חתימת הברכה, כי אז נשלמה ברכתם לפי תוספת הטובה, שתהיה מכל אחד מהעולמות היו ימי החג הרומזים אליה חלוקים בקורבנותיהם, וכן ראוי לגמור בו את ההלל מטעם זה:

וכמו שיהיה תוספת טובה מהיקף להיקף, כן יהיה תוספת טובה מהיקף עצמה מאלף לאלף, וכמו שהזכיר הרמב"ן ז"ל בפרשת בראשית, תוכל להתבונן כי מבראשית עד ויכולו נרמזו כל ימי עולם, והוא שאמר הכתוב - אשר[74] ברא אלהי"ם לעשות. כי מילת **לעשות** מורה על זה, והשם יתברך הודיע הכל למשה ע"ה מתחילת היצירה עד סופה, כל מה שיהיה ומה שהיה, וכל מה שעתיד להיות בהן. וכעניין שאמרו

[74] בראשית ב ג

חמישים שערי בינה נמסרו למשה חוץ מאחת, שנאמר - ותחסרהו[75] מעט מאלהי"ם. כלומר הודיעו השם יתברך למשה מ"ט בתים שהם רמז לכל ימות העולם, וכל הבניין שהוא מן הבינה ולמטה, אבל שער החמישים לא הודיעו, כי - לא[76] ידע אנוש ערכה אלהי"ם ידע את מקומה. וצריך אתה לדעת איך הם מ"ט בתים כי כל אחת כלול משבע, והם מ"ט בתים, וכולם בתים מהשלישית, כי השלישית יתנהג בהם כמו שיתבאר בשמיניות:

שמיניות כבר זכרתי למעלה, כי בניין השבע הנקרא היקף אחד, הם כנגד הבניין, ולכן כל הכלול תוך השבע נקרא תוך ההיקף, והם שבעת ימי השבוע, ושבע שנים של שמטה, וכן שבע שנים שבע פעמים. וכן שבע ימי הפסח, וכן שבע שבועות של ספירת העומר, וכן שבע ימי החג, וכן עולם אחד שהוא שבע אלפים, או שבע עולמות, כל אלה הם רמז למה שהוא תוך ההיקף, ר"ל תוך השבע, אבל מה שנמנה שמיני או מה שמתחיל אחר מנין שבע, כל אילו הזמנים הבאים אחר ההיקף הם קדש, והם רמז למה שהוא חוץ מן ההיקף:

ועל כן חג השבועות הבא תכף לבניין, ר"ל למניין שבע שבועות, שהוא חוץ מן ההיקף הוא יום קדוש והוא מועד בפני עצמו, וכן שנת היובל שהוא קדוש, כמו שנאמר - וקדשתם[77] את שנת החמישים. בא תכף שבע שמיטות. וכן שמיני חג העצרת, שהוא חג בפני עצמו, ובא תכף שבע ימי החג, שלשתן רומזים למה שהוא חוץ מן ההיקף:

אמנם סמיכות כל אחת מהן אל ההיקף, הוא רמז כי בעבור שגם הם מן ההיקף, אין תורמין אותן שלא מן המוקף, אלא שנמנים בפני עצמן, לרמוז על אחת מן השבע ושאיננה באחדות שלהם, והיא העטרה כי פעמים תמנה שמינית, ופעמים תמנה בכללם, כעניין סדר הימים שזכרתי בשביעיות, כי היא שניה במניין. והיסוד הוא להוי"ה, והוא השביעי בחבור, וכעניין - תן[78] חלק לשבעה וגם לשמונה תמנה היא שמינית:

וכתבתי בהריסה טעם בזה, כי הטעם הוא לרמוז כי היא מהם ואיננה

---

[75] תהלים ח ו

[76] לפי איוב כח כג

[77] ויקרא כה י

[78] קהלת יא ב

באחדות שלהם, בהיותה לראש פינה לפעול בעולם השפל, וצריכים לכבדה, ולרמוז כי - מלכותו[79] בכל משלה. כאשר זכרתי שם:

אמנם תשכיל לדעת כי אלה השלש זמנים שזכרתי שהם היובל, ושמיני עצרת, וחג שבועות, אף על פי שהרמז בהם לעטרה, מן הטעם שכתבתי, ועיקר הרמז שנרמז בהם לעטרה הוא להתבונן בפועל העליון שהוא השלישית, כי ברמז פועל התחתון נתבונן על העליון וכבר ביארתי, כי שניהם נקראים פועלים השלישית בעולם העליון, והעטרה בעולם התחתון, בשליחות עולם העליון המשפיע בה:

והשלישית והעטרה שמותיהן שווין, ולכן יש לך לדעת כי השלישית הוא עיקר, השמינית שהוא חוץ מן ההיקף, כי היא למעלה ממנו, בעניין הציור וכל המצוות ברמזיהן, אינם כי אם בשבע שהם הבניין שבהם ההתבוננות, מה שאין כן בראשונות שבהם אין רשות להתבונן, לכן אין אנו זוכרים אותם בשום רמז מהרמזים, שהרי אינם מן ההיקף שיהיה רשות להתבונן בהם, אבל אנו רומזים למה שהוא בבניין ולפעמים יעלה, הרמז למשכיל למה שהוא חוץ ממנו וכדרך אשר ביארתי בעניין התרומה בשמות:

וכבר ידעת כי השלישית הוא שער החמישים, אשר לא נודע גם למשה, ובאמת מן הראוי הוא כי מאחר שאדם נברא בדמות, ושם הם תלויות כל המצוות, אין לו להתבונן למעלה ממנו, אלא בעולמו יתבונן ודי לו:

וכלל העניין אשר דעתנו לבארו הוא כי היובל שבא אחר שבע שמטות שהם רומזים לכל העולמות, וחג השבועות שבא אחר שבע שבתות הרומזים גן לעניין זה. ושמיני עצרת שבא אחר שבע ימי החג, הרומזים גם לזה, כאשר כתבתי שלשתן רומזים כי אחר הקפת כל העולמות, שהם שבע כנגד הבניין מתנהג השלישית, והוא היובל הגדול כאשר זכרתי למעלה. וישוב גם אצילות הבניין אל האלהי"ם שהוא השלישית אשר נתנו להאצילו, וכאשר יצאו הפועלים לחרות איש אל אחוזתו ואיש אל משפחתו ישובו, ולכן נקרא תשובה כי שם ישוב הכל, כי הכל שב אל העפר, כאשר זכרתי בשער הטעם. כן נקרא יובל מלשון ועל[80] יובל ישלח שרשיו. כי שם יובל וישולח הכל כי שם שרש הכל והיא השביתה הגדולה, אשר אין לה קץ ותכלית:

---

[79] תהלים קג יט

[80] ירמיהו יז ח

וזהו אחר - שיהיה[81] אור הלבנה כאור החמה ואור החמה יהיה שבעתים כאור שבעת הימים. כמו שעתיד להיות בסוף והכל ישוב אל מקומו בשלום. וטעם זה מספיק גם לשתי הלחם הבאים מחטים בשבועות, ולא משעורים, כי כחשכה כאורה. והלחמים רומזים לתפארת ולעטרה. אבל היו נאפין חמץ לזכר היום שמביאין בה מנחה חדשה להוי"ה:

ועניין שלוח העבדים ביובל לחרות, כי הפועלים יצאו לחפשי, ועניין חזרת הנחלות, כי - הארץ[82] לא תמכר לצמיתות. וחוה הראשונה תשוב לעפרה, אמנם הרמז אלינו בשלוש הזמנים האלה לשבעים אשר החכמים מתבוננים בה, וכאשר יתבאר עוד למטה. ועניין הכתוב שאמר - וקראתם[83] דרור בארץ לכל יושביה. לשון סבוב והוא כמו - דור[84] הולך ודור בא. כמו שהוא לשון חזרה וסבוב מלשון רז"ל - הדרא[85] דכנתא. ואמרו - שיקרא[86] הדרור בארץ לכל יושביה יובל. כלומר שיקראו וירמזו חזרת הנחלות ליובל על שם - ועל[87] יובל ישלח שרשיו. וירמוז ליובל הגדול שהוא שנת חמישים אלף שנה, שהוא קדש, כי שם תובל ותתגלגל ותחזור הארץ היותה בת חורין:

ואמר הכתוב - עד[88] יובל היא תהיה לכם. כדרך שיאמר - בשמיני[89] חג העצרת וביום השמיני עצרת לכם. וכן אמר בשבועות, בשבועותיכם ותרגם יונתן **במעצרתכון**. ובאור העניין הוא כי היא ומילת עצרת רומזים לעטרה, ואמר בהם לכם ולא אמר להוי"ה, כמו בשבת ובשמיטה ובשבעי של פסח, בעבור כי אותם רומזים שהיא בכל ואלו רמוזים שהעטרה נמנית שמינית, וכבר בארנו שהרמז הוא כי היובל יהיה נוהג בעולם העליון והנה בארנו כי היובל והשבועות, ושמיני עצרת הם רמז למה שהוא חוץ מן ההיקף, ועיקר הרמז הוא לשלישית.

---

81 ישעיהו ל כו

82 ויקרא כה כג

83 ויקרא כה י

84 קהלת א ד

85 גמרא חולין מח ב

86 ויקרא כה י

87 ירמיהו יז ח

88 ויקרא כה י

89 במדבר כט לה

אך הרמז הוא לעטרה בעבור שמתבוננים בה מה שאין כן לשלישית, ובעבור שהעניין רומז למה שהוא חוץ מן ההיקף אמרו רז"ל - שמיני[90] רגל בפני עצמו הוא. אמנם קראוהו סעודה קטנה כנגד הפועל העליון הנרמז בה, או שקראוהו כן לפי הפשט בעבור הקרבנות שהקריבו שבעים פרים לשבע ימי החג כנגד שבעים אומות, ובעד השמיני הקריבו בעדו להגדיל כח שרו שיהיה חוט של חסד משוך עליו, בעבור שאיננו באחדותם להיותו נתון לראש פינה, וצריך לכבדה ולייחדה בפני עצמה, כדרך אשר זכרתי בשער ההריסה, כי יום הדין הוא כאשר אזכור עוד, אמנם תשלומין דראשון הוא ר"ל כי הוא מהם:

וכן סוכה בעבור שרומזים לעטרה, קראוה בשם הקדוש ברוך הוא מצוה קלה, אמנם עיקר הרמז בה לשלישית, כמו שדרשו בבהיר[91] בפסוק - שלח[92] תשלח את האם. כי השלישית היא האם, והיא אם הבנים ושוכבת עליהם, וכבר זכרתי עוד בהריסה בקטנות **הה'** שבהבראם כי הרמז בה לעטרה, כי לעולם רומזים אותה בקטנות מפני שיש ממנה רמז לשלישית:

ובעניין הזמנים שזכרתי, יש להתבונן בטעם האתרוג שצריך שיבא עם הלולב, ולא עמו באגודה, כי אף על פי כי כל השבע נרמז בלולב ובהדס ובערבה, צריך שיבא אתרוג עמו יחד הרומז לעטרה, אבל לא באגד אחד, כי אינה באחדות שלהם כמו שכתבתי:

ולפי ששמיני עצרת רומזים למידת הדין כמו שביארתי, לכן קרבנו שווה לקרבן ראש השנה ויום הכפורים, שבהן המלך דן את עולמו ויושב על כסא דין, וכבר כתבתי כי עיקר היום רומז לשלישית שתתנהג והוא יום הדין הגדול, ונקרא עצרת, כי שם נעצר הכל, כי כל הנחלים הולכים אל הים שהוא העטרה. או אולי נקרא כן מהטעם כי הכל יחנו שם כי הוא הגן עדן, ויכנס מן הגן לעדן שהוא צרור החיים, והוא התפארת ויכנסו לעולם הבא שהוא היסוד, כי העטרה כלולה בו. וממנו ישובו עם כל הבניין בסוף הזמן אל השלישית שהוא עיקר עצרת ושם ייעצר הכל:

הנה לפי מה שביארתי בשער הזה ובשער השביעיות, נתבונן כי מנין

---

[90] גמרא סוכה מז א

[91] הבהיר קד

[92] דברים כב ז

שבע שמטות ושנת היובל קדש אחריהן. ומנין שבע שבתות העומר ואחריהן השבועות קודש, ושבעת ימי החג ואחריהן שמיני עצרת קודש כולם רומזים למה שהוא חוץ מן ההיקף והכל רמז אחד. אמנם כבר זכרתי כי כל עניין ימי השבוע הוא רמז למה שהיא בבריאה, ועניין השמטה הוא רמז למה שיהיה, אמנם הבניין הוא שרש כולם:

ואמר הרב הגדול רבי שלמה בן אדרת זצ"ל כי נאמר בשמיטין - את[93] ספיח קצירך וענבי נזירך. לרמוז כי חוקות קציר ישמר לנו ועוד לנו חלק ונחלה בארץ כי העולם ישוב כמו שהיה כמו שזכרתי בשביעיות, אבל בשנת היובל שהוא רמז ליובל הגדול, נאמר ספיחיה קציריה נזיריה, לרמוז כי אין הארץ לצמיתות כי תצא חפשי אל היובל, ולא תעבוד עוד, ולכן אמר שהגדולים של עצמה הם וטעם יפה, אמר אך שאין זה הטעם המוכרח למשכיל:

ועניין שמונה ימים המילה, הוא שצריך שיעברו על הילד שבע ימים כנגד הבניין, וביום השמיני ימול ותתגלה העטרה, הוא רמז לגלוי העטרה להשלים דוגמת הבניין בגופו ושנתנה העטרה לראש פינה, והוא שמיני. וכבר ידעת כי במילה יש בה זכור ושמור, כמו שכתבתי בשער האדם, ולכן תדחה את השבת, כמו שמבואר שם. וכן הבהמות לא ירצו לקרבן עד שיעברו עליהם שמונה ימים, וכנגד אלו השמיניות אמר דוד ע"ה - למנצח[94] על השמינית. ושלמה ע"ה אמר - תן חלק לשבעה[95] וגם לשמנה. כאשר זכרתי בשער ההריסה:

עשיריות, כבר אמרתי שעשר ספירות, הם יסוד לכל נגדר בגדר מספר, ולכן תמצא כי כל המספרים לא יעלו ליותר מעשה כאשר ידוע לבעלי החשבון, וראיתי להזכיר במקצת המקומות עוד מזה תורה למניין ההוא:

דע כי עשר מאמרות הנזכרות בפרשת בראשית, הם רומזות לעשר ספירות, ובהם נברא העולם, וזהו שאמרו בעשרה מאמרות נברא העולם, ואמרו בראשית נמי מאמר הוא ודע כי כל מה שנזכר בפרשת בראשית, בין מה שנזכר בעשרה מאמרות שאלה הם על ידי הפועל העליון הראשון, בין מה שנזכר אחר תולדות השמים שנברא על ידי

---

[93] ויקרא כה ה

[94] תהלים ו א

[95] קהלת יא ב

העטרה, כולם דברים כפולים גלוי ונסתר ושניהם אמת, כי כל מה שיש למטה כנגדן יש למעלה דברים הנקראו כן, והם יסוד וכח של התחתון וקיומו להעמידו והכל דרך השתלשלות, בין בבעלי חיים בין בדוממים בין בצמחים. ועל זה אמר - אין[96] לך עשב ועשב שאין לו מזל ברקיע מכהו ואומר לו גדל. שנאמר - הידעת[97] חוקות שמים אם תשים משטרו בארץ. ואיסור כל מיני כלאים שלא לערב הכוחות:

ולמניין הנכבד הזה שהוא קיום הכל והעמדת הכל על זה הייתה כוונת אברהם אבינו ע"ה, בתחילה בהתפללו על העיירות בתחילה אמר - אולי[98] ימצאון שם חמישים צדיקים. לכל עיר שיעלו בזכות העשר המניין הנכבד, עד לבסוף שבקש אם ימצאו עשר בין כולם. וכאשר לא ימצא שם עשרה כנגד המניין הנכבד, נתחייבו כלייה ושתק. וכן יצחק ברך את יעקב בעשר ברכות, כי רצה לברכו בכל הכחות:

וכן עשר הדברות ועשר מאמרות כולם כנגד המניין הנכבד, וכנגדם עשה הקדוש ברוך הוא לאדם הראשון עשר חופות מאבנים טובות, ורבותינו שאמרו במכילתא בעשרה קולות נתנה התורה לרמוז לעשרת ההויו"ת. וכן בתלמוד יש מי שאומרו - שבעה[99] כי לא רצה למנות רק הקולות הנמנים בפרשה, והם שבע עם - וכל[100] העם רואים את הקולות. שהוא חסר **ו'** הרבים, והתפארת כולל את כולם. ויש מי שאומר **בה'** כי לא ימנה השתים המבוארים בפרשה, שהדבור היה בהם והוא שכתוב - וידבר[101] אלהי"ם. כי הדבור היה על ידי העטרה, ואמר - אנכי[102] הוי"ה אלהי"ך. הרומז לתפארת המדבר אשר הוצאתיך מארץ מצרים. ועוד יתבאר בטעם המצה ואיסור החמץ:

ויתבונן ממנו כי התורה שבכתב שבשמו הגדול נתנה ומשה רבן כל הנביאים, הבין בתפארת, אבל ישראל לא השיגו רק קול אחד, והיא הגבורה. ועל זה אמרו רז"ל - אנכי[103] ולא יהיה לך מפי הגבורה

---

[96] בראשית רבה י ו
[97] איוב לח לג
[98] על פי בראשית יח כח
[99] מדרש תנחומא יתרו יא
[100] שמות כ יד
[101] שמות כ א
[102] שמות כ ב
[103] גמרא מכות כד א

שמענום. ולפי שהתפארת דבר מתוך האש שהוא רמז לעטרה, אמרה זכור ושמור בדבור אחד נאמרו, כי הזכירה רמז ליסוד או לתפארת, והשמירה לעטרה. הנה כי דברות הראשונות היא בזכור רמז לצדיק זעיר, והאחרונות בשמור רמז לצדיק גמור. כי כל משנה תורה נרמז לעטרה:

וכנגד עשר הויו"ת אילו היה עושה כהן גדול ביום הכפורים עשר קדושות, וכנגדם הזכיר השם בו ביום עשר פעמים. וכנגדם עשרת ימי תשובה, כי כל אחת נקראת יום וכולם נכללים בשלוש תחתונות, ובימים האלה השלוש תחתונות הוא המשגיח בעולם השפל במידותיו, כעניין שנאמר - ויגבה[104] הוי"ה צבאות במשפט. כי השלוש תחתונות הוא נקרא משפט, והוא מתעלה במידותיו להשגיח ולהנהיג עולם השפל במידותיו, וזהו שאנו אומרים - המלך המשפט, ועליו אנו אומרים - מלך יושב על כסא רחמים:

ואמרו המקובלים כי עשר הויו"ת הן חמש כנגד חמש, וחמש ראשונות רוחניות יותר מחמש אחרונות, ואין כוונתם שיהיה בהם שנוי חלילה, אך שהאחרונות נקראו כן בעבור שהם קרובות לפעול בעולם השפל יותר מהראשונות כי הם נעלמות, וכנגדם היו עשר דברות חמש כנגד חמש, ומדברות בעניין השם, כי גם דבור כבד את אביך ואת אימך מדבר בכבוד השם יתברך, כי צווה לכבד המשתתפים ביצירה, ובכלל כבוד המשתתפים הוא כבוד השם יתברך וכעניין שאמרו - שלושה[105] שותפים יש באדם. וכנגד עשר הויו"ת היו במקדש עשר כיורות, עשר מנורות, עשר שולחנות, וכולם היו חמש כנגד חמש, ובמשכן נצטוו לעשות עשר יריעות, ולחבר את החמש יריעות לבד, ואת החמש יריעות לבד:

ובמעשרות שמודדין עשר מידות כל אלו הם רמז לעשרה הויו"ת, והעשירית קודש רמז לעטרה, שהיא מידת העשירית. וטעם מעשרות כדי להגדיל כח ידי העטרה בפעולתה, כדי להניח ברכה ועושר בארץ, כי היא ברכת הארץ וברכת השם היא תעשיר. ואמרו רז"ל - עשר[106] בשביל שתתעשר:

---

104 ישעיהו ה טז

105 גמרא נידה לא א

106 גמרא תענית ט א

ובמלחמת עמלק נשא משה רבינו ע"ה עשר אצבעות ידיו למעלה, כנגד עשר הויו"ת, לייחדם כולם בעטרה שהיא גבורת ישראל הנלחמת להם, ונקראת **אמונה**, וזהו שאמר הכתוב - ויהי[107] ידיו אמונה. וכדי לרמוז היחוד בעליונים, שהעטרה עשה על כן כתוב ידו חסר **י'**. וכאשר[108] ירים משה ידו וגבר ישראל. כי היתברך נלחמת להם, והוצרך משה לכל זה כנגד כח של עמלק היונק מן הנחש שהוא סמא"ל, הנמשך מהפחד, ולכן נקרא סמא"ל והוא שרו של עשו זקנו, ומפני כחו הגדול כי נאמר - וכאשר[109] יניח ידו וגבר עמלק. כי בא הנחש והטיל זוהמא בחוה כדי לתת כח לעמלק, והיה מניח ידו כי אסור לבטל מנהגו של עולם וזהו המנהיג כי אסור לבטל מנהגו לגמרי, וכמו שדרשו ז"ל - מכאן[110] שאסור להיות כפיו לשמים שלוש שעות, אלא שצריך להעלותן ברחמים היות רחמים בדינו:

ונשיאות כפים של כהנים בעשר אצבעות ידיהם למעלה, כנגד עשר הויו"ת עליונים, להשרות שכינה בתחתונים שעל ידו להביא ברכה לעולם, כי אם יזכו ישראל היות שכינה שוכנת בקרבם, אז השלום בארץ והברכה מצויה:

אמר בספר יצירה - כרת[111] לו ברית בין אצבעות ידיו ובין עשר אצבעות רגליו, במילת הלשון ומילת המעור, כלומר שמשך גופו של אדם והתחלתו מן הלשון עד המעור כלול בעשרה, וזהו עיקר הלשון בין עשר אצבעות ידיו, המעור בין עשר אצבעות רגליו. וצורת בניין האדם הוא כנגד השבע, והשלוש רוחניות יותר שכנים במוח, ולרמוז שכן הוא העניין בגופו למעלה ולמטה בעשרה. אמנם לפי הבניין ראוי להיות לאדם שתי זרועות ושתי שוקים, אך הטעם עשר אצבעות הוא להיות גופו כלול בעשר, וכל עשרה כנגד העשרה ימיניים עליונים, והשמאליים כנגד השמאליים העליונים, ומכאן נתבונן עניין נטילת ידים שבהן עשר אצבעות, ובעניין לנוטלים במים לרומזם ברחמים כדי לטהרם ולהכניסם ברחמים, מה שאין כן בשאר משקים:

---

[107] שמות יז יב

[108] שמות יז יא

[109] שמות יז יא

[110] רמב"ן על שמות יז יא

[111] ספר יצירה ו ח

וכנגד העשר הויו"ת לקו המצריים עשר מכות, כי לקו בכל הכוחות, עוד ידברו רז"ל במניין הזה בהרבה מקומות, ואמר - עשרה[112] דברים נבראו בערב שבת בין השמשות. עוד הזכירו באדם וחוה בכל אחת תשע קללות, אמנם עשרה הם, כי המיתה אחת מהם. אמנם לא רצה למנות מפני שהיא שווה בכולן, מה שאין כן באחרות. ועשר[113] דורות מאדם ועד נח ומנח ועד אברהם. וכוונתם להזכיר לרמוז שאם יעברו עשר דורות בלא צדיק שיחזור העולם לתהו ובהו, כי הכל מתקיים בצדיק אחד, וכעניין שנאמר - וצדיק[114] יסוד עולם. ואם אין צדיק בארץ עולם על מה יעמוד, וכן מנו עשרה צדיקים, וכן מנו - עשרה[115] ניסיונות שעמד בהם אברהם אבינו. וכן - עשרה[116] נסים נעשו לאבותינו על הים. וכן - עשרה[117] במקדש. וכן עשרה קדושות בארץ הנבחרת, ואמרו - אין[118] דבר שבקדושה פחות מעשרה. ואין[119] עדה בפחות מעשרה, וכן אין פוחתין פחות מעשרה פסוקים בקריאת התורה. וכן[120] עשר בטלנין. עשרה[121] דברים נאמרו בכוס של ברכה: וכנגד אילו תקנו לומר מאה ברכות בכל יום, לפי שכל אחד ואחד מעשר ספירות כלולה מכולם, ועשר פעמים עשר הרי מאה. ודרשו ז"ל[122] בפסוק - רכב[123] אלהי"ם רבותים אלפי שנאן, אל תקרי **שנאן** אלא שאינן כלומר אלפי **שאינן**. והכוונה לפי שכל ספירת נקראים עולם, וכן נקראים אלף ורבותים, הם עשרים אלף, והם עשרים עולמות, כנגד עשרה הויו"ת, כי כל אחד מהם כאילו היא כפולה, בהיותה כלולה מחברתה, והנה היא כשתים וכאילו הן עשרים. אבל הסירו שתי אלפי מן המניין כנגד הראשונה בעבור, כי לא ימנו מאחד

112 משנה אבות ה ו
113 משנה אבות ה ב
114 משלי י כה
115 משנה אבות ה ג
116 משנה אבות ה ד
117 משנה אבות ה ה
118 גמרא מגילה כג ב
119 גמרא מגילה כג ב
120 משנה מגילה א ג
121 גמרא ברכות נא א
122 ילקוט שמעוני תשצ"ו
123 תהלים סח יח

ר"ל רק בתשע, בעבור כי כל אחד מהתשע מקבלת מאותה שלפניה, הנגררת במניין והיא כלולה ממנה, מה שאין כן בראשונה שקבלה ממקום שאינו נגדר, לא במספרת ולא במחשבת ואין בה תערובת דין כלל, כי הם הרחמים הגמורים, וכן לא יתכן לומר אפילו במחשבה לחשוב אותה כפולה. אבל מה שנאצל ממנו נכפל מעצמו וממאצילו, מעצמו בהיותו כח נאצל, וממאצילו כי הוא כללו ממנו ומכאן נתבונן כי כל אחת כלולה מכולם, והראשונה כלולה מכולם וכח מכולם בה:

ובהשתלשלות עשר הויו"ת היו עשרה היכלות של מלאכים, הנקראים - מלאכים, חיות, כרובים, שרפים, אופנים, אראלים, חשמלים, תרשישים, אלהי"ם, אישים. ועוד שמות רבות להם, ובכל היכל והיכל אלף[124] רבותיים ואלף אלפים ישמשוניה ורבו רבבן אין מספר לגדודיו. והוא עולם השכלים הנבדלים מהם מלאכי רחמים, ומהם מלאכי שלום, הכל בהשתלשלות וכעניין שדרשו בפסוק - המשל[125] ופחד עמו עושה שלום במרומיו. אמר המשל זה מיכאל, ופחד זה גבריאל, ואמרו שמיכאל הוא שר של מים, והוא מימים והוא השר הגדול המבקש רחמים על ישראל, כמו שנאמר - מיכאל[126] שרכם. והוא כהן גדול והוא תחלה בעולם השכלים, כמו שאמרו - מיכאל[127] באחת. כללו של דבר הוא אל צד החסד, הנקרא מים, וכהן גדול והוא הנקרא ראש בנין והוא רחמים גדולים. ופחד זה גבריאל, והוא מצד הפחד והוא שר של אש, והוא שרו של האומות, והוא המבקש דין, ולכן כשישראל חוטאין נופלין וגולין תחת ידי האמות, לשרתם ולשעבוד:

ואמרו רז"ל במעלת השרים האלה - מיכאל[128] באחת לפי שהוא במדרגה ראשונה, וגבריאל בשתים לפי שהוא במדרגה השנייה. ואמר הכתוב - עושה[129] שלום במרומיו. אף על פי שזה הוא שר של אש, וזהו שר של מים, כמו שזכרנו עם כל זה השם יתברך עושה ונותן ביניהם השלום, וזהו המכריע. אמנם פנימיות של הכתוב מובן הוא, רמז

[124] ספרא נשא מב
[125] איוב כה ב
[126] דניאל י כא
[127] גמרא ברכות ד ב
[128] גמרא ברכות ד ב
[129] איוב כה ב

למידת יעקב והוא שלום הבית, שאמר בהדלקת הנר בערבי שבתות נר בבית שלום בבית, והוא שאמר - גדול כח השלום. ואמרו עוד - מעולם[130] לא ראתה חמה פגימתה של לבנה לפי שהשלום ביניהם וממלא פגימתה של לבנה. והוא עניין - ונתתי[131] שלום בארץ. שכך אמר התפארת אם יקיימו ישראל התורה והמצות לא יחסר המזג, ובהשתלשלות ההיכלות עשרה גלגלים - גלגל השכל, וגלגל המקיף, וגלגל המזלות, וגלגל שבעה ככבי לכת:

---

[130] גמרא ראש השנה כג ב

[131] ויקרא כו ו

פרק ארבעה עשר

שער השם:
תדע תחלה כי השלש העליונות נכללות בשם אחד של שש אותיות והוא אהי"ה ו"ה, כנגד הראשונה א"ה, וכנגד השנייה י"ה, וכנגד השלוש תחתונות ו"ה, ושלשתן נמסרו למשה רבינו ע"ה בשולחו השם יתברך לישראל להוציאם ממצרים. אמנם לא גלה אותן לישראל כמו שקבלם הוא, ר"ל הראשון לבד והשני לבד. אך קבלנו שגלה לזקנים את הראשון בצרוף השני, כמו שהוא כתוב בתורה, וגלה לישראל השם השני שהוא י"ה בצרוף השלישי שהוא ו"ה, שהרי אמר השם יתברך - כה[1] תאמר אל בני ישראל אהיה שלחני אליכם. אמנם ידענו כי לא יעבור את פי השם יתברך, וקבלנו שגילהו לזקנים, אבל השם הראשון לבד שהוא א"ה לא גלה אפילו לזקנים בלי צרוף:
אמנם יש לך לדעת כי שני שמות, ר"ל אהי"ה הוי"ה, הן רומזים לדין ולרחמים, אמנם שווים הם בלשונם, כי שניהם בלשון **הויה**, והאלף שבשם הראשון מורה על הקדמות והיחוד, והיה מורה לעשר ספירות. **והו'** השלישי רמז לשש קצוות, **והה'** מתגלגלת עם כולם, כי היא פועלת על ידי כולם, **והי' ה'** שהם אחרונות בשם אהי"ה רומזים לעטרה. **והי' ה'** שהם ראשונות בשם הוי"ה רומזים לשלוש התחתונות, כי לשם העליון ולעטרה שם אחד להם, כמו שביארתי בשמות השווים, וסימן - על[2] ראשון ראשון ועל אחרון אחרון. כי השם העליון ראשית הראשית, והעליון היא האחרית, והוא מה שאמר ברמז - הא[3] דרכך בראש נתתי. כלומר התפארת הרומז להוי"ה נתן את העליון הנרמזת **בה'** אחרונה שבשמו, בראה השם כי היא נקראת י"ה: והנה נקבה[4] תסובב גבר. כי **הו'** שבאמצע השם רמז לתפארת, והנה בשני השמות שזכרתי וביארתי, תמצא - נעוץ[5] סופן בתחלתן ותחלתן

[1] שמות ג יד
[2] משנה אבות ה ז
[3] יחזקאל טז מג
[4] ירמיהו לא כא
[5] ספר יצירה א ו

בסופן. והו' שבשם הוי"ה מורה על שש קצוות הנמשכות משלש ראשונות הנכללות בשש אותיות, הנזכרות בשלש שמות, ונכללות בשלישי המתחיל בו', ורומז לשלישית והיא אשר המציאה השש קצוות בכח עליון, והה' אחרונה שבשם רומזת לעטרה המתגלגלת עם הראשונה והשנייה והשלישית כמו שזכרתי. וכללו של דבר תחילת המחשבה הוא סוף המעשה, ונעוץ סופן בתחלתן ותחלתן בסופן, וכנגד שנמשכו הו' קצוות, מו' אותיות, כן נחלק השם הגדול שהוא יה"ו לו' חלקים וכמו שזכרתי בשביעיות, ושם כתבתי כי כל המספר נגדר בששה נמשך מהם:

והשם הגדול שהוא שלש אותיות כולל שלוש ספירות, שהם חכמה ותבונה ודעת. והי' רמז לשנייה, והה' לשלישית, והו' לתפארת הנקרא דעת, וכולל שש קצוות. וכבר זכרתי ה' אחרונה לעיל, ועל זה נאמר - ובדעת[6] חדרים ימלאו. ודע כי האין סוף המציא מעלום הראשונה ל"ב נתיבות להרשים בשנייה, ולכן נקראים נתיבות חכמה. ומהשנייה המציא השלישית, ומהשלישית המציא הבניין, שעיקרו התפארת, הנקרא הוי"ה צבאו"ת, והוא שאמרו בספר יצירה - עשרים[7] ושתים חפצים [היב"ש - אותיות] וגוף אחד. והגוף הוא עשר ספירות שהם כלל הכל והחפצים הם כ"ב אותיות:

ועל העניין שביארתי אמר שם בתחילת ספר יצירה - בשלשים[8] ושתים נתיבות חקק י"ה הוי"ה צבאו"ת וכו'. כלומר האין סוף בעלום הראשונה המציא השנייה, הנקרא י"ה, והשלישית הנרמזת בשם הוי"ה, והבניין הרמוז במילת צבאו"ת, כולם חקק בל"ב נתיבות, ומתחלה נרשמו בשנייה הנקרא י"ה, והשנייה שבשלישית כמו השנייה של בראשית, הרומז על הכתר עד אין סוף:

והמקובלים קוראים לראשונה עלום והיא נעלמה בב' של בראשית, וקוראים השנייה רשימה, כי בה נרשם הכל, והשלישית חקיקה, כי בה נחקק הכל, והמציא הבניין שמתבוננים בנתיבות השנייה, וקוראין לבניין חציבה, כי השלישית חצבו כמו שנאמר - חכמות[9] נשים בנתה

---

[6] משלי כד ד
[7] ספר יצירה פרק ב
[8] ספר יצירה א א
[9] משלי ט א

ביתה חצבה עמודיה שבעה. ובעבור שנחצב בנתיבות החכמה, אמר בספר יצירה כי האותיות פועלות ושם חלקו הכ"ב אותיות לשלשה חלקים - שלש[10] אמות, שהם אותיות **אמ"ש** המתחלפות לששה, כנגד חמישה הראשונות, שבהם שלוש תיבות משרש האותיות כמו שזכרתי למעלה. ושבע כפולות שהם **בג"ד כפר"ת** שהם כנגד הבניין. וי"ב פשוטות [**היב"ש** - אותיות **ה ו ז ח ט י ל נ ס ע צ ק**] כנגד י"ב אלכסונות אשר יתבארו למטה, וכולם בגוף אחד, אשר הם עשר ספירות, הנכללות בשם אחד ההוא שם של בן ארבע אותיות, וכבר ביארתיו פעמים ושלש:

אמנם יתבונן מהם מה שזכרנו בשמות השווים, בעניין - דברים[11] שבכתב אי אתה רשאי לאומרם על פה. ושם בארנו טעם דברים שבעל פה אי אתה רשאי לכתוב, בעבור כי השם הגדול נקראת רשימה, ומעתה דברים שבכתב אי אתה ראשי לאומרם על פה, מובן הוא ואולי למעלת הדברים שבעל פה אמרו זה, והמשכיל יבין:

ושם בן ע"ב אותיות נמשך מחסד, וסימניך גימטריא שלו הוא יצא משל פסוקים **ויסע ויבא ויט**. ואמרו בבהיר כי הוא מצורף משם בן ארבע המצורף לי"ב, כמו שאזכור למטה, ושם בארו בפסוק - ושבעים[12] תמרים כי שם בן ארבע אותיות המורה על התפארת ועל העטרה, הוא האילן והוא השם המיוחד, והוא ד"ו פרצופין, וענפי האילן הם שבעין, הרי ע"ב עם הד"ו פרצופין:

ומשבעים ענפי האילן משתלשלים שבעים שרים, הממונים על שבעים אומות, והשרים הם הנקראים אלהי העמים, והשם הנכבד יתברך הוא אלה"י האלהי"ם, ושרו של ישראל והם נחלתו ועמו. והנה השרי עם הד"ו פרצופין, ע"ב. והאומות עם ישראל ע"א, והשכינה עמהם הם ע"ב, וכנגדם שבעים זקנים ומשה רבינו על גביהם הרי ע"א, ושכינה עמהם ע"ב, וכן שבעים סנהדרין, ונשיא על גביהם, ושכינה עמהם, הרי ע"ב. וכמו שנאמר - אלהי"ם[13] נצב בעדת אל בקרב אלהי"ם ישפוט:

---

[10] על פי ספר יצירה פרק ב

[11] גמרא גיטין ס ב

[12] שמות טו כז

[13] תהלים פב א

ושם מ"ב נמשך מן הפחד, ושם בן ארבע מהתפארת, וכבר בארנו רמז אותיותיו. ובבהיר הזכירו בשם בן ארבע שלוש צירופין, יַפּוֹעַל יָפוֹעֵל יְפְעוֹל, ומפיק תחת כל **ה'** אחרונה של כל אחד ואחד, והוא שם של ברכת כהנים הנחלק לשלשה פסוקים, והצנועים היו מבלעין אותם בנעימות אחיהם הכהנים. ויש בו י"ב אותיות, והם הי"ב צינורות והאלכסונים שהזכירו בבהיר, ואמר שם כי בהיות כל אחד ואחד כלול משש קצוות הם ע"ב, כנגד ע"ב שמות של הקדוש ברוך הוא כמו שזכרתי למעלה. ויש בו י"ב שבטים הנקראים שבטי י"ה, כי השם בן ארבע שהוא השם הגדול, והוא מידת יעקב וזכה שיצאו ממנו צבאות הוי"ה, י"ב ונחקקו בקדושתו, ואבני אפוד, ושני אבני שהם, וי"ב מעינות מים, כמו שהזכירו בבהיר. ונשתלשלו מהם י"ב מזלות, ועליהם נחלקה השנה לי"ב חדשים, כי י"ב חדשים בשנה. ושנה מלשון השנוי החלום, ונחלק היום והלילה כל אחד לי"ב שעות, ואולי שיש מזה עניין שהצריכו בגט י"ב שטות, כי כאשר פוטר האיש את אשתו להיות לעם אחר, מוסר בידה חותמו לראיה, כי מדעת בעלה אשר גרשה, יצאו ושרשו באשתו שבק, והוא ענין שאמרו - כל[14] המגרש אשתו ראשונה אפילו מזבח מוריד עליו דמעות, וכבר ידעת כי המזבח רמז לעטרה, שהייתה בת זוגו ראשון, ומתוך שזכרתי ניקודו של שם בן י"ב ראיתי לזכור. הנה דעת רבי יעקב בר ששת ז"ל בעניין ניקוד השמות והצרופים, והוא שתדע כי יש בשם של ארבע אותיות ושאר שמות הקודש כמה צירופים, בין בחלוף אותיות המתחלפות על עצמם, בין בניקוד שלכל אחר מן הצרופים מספרם אין חקר ואין מספר, ואפילו שם בן ארבע אותיות עם כל הנקודים, אין להם מספר כאשר נודע מחכמת הצרוף ובאשר יתחלף באותיות אחרות, בצירוף וניקוד נמצא כי אין סוף לצירופו, אך כי שאר השמות שיש להם כמה אותיות כאשר באים על כל המקרא, שצריך בצירופם אין להם מספר כאשר נודע בחכמות הצירוף, ונאשר יתחלף באותיות אחרות יתחלפו על עצמן, ועל ניקודן שאין סוף למספרן. ולכן יש לך לדעת כי בדרך שיתחלף הצירוף באותיות ובניקוד, כן תתחלף גם הפעולה הבאה בצירוף זה לפעולה אחרת, וכדרך שתשתנה הפעולה בעבור הצרוף כן תשתנה בעתים אפילו בצירוף אחר, כי יש צרוף או ניקוד הפועל

---

[14] גמרא גיטין צ ב

בשעה ידועה, ויש ביום ידוע, ויש בחודש, ויש בשנה, ויש בתקופה, ויש בחלקים מן היום מן השבוע או מן החודש, או מן השנה, וכאשר תשכיל זה על רעיוניך, כי אין סוף לכוחותיו, ותנוח דעתך במה שאמר - מפני מה אין ישראל נענין מפני שאינן יודעין להתפלל בשם, הצריכים לבקשתם או שאינם יודעים בשם, כלומר שאין יודעים הכתב והנקרא זמן לתפילתם אף כי ידעו עניין השמות וכאלו תאמר כי נקוד אחד פועל ביום ראשון למטר, וביום שני יפעל הוא לזריחת השמש, או לקפיצת הדרך, או לחן וכיוצא בהן. וזו הייתה מעלת רבי חייא ובניו על שאר בני דורם, שהזכירו בבראשית רבה לפי שידעו באיזה שם יתפללו באותו יום למטר, ובאיזה ישיר הרוח, ובאיזה תחיית המתים, כי כל אלה נזכרים בברכת אתה גיבור, ואולי שהיו רבי חייא ובניו חסידים מכל בני דורם, וכמו שאמרו רבותינו - גדולים[15] מעשי חייא. לכן היה ראוי שיפעל הוי"ה אלהי"ו ולא לאחר, כמו שמוכיח שם כי יש שם שפועל באחד ולא בזולתו, ודברים אלה נכוחים ומושבים את לבבו באמיתתן, אף כי ליודעי חן. שאם לא כן היה לנו לתמוה על אותו מעשה, וכי לא התפלל מעולם רבי חייא ברכת אתה גיבור, או איך לא היה אדם חכם וצדיק בדורו של רבי חייא שידע להתפלל בכוונה כמוהו, והלא כל חכמי ישראל שיהיו בימי רבי היו שם, ורבי עצמו היה שם, כי רבי חייא נפטר קודם רבי:

---

[15] גמרא בבא מציעא פה ב

פרק חמשה עשר

<u>בביאור כוונת השם בתפלות, ובתחנות, ובברכות, וכוונת הקדושה, והקדיש, וברכו, וקריאת שמע:</u>

דע כי הזכרת השם באותיותיו ובניקודו איננו רק בארץ הנבחרת, ובזמן השלמות שהאיש בביתו והשם שלם ואז יזכירוהו בשלמותו ובכתבו וזהו בזמן המקדש, אבל בזמן הגלות שבית המקדש חרב והפנים המאירים נסתרים והמינקת נורדית בחטא בניה והיא בגולה עמהם, דיו לעולם להשתמש בשתי אותיות שהם י"ה הרומזים אליה. וכמו שדרשו ז"ל בערובין וסמכו על הפסוק שאמר - כלי[1] הנשמה תהלל יה. כי לא ישתמשו במה שאין להם ואינם ראויים אפילו במה שיש להם:

אמנם אף בזמן שאין השלמות וחוץ למקדש ובזמן הגלות שהבית חרב, כאשר ירצו להזכיר את השם, בין בתפלות בין בתחנונים, בין בברכות, לא יזכירוהו באותיותיו ככתבו, אבל יזכירוהו בכינויו, ר"ל באדנ"י הרומזת לעולם בכל מקום. אבל בהזכרת אדנ"י יתבונן במחשבה השם ככתבו בין לשנייה ובעוקצה לראשונה, ובה' ראשונה לשלישית ובו' לתפארת כלול בו בשש הקצוות, כי מנינה עולה כך, ובה' אחרונה לעטרה. ואחר כן יכווין בניקודו שהוא כמו יְהָבְךָ או דברך, וסימניך - לעולם[2] הוי"ה דברך נצב בשמים. וכן - השלך[3] על הוי"ה יהבך והוא יכלכלך. וכך תכוין בשם בכתבו באותיותיו כמו שזכרתי. ואח' כך יכווין בניקודו [**היב"ש** - שם הוי"ה בניקוד יְהָבְךָ הוא **יְהָוְ"הָ**, כנזכר בסידור מרן הרש"ש על הפסוק לעולם הוי"ה דברך נצב בשמים, בכוונות של הימים הנוראים] על הפסוק שאמרתי למעלה:

וכל זה בהזכירו אדנ"י, כי לשם בכתבו ובנקודתו לא יגיע רק המחשבה כמו שאמר המחבר והמקובלים. וכוונה זו לא תשתנה כלל לא בזמן מהזמנים ולא בעניין מן העניינים. אך זאת היא כוונת כל מקובל שבישראל בין בברכותיהם בין בתפילותיהם בין בתחנוניהם. ואף על

---

[1] תהלים קנ ו
[2] תהלים קיט פט
[3] תהלים נה כג

פי שצירופי השם מרובין, כעניין הפעולות כמו שכתבתי בשער השם:
ובברכות יכווין למילת **ברוך** לראשונה שהוא מקור הברכה, והיא הבריכה. ומילת **אתה** לשנייה, כי פירושה לשון אתה, כי תרגום בא אתה, כלומר נאצל מהראשית חכמה, ומילת אתה לשנייה. אמנם המחבר אמר טעם אחר אתה כלומר את ה', ואת הוא ריבוי ומה הוא הריבוי מהשנייה ומהראשית החכמה. **הוי"ה** שהוא השלישית נאצל מן השנייה, ולכן נקרא אתה, וצריך לכוון בו בהזכרת המילה, וצריך לנעוץ סופו בתחילתו בהזכרה המילה. אל[4] תעשה מקום קבע לתפלתך, כי זה יהיה קצוץ:
ובמילת השם יכווין לשלישית באותיותיו ובניקודו כאשר זכרתי, ויכווין במילת **אלהינ"ו** לשלישית כלולה מדין ורחמים, כי מילת השם ברחמים ומילת אלהינ"ו לדין, ותכווין שהשלישית כלולה מדין ורחמים:
ובהזכרת **מלך העולם** יכווין שהשלישית הוא מלך מן העולם, שהוא התפארת וכלול מכולם, ויכווין עוד שהעולם מתנהג על ידי העטרה, והוא אשר ברא ואשר יצר ואשר עשה ואשר קדש, וכיוצא בזה כפי הברכה וכאשר יתבאר עוד. ויש מפרשים מילת אתה כפשטה והוא מדבר לנכח עם השם תחתון והוא עיקר, וכאשר יתבאר עוד:
ודע כי כל כוונת הברכות הוא להמשיך מן השש ראשונות לזרועות ולתפארת שהוא עיקר, והכלל מן הבניין, וכן לעולם צריך להמשיך, אבל לא בכל הזמנים, אף על פי שהיא רמוזה בכלל הבניין, עם כל זה צריך לרומזה לבדה כמו שהבנת:
עוד דע כי מה שאמרנו כל ברכה שאין בה הזכרת השם אינה ברכה, הטעם הוא כי בזכירה השם באותיותיו ובניקודו כמו שזכרתי תלויה הברכה, כי בזכירה ובכוונה יצא כח השם תחתון אל הפועל. גם אמרנו כל ברכה שאין בה מלכות אינה ברכה, רמז במלכות לשלוש תחתונות, שהוא המלך אשר ממנה מתברך, הכל כי הוא המפרנס את שבע הנערות היושבות ראשונה במלכות, והם יסוד הכל, ומהם[5] צוה המלך את הברכה חיים עד העולם. ובלא זכירת מלכות אינה ברכה, בעבור שגוזל אביו ואימו וכדרך שזכרתי בהריסה. וזכירת השם בברכה בלא

---

[4] פרקי אבות ב יג
[5] על פי תהלים קלג ג

מלכות לא תורה על הממשלה ועל השפע העליון, כי לשון מלכות תורה על הממשלה כי הוא מחיה את כולם, והוא מחיה לכולם, זהו שקבלתי על הממרא דכל ברכה שאין בה מלכות אינה. ואני אומר אם קבלה נקבל, ואני חושב מן המלכות שמזכירו רמז לעולם הנקרא מלכות בכל מקום, ועליה מברכין הברכה - כי[6] שם צוה הוי"ה את הברכה. אם כן הוא יהיה הזכרת המלכות שבברכה רמז לעולם, וממשיכים במילת **ברוך** מן הראשונות לעולם ולעולם, אנו אומרים - **ברוך אתה**, שאתה כלול ברחמים ובדין, ואתה מלך מן העולם, **אשר קדשנו**, ואשר עשה לנו, כי יקרא פעמים מלך מי שהוא תחתון במדרגה, כדרך - ואני[7] נסכתי מלכי. כי אמר השם יתברך כי נסך את מלכו שהוא בארץ, אמנם דבר נכון כוונת הראשונים אשר קבלנו, אמנם הממרא כפשטה נראה כן כמו שביארתיה:

והנה שביארתי כוונת הזכרת השם יתברך באותיותיו ובניקודו, והכוונה ההיא לא תשתנה כלל, אמנם הכוונה בברכות ובתפלות ובתחנונים בעצמם, ר"ל לאי זה מידה יכונו בה, הכוונה האלה תתחלפנה פעמים לפי הזמן, ופעמים לפי העניין. ודע כי באמרי תפלת אין כוונתי אלא באמצעיות של י"ח [**היב"ש** - תפלת עמידה], ולפיכך כל שאר הברכות כולם הכוונה בהם לשלישית, ובכוונה שהעולם הוא אשר עשה ואשר ברא ויצר כמו שכתבתי למעלה:

והתחינה, הכוונה מוחלטת לעטרה הנקרא תחינה, וכבר כתבתי בהריסה למה אין אנו אומר תחינה בלילה, ושם מבואר הטעם ולמה אומרים אותה בחשאי. אמנם אנו הרגילין להשכים באשמורת הבוקר בעשרת ימי תשובה, וקודם ראש השנה, ולומר תחינות קדם עלות השחר, נכון הוא לכוון בתחנה לשלישית, כי מילת תחינה ותחנונים קרובים בעניינו. אך השלישית רמוז ברמז העטרה כמו שכתבתי בשמניות, ובארץ אשכנז לא יאמרו תחנון כי אם אחר עלות עמוד השחר, אבל ביום בכל ימות השנה אפילו בעשרת ימי תשובה הכוונה בהם לעטרה, אך הכוונה לסומכה אל הרחמים כאשר ביארתי בשער ההריסה:

ויש לך לדעת כי באמרי שצריך לכוון במידה מן המידות אין הכוונה

---

[6] תהלים קלג ג

[7] תהלים ב ו

חלילה שיכוון אליה, לבד כי כוונה זו הריסה גמורה. אך הכוונה לעשותה עיקר כפי הפעולה וההנהגה הצריכה להתפלל ולפי הזמן שהשם מתנהג במידותיו, כלומר אם הוא יום רחמים שיכוון שיתנהג במידה זו, ואם הוא יום דין שיכוון שיגלגל רחמיו על כל מידותיו ולא יבא עמו כפי היום אך לפנים משורת הדין, אמנם לעולם יכוון בשם המיוחד הכולל כל המידות, כי אותיותיו כוללות כל הבניין:

הנה ביארתי כי כוונת כל הברכות כולם לשלישית, וכן כוונת כל התחנות לעטרה, אמנם הכוונה של י"ח ברכות האמצעיות הכוונה בהם לעתים לתפארת, כי היא תפלת בקשת רחמים, ולעתים לשלישית ועל הסדר, אשר כתבתי וזו היא כוונת מאמרם ז"ל - אל[8] תעש תפלתך קבע אלא רחמים ותחנונים. כלומר שלא יקבע תפלתו אל מידה מיוחדת לעולם, אלא לעתים לתפארת והוא הרחמים, ולעתים לשלישית והוא התחנונים:

או נוכל לפרש שלא יקבע תפלתן לשלישית או לתפארת לבד, רוצה לומר לעשות אחד מהם עיקר אבל יכוון אל הרחמים ואל התחנונים, וכעניין שאמרו - עיניו[9] למטה ולבו למעלה. וזהו הכוונה אל כל יום ויום כאשר יתבאר למטה בעניין שלוש ראשונות ואחרונות ואמצעיות, אמנם לשון תפלתך מורה על פירוש זה כי לא יקראו תפלה, אלא לאמצעיות, כאשר זכרתי למעלה לכן נחזור לפירוש הראשון:

ויש שאין גורסין **תחנונים**, אלא אל תעש תפלתך קבע אלא רחמים, כלומר שלא יקבע תפלתו, כמו שהתחיל בשלוש ברכות ראשונות שהם שבח והודאה, והכוונה בהם לשלישית, אך יכוון באמצעיות שהם בקשת צרכיו אל הרחמים, כי התפלה בקשת רחמים הוא שהוא התפארת, העושה כל הצרכים על ידי העטרה:

וכבר זכרתי כי הכוונה בשלוש ברכות ראשונות ואחרונות בשווה, אבל ההבדל שבכוונות אינם רק באמצעיות, כי בכל יום שאין בו מוסף כל הכוונה בתפארת, שהיא מידת רחמים, כי היא הפועלת ביום. אבל בלילה תכוון לשלישית כי אם תכוון בתפארת, אולי יבוא לכוון בעטרה הכלולה בו, והיא נקראת לילה, ויבוא לידי הריסה, וכעניין שזכרתי בשער ההריסה בעניין תחינה:

---

8 פרקי אבות ב יג

9 גמרא יבמות קה ב

אבל ביום שיש בו מוסף הכוונה בתפלה לעולם לשלישית, בעבור כי בימים ההם יש תוספת ברכה וחוט של חסד משוך, והשגחת העליון מרובה, וראוי לכוון בה. אמנם הרב רבי אליעזר מגרמישא כתב כי ביוצר של ראש חודש, הכוונה בתפלה בתפארת ואיננה רחוק, אמנם לא נתחדש לנו בראש חודש דבר בעניין הכוונה כי בתפלת מוסף, כאשר יכווין הברכה האמצעית לשלישית, אין זה חידוש כי כן הם בכל המוספין:

ועשרת ימי תשובה הכוונה מוחלטת לשלישית, ואמרי מחלטת בעבור כי בכל השנה כולה, אם יתפלל ביום צריך להמשיך ברכה לעטרה, ר"ל בברכות של י"ח במילת **ברוך** מן ההתחלה, כלומר מן הראשונה עד הסוף שהיא הברכה והיא העטרה, ובלילות עד היסוד ולא יותר, כדי שלא להתבונן בעטרה המיוחדת ללילה. אבל בעשרת ימי התשובה אין צריך להמשכה, אך יכווין אל השלישית שהיא כלולה מכל המידות, והטעם בעבור כי בזמן ההוא השלישית הוא המלך, המשגיח בעולמו ודן אותו ומתנהג ומתעלה בפועלים, שהם הד"ו פרצופין וכעניין שנאמר - ויגבה[10] הוי"ה צבאו"ת במשפט. הוי"ה צבאו"ת רמז לפועלים עם כל הבניין המתגבר בשלישית, שהוא המשפט ושופט כל הארץ:

ובברכת השבח ובברכת הנהנין ובברכת המצוות, אפילו לא כוון בברכה ולא המשיך בה כדרך שכתבתי יצא, והטעם בזה לדעתי כי המלות בעצמן ובזכירתן הם במקום הכוונה וההמשכה כמו שכתבתי למעלה ומובן הוא. ואולי כי בעבור חשיבות המלות שבברכה אמר החכם - חטוף ובריך. אבל בשלש הראשונות של י"ח, אין לפחות הראשונות שאין בה מלות להמשכה היא צריכה כוונה, ואם לא כוון לא יצא, ועניין כוונתה יתבאר למטה:

ועתה נשאר לנו לבאר טעם הברכות הפותחות ב**ברוך** למה תקנו התחלתן לנו בה, כמו **ברוך אתה** ואחר מילת **העולם** חוזרת לנסתר, כמו אשר קדשנו וצונו, ואשר בחר בנו, ועשה לנו, וכיוצא בזה, ולא אמר אשר קידשתנו, יצרתנו בחרתנו, והטעם הוא כמו שכבר כתבתי בעניין מה שאמרו כל ברכה שאין בה מלכות אינה ברכה. ומאחר שצריכין בברכה זכירת המלכות הרומזת לשלישית, שהוא אדון הכל,

---

10 ישעיהו ה טז

תקנו בברכה לומר **ברוך אתה** כי הוא מדבר עם המלך, ומברך אותו: אמנם בספור חסדיו אשר גמלנו, אנו חוזרים לומר לכבוד המלך דרך נסתר, והכונה שהעולם הוא התפארת הוא, אשר קדשנו ואשר עשה לנו כי כבוד המלכות, לומר דרך נסתר שלא לומר לו לנוכח, אתה עשית לנו קידשתנו בחרתנו וכיוצא באלו. כי לא נאה לכסיל לומר למלך כן. לכן ישבחו את המלך וירוממוהו על אשר פעל והוא העולם והעולם עשה לנו וקדשנו, ויצרנו, ובחר בנו, כי מן העולם, נצטוו כל המצוות למשה רבינו ע"ה, וכל זה בברכות הפותחות בברוך הצריכות הזכרת מלכות, להורות על הממשלה כאשר זכרתי:

אבל ברכה הסמוכה לחברתה שאינה פותחת בברוך, אף על פי שהכוונה לשלישית, אחר שאין בה הזכרת מלכות, תיקנו לנוכח ולא חששו על הכבוד. וזהו כי בעלינו לשבח תיקנו לשון נסתר, מפני שיש בו **אל מלך מלכי המלכים** הרומז לשלישית, אמנם כל הכוונה בו לשלישית, ולכבוד המלכות הוא כולו נסתר, מילת **מלך** השלישית, מלכי הכתרים, המלכים הפועלים. והנה הוא כמו מלך העולם:

ואחר שקבלתי העניין הנסתר בברכה הפותחת בברוך מן החכם, תמהתי לפניו על נסחי הקדושים שבערבי שבתות ובמועדים, המתחילם לנוכח וחוזרים לנסתר, ואחר כך יחזרו לנוכח, כי בערב שבת אנו אומרים - כי בנו בחרת ואותנו קידשת ושבת קידשך כל זה לנוכח. ובמועדים חוזרים ואומרים ותיתן לנו. וכן ביוצר אור אנו אומרים - מה רבו מעשיך, וחוזרים לנסתר - עדי עד שמו הגדול. וקידוש של שבת ויוצר של שבת אין להם ישוב כלל. ומצאתי כי כל שאר ברכות חוץ מאלו כולם נסתר, ממילת העולם עד סמוך לחתימתו: נשאר עתה לבאר הכוונה בברכה ראשונה של י"ח. אמנם תחילה אעירך על מה שכתבתי בשער האדם, בתפלה וחפץ השם בהם. והתבונן עוד מאמרם ז"ל - שאמרו[11] כל הסומך גאולה לתפלה מובטח לו שהוא בן העולם הבא. ויובן זה כמו שכתבתי בשער השמות, וכתבתי כי התפארת נקראה תפלה, והעטרה גאולה, והוא המלאך הגואל, מתפלל והסומכם בכוונתו, הרי הוא סומך הגן עם העדן ביסוד שהוא העולם הבא, וזהו שאמרו מובטח לו שהוא בן העולם הבא, מידה כנגד מידה. אמנם ראיתי מי שקרא היסוד גאולה ולעטרה תפלה,

---

[11] גמרא ברכות ד ב

וכדרך - ואני[12] תפלה, ולמשכיל עולה הכל בקנה אחד, כמאמר כל הסומך גאולה לתפלה:

ומעתה אתחיל הכוונה בברכה ראשונה של י"ח והוא שיכוף אדם את ראשו, ויכווין בברוך אתה לשנייה כלולה בראשונה, ויכווין להמשיך הברכה משם, אם הוא יום עד לעטרה, כי שם צוה השם את הברכה, ואם הוא לילה להמשיך עד היסוד, ואחר כן יזקוף ראשו ויזכיר השם ויכווין בו לשלישית. ומפני מעלת הראשית החכמה, והשנייה על השלישית, אמר - כופף[13] בברוך וזוקף בשם. ויכווין בהזכרת השם באותיותיו ובניקודו כאשר זכרנו למעלה. ובמילת אלהינ"ו יכווין שהשלישית כלולה מרחמים, ומדין הפועלים למטה וכמה פעמים זכרנו זה הטעם:

ואלה"י אבותינו, אלה"י אברהם, אלה"י יצחק, ואלה"י יעקב, השלישית נקרא אלה"י האבות התחתונים, בעבור כי מידותיה באבות הבניין שהם הכתרים והפועלים. **הא"ל הגדול הגיבור והנורא**, לשון אל כמו כח וענינו השלישית, הוא כח הגדולה והגבורה והתפארת הנקרא נורא, בהיות העטרה הנקראת יראה מצד הפחד כלולה בו, כמו שנאמר - ונורא בתפארת עוזך, **א"ל עליון** השלישית, **גומל חסדים טובים** כלומר השלישית ממשיך השפע לצד ימין, ר"ל מצד החסד והתפארת והנצח והיסוד, הנקראים חסדים טובים על שכולם מצד החסד, ולכן אמר חסדים לשון רבים. והכוונה שמגלגל רחמיו על מידותיו מחסדיו המרובים מדיניו, כי הארבע שזכרתי ימיניים, והפחד וההוד והעטרה שמאליים, אם כן חסדים מרובים מדינים:

וקונה את **הכל** לשון קן כלומר שהוא קינו ומקומו של עולם, ר"ל השלישית, ואולי כי מילת **כל** רומז ליסוד עולם, כי הוא האילן שהכל תלוי בו, שדרשו ז"ל בבהיר - אני[14] הוי"ה עושה כל. ורמזו שם במילת **כל** ליסוד שהוא קנו של כל העולם ולומר שהשלישית עושה ממנו קן. **וזוכר חסדי אבות** כלומר זוכר על ידי הכל שרמזו ליסוד. וזוכר חסדי אבות שזכרתי, ור"ל שמשפיע על היסוד ועל העטרה, וזוכר מלשון -

[12] תהלים סט יד

[13] גמרא ברכות יב א

[14] ישעיהו מד כד

הוי"ה[15] זכרנו, והכוונה היא החוט של חסד משוך עליה, **ומביא גואל לבני בניהם** קורין ליסוד גואל, כמו שזכרתי למעלה, וקוראים בני אבות הנצחיים, והיסוד שהם דוגמת האבות, כמו שזכרתי בשער הטעמים, ובני בניהם הם השכלים הנבדלים והפועלים בעולם השפל, בשפע שהעטרה משפעת להם, בהיותה כלולה מן **הכל** הנקרא גואל, והוא שאמר ומביא גואל לבני בניהם, או שהעטרה נקרא גואל, כי הוא המלאך הגואל וכמו שזכרנו:

למען שמו באהבה הוא העטרה, וירצה לומר שכל זה למען היות קרובים ישראל אל השם במעשיהם הטובים, או נאמר שכל זה למען גדל כח העטרה הנקרא אהבה, בהיות החוט של חסד משוך עליה. או תרמוז מילת **שמו** ליסוד, ויהיה כעניין שנאמר - צדיק[16] ונושע הוא. וכמו שביארתי בפינת האדם, כי הוא מגדל שמו הגדול בהיות שלום בארץ. וכל זה משבחי השם יתברך שגומל עלינו חסדיו כי מצד מידת הרחמים, לא זכינו בהם:

ובאמרו **מלך עוזר מושיע ומגן** יכווין במילת מלך לשם תחתון, שהוא עוזר ברחמיו ומושיע בדין ומגן בחסד, וכופף ראשו וחותם **בברוך אתה הוי"ה** ומכוין כדרך הכוונה הראשונה שהתחיל בה וזכרנו לעיל כל זה, ומכווין בשם לשם תחתון שהוא בחסד אברהם, וצריך לכוון בהזכרת השם באותיותיו ובניקודו כאשר זכרנו:

ודע כי הברכה **ראשונה** מיוסדת שער התפילה משובח **וגדול** בחסד אברהם, שהוא תחילת הבניין. **והשנייה** מיוסדת שהעליון **גיבור** בפחד יצחק הנקרא גבורה. **והשלישית** מיוסדת שהעליון קדוש באביר יעקב. **והאמצעיות** הם בקשת רחמים הזן את העולם בטובו. ועניין השלוש אחרונות הוא - ברכת העבודה היא מצד הנצח, כי העבודות והתפלות כניצחון לעובד כנגד המקטריגן. וברכת הודאה כנגד ההוד, מפני שהוא מצד הפחד. אמר - לכרוע[17] עד שיתפקקו כל חוליות שבשדרה. מאימת הדין, כי אין אנו ראויים לטובות המסופרות באותה ברכה, אשר גמלנו השם בחסדיו:

---

[15] תהלים קטו יב

[16] זכריה ט ט

[17] גמרא ברכות כח ב

ואל יקשה בעיניך למה לא כרענו באתה גיבור, מפני שכבר כרענו על אשר גמלנו חסדיו הטובים לא בזכותנו, כי אם למען שמו כמו שזכרנו, ובעבור שלא יראה כי גבה במה שעשה לנו תעורר מידת הדין לפגוע. אבל בברכת העבודה כי באנו בדרך הניצחון, כמו שאמרנו יש לפחד מהתעוררות מידת הדין, ולמהר[18] לכרוע כמקל של כחיזרא דקל ולזקוף בנחת כנחש. שלא ילקה כנחש להיות שדרתו כנחש, מידה כנגד מידה, וכדרך שאמר - במאן[19] דלא כרע במודים לאחר שבעים שנה [**היב"ש** - בגמרא שלנו אחרי **שבע** שנים] שדרתו נעשה כנחש, וכוונה מאמרם ז"ל בשבעים שנה מורה על עונש עולם הבא, שהוא יסוד והוא שביעי. וברכת השלום מיוסדת על מכריע השני, הנקרא שלום, שהוא חותם כל הברכות:

כוונת הקדושה:

קדם שיתחיל במילת **קדוש** יכוין לשלישית בשם של ארבע אותיות, באותיותיו ובניקודו, ואחר כך יאמר קדוש ויכוין בראשו שהשלישית - קדוש בחסד, ובקדוש השני שהוא קדוש בפחד, ובקדוש השלישי שהוא קדוש בתפארת, הכולל את הכל, והוא הוי"ה צבאו"ת כי הוא אות בצבא שלו:

ויכוין ב**מלא כל הארץ כבודו** לכל שהוא הארץ, הוא מבורך מן הכבוד הגדול שהוא יסוד, לומר שהחוט של חסד משוך על העטרה, ואחר כך יכוין אל העטרה הנקרא כבוד הוי"ה. ועל התפארת הנרמז בשם ויאמר - ברוך[20] כבוד הוי"ה ממקומו. מקום הכבוד הוא הפחד, אך יכוין שהכבוד ברוך מן הפחד, כלול בעשר ספירות מיוחדות בא"ס:

או נאמר כי השנייה הוא מקום הכבוד, כי חכמת שלמה גובלת מחכמת אלהי"ם וימשיך הברכה מלמעלה עד הכבוד, וכן[21] מצאתי בבהיר. או נאמר כי **מקומו** הוא התפארת, כי הוא חביון העוז כמו שנאמר ושם -

---

[18] גמרא ברכות יב ב

[19] גמרא בבא קמא טז א

[20] יחזקאל ג יב

[21] ספר הבהיר סד

חביון[22] עוזו. כמו שמבואר פסוק זה בבהיר[23]:
ואחר כך יאמר - ימלוך[24] הוי"ה לעולם אלהי"ך ציון לדור ודור הלוליה. ויכווין בשם לשם תחתון באותיותיו ובניקודו, ויתפלל שימלוך וישפיע השם תחתון לתפארת שהוא העולם, וימשיך עוד ויאמר כי - **אלהי"ך ציון** שהוא היסוד ישפיע אל העטרה, הנרמזת במילת דור ודור, כי הוא מלשון - דור[25] הולך ודור בא. והנה מבואר פסוק ימלוך הוי"ה לעולם וכו':
ומהנה נתבונן מה שכתבנו בשער שמות, המידות בעניין ציון שהוא רמז ליסוד, אם לא נאמר כי מילת לעולם, ומילת דור ודור כפשוטו ולא יבא כתוב זה אל נכון, לפי פשטו כי לעולם דור ודור, עניין אחד להם לפי הפשט. גם בשמות לא נצטרך לדקדק כל כך, אם לא נאמר בזה שיורה הכתוב בסוף כל הזמנים, שיהיה היובל נוהג בעולם, כי אלהי"ך ציון לא יתנהג כי אם בדורות ההם, ואז יתעלה הכל אל היובל, וזה רחוק לדרך התפלה, כי עתיד להיות הוא שיהיה:
אבל התפלה הוא היות שלמות הברכה לעבודת השם יתברך בעולם הזה, ואומר אני באמת כי הכוונה הזאת שכתבו בקדושה, ר"ל קדוש קדוש קדוש יפה היא וכן דעת כל המקובלים אשר הגיע לידנו מכתבם, אמנם לא נראה כן דעת המתרגם, אם לא נאמר שרצה להסתירו, אומנם הבינותי דברי הרמב"ן ז"ל בפרשת ויצא בפסוק - אנכי[26] האל בית אל. שגם דעתו אינו כמו שכתבתי, אך נראה שבאר את קדוש הראשון לדעת המתרגם, שירמוז אל העטרה, והמשכיל יבינהו משם:

<u>כוונת הקדיש:</u>

דע כי בכל מקום שהזכירו בשבחי השם, שהוא השם תחתון, או משבחי התורה בעשרה, כגון שקראו פסוקים או משניות, או הלכות, שרומזים לתורה שבעל פה. והשם תחתון נרמזת ברמז העטרה והיא כלולה מן המקור, לכן תקנו לומר עליו קדיש, כי בקדיש המשכת

---

22 חבקוק ג ד
23 ספר הבהיר קמח
24 תהלים קמו י
25 קהלת א ד
26 בראשית לא יג

הברכה:

והחזן ברצותו להתחיל קדיש יכווין בשם של ארבע אותיות באותיותיו ובניקודו, ויכניע את ראשו להמשיך הברכה מלמעלה, ויאמר - יתגדל ויתקדש שמיה רבא, ויכווין שישפיע **הגדולה** הנרמזת במילת יתגדל, **והפחד** הנרמז במילת יתקדש, **לתפארת** שהוא נרמז במילת שמיה רבא והוא השם הגדול. כי הפחד הוא הקדושה, וממנו נתקדש יצחק וכל המקודשים, כעניין שאנו מזכירים בהרבה מקומות הגדול והקדוש. והכוונה להמשיך הכתרים המקבלים מהשם תחתון שישפיעו אל התפארת שהוא שמיה רבא, והוא כולל כל הבניין וכעניין - יגדל[27] נא כח אדנ"י, ובמילת **שמיה רבא** יכווין באותיות השם בניקודו:

והעונים אחר החזן **אמן**, יכוונו להשלמת הברכה כעניין אשר זכרתי בשמות השווים, ומוסיפים ואומרים - יהא שמיה רבא מברך, כלומר יהא שמו הגדול מבורך מלמעלה כדי להשפיע לחמש אחרונות הכלולות בתפארת למטה, והם נרמזות במילות - לעלם ולעלמי עלמיא. לעלם חד, ולעלמי תרי, עלמיא תרי, הנה רמזו העונין להשלמת הכל. אמנם כבר ידעת מה שכתבתי בשער ההריסה בזכירת, העטרה תכף לבניין, לכן תקנו שיאמר החזן שלא גמר תחלה בקול הנשמע, כמו שעשו הקהל וצריך להזכיר העטרה בעבור החזן והקהל, והיא הנרמזת במילת **שמיה דקודשא בריך** הוא כלומר שמו של הקדוש ברוך הוא והוא העטרה:

כוונת ברכו:

במילת ברכו יכוף את ראשו להמשיך מן הראשונה ויזקוף, ויכווין לשם תחתון, בשם של ארבע אותיות באותיותיו ובניקודו, ויאמר שהוא המבורך. והעונים מכונים כמוהו, ומוסיפין להמשיך מן השם תחתון לד"ו פרצופין, הנקרא עולם ועד, והיא הברכה השלמה:

כוונת קריאת שמע:

הנהגת החכם והיא הנהגת קצת מהמקובלים שמע לשון קבוץ וחבור, ישראל, ישראל סבא שהוא התפארת, בשם הראשון יכווין בתפארת באותיותיו ובניקודו. ויכלול עמו האחרונות כלם כסדרן. ושם אלהינ"ו

---

[27] במדבר יד יז

יכוין לכתרים ממטה למעלה. ר"ל הפחד **וח'** ובשם השלישי לשלישית באותיותיו ובניקודו, וכלולה שלישית בראשונות, ובעוד כוונתו שם יכוין במילת אחד מלמעלה למטה באחד לראשית החכמה, ולא יאריך בה כי איננה נגלית אפילו במחשבה הרבה. **ובח'** לשמיני ספירות שלמטה הימנה, זו אחר זו עד הצדיק ואל יכוין **לח'** יחד, כי הן כלולות מן הצדיק, והכל יחוד שלם אחד, ולכן לא יחטוף **בח'**. ויכוין **בד'** לעטרה הנקרא כן, אבל לא בקבע אלא ברצוא[28] ושוב, והיא רמוזה **בד'** בפרט **ובח'** בכלל. ולכן **הד'** היא גדולה לרמוז אליה ויכוין בה שהיא כלולה מכולם ומיוחדת בא"ס והיא קבלת עול מלכות שמים כלומר מלכות של תפארת הנקראת שמים באחדות שלמה:

הנה כי בעניין זה נרמז כל הבניין כל במילת אחד, או בכוונת השמות, אמנם שלא הזכיר העטרה אלא ברמז אות, וכבר ידעת שצריך להזכירה ברמז מלה סמוך לבניין, ולכך תקנו לומר - ברוך שם כבוד מלכותו לעולם ועד. וכבר ביארתי עניין היחוד והמשל שאמרו בו בשער ההריסה, אבל לא מצאתי כתוב הנה כוונה זו לרוב המקובלים, אמנם בינותיי בדברי הרמב"ן ז"ל בפירוש התורה, נראה שאין כוונתם כן. ואף כי ראיתי כי דרשו - ועבדתם[29] את הוי"ה אלהיכ"ם. זו קריאת שמע ותפלה, וידוע מן הכתוב ומן הפרשה וממה שבאר הרב הגדול ז"ל בו שאין העניין אלא - לסמוך[30] גאולה לתפלה:

תם ונשלם תהילה
לא"ל עליון

---

[28] יחזקאל א יד

[29] שמות כג כה

[30] גמרא ברכות ט ב